인공지능을 활용한 온라인 콘텐츠 제작으로
수익화에 도전하세요

누구나 어디서나
가능합니다

나도 AI 콘텐츠 제작으로 돈 벌어볼까?

초판 1쇄 인쇄   2023년 6월 15일
초판 1쇄 발행   2023년 6월 21일

공저자   윤서아, 윤성임, 김광연, 김윤정, 최재용
펴낸곳   재노북스
펴낸이   이시은
책임편집   박설희
책임디자인   서민경

ISBN   979-11-983083-2-0(13320)
정가   25,000원

출판등록   2022년 4월 6일 (제2022-000006호)

서울시 금천구 가산디지털1로 205-27, 에이원 704호
팩스 ｜ 050-4250-4547
카톡문의 ｜재노북스
이메일 ｜ zenobooks@naver.com
블로그 ｜ https://blog.naver.com/zenobooks
원고접수 ｜ 이메일 혹은 재노북스 카카오톡채널

당신의 경험이 재능이 되는 곳
당신의 노력이 노하우가 되는 곳
책으로 당신의 성장을 돕습니다.

작가님의 참신한 아이디어나 원고를 기다립니다.
접수한 원고는 검토 후 연락드리겠습니다.

ChatGPT, 생성형 AI 활용 콘텐츠 제작의 모든 것

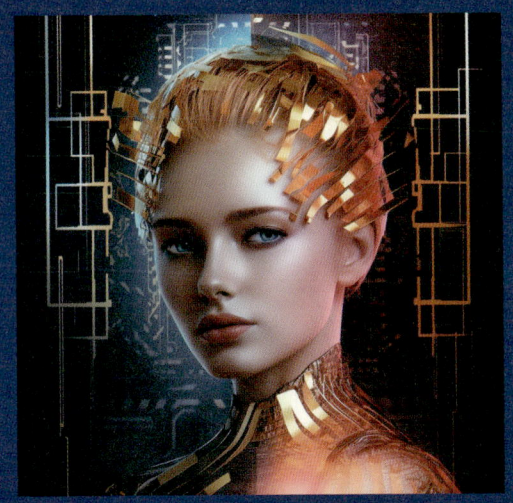

공저 윤서아 윤성임 김광연 김윤정 최재용

재능노하우 **재노북스** ZENOBOOKS
https://zenobooks.modoo.at

추천사

챗GPT로 상용화된 '인공지능 시대'는 AI를 활용한 업무 효율화를 앞당기고 있습니다. 시간과 공간의 제약을 넘어 업무성과를 높이는 방법을 제시합니다. 또한, 협동조합 경영과의 연계를 통해 새로운 시장을 창출할 수 있는 파트너로 성장할 것입니다. 새로운 비즈니스 생태계에서 중추적인 역할을 수행하고자 하는 분들께 적극 추천하는 책입니다.

김순태, (사)한국소상공인협동조합연맹(KSCA) 회장

AI 콘텐츠 생성 분야에 대한 현실적이고 전문적인 지침을 제시합니다. 챗GPT, 달리2, 비디오스튜 등 최신 AI 플랫폼을 활용하는 방법을 자세히 설명하며, 전자책 작성, 비디오 제작 등 콘텐츠 제작에 관심 있는 분들에게 유용한 정보를 제공합니다. 이 책을 통해 AI 콘텐츠 생성 분야에서 더욱 성장하고 발전할 수 있을 것입니다. 새로운 시대의 콘텐츠 제작에 도전하고 싶은 독자라면 이 책을 꼭 읽어보길 바랍니다.

구교광, 동북아공동체ICT포럼 부회장

생성형 AI를 활용한 콘텐츠 제작은 현재 해외에서 큰 인기를 끌고 있는 주제입니다. '유데미'나 '아마존 도서' 등에서 이와 관련된 자료들을 찾아볼 수 있습니다. 이 책은 최재용 박사를 비롯한 저자들이 공동으로 기획한 작품으로, 생성 AI를 활용하여 콘텐츠를 만들어 수익화하는 방법에 대해 폭넓게 다룹니다. 이 책을 필독하면 AI 콘텐츠 제작자로서의 역량을 키울 수 있을 뿐만 아니라 패시브인컴을 창출하는 데에도 도움이 될 것입니다. 이 책은 AI 크리에이터들에게 매우 유용한 자료로써 강력히 추천합니다.

주형근, 한성대학교 교수

현대인의 디지털 역량은 AI 기술과 관련된 새로운 분야에서 수익 창출이 가능합니다. 이 책에서 제안하는 AI 비즈니스에 대한 이론과 실무내용들은 콘텐츠 제작 분야에서 성공하고자 하는 분들에게 도움이 될 것입니다. 인공지능 기술을 활용한 수익 창출 방법을 다루고 있어, 독자들에게 새로운 비즈니스 분야에서 성장할 기회를 제공할 것입니다. AI 콘텐츠 제작 분야를 선점하고 싶다면 이 책을 필독서로 추천합니다.

권오형, (주)모리아타운 대표 겸 건국대 신산업융합학과 겸임교수

Part2

 프롬프트 엔지니어링 김윤정

Part3

 ChatGPT를 효과적으로 사용하기 위한 도구모음 최재용

3. AI 활용 스토리텔링   176

Part4

 생성형 AI 활용 콘텐츠 제작 플랫폼 사용방법 윤성임

Part5
 생성형 AI 활용 콘텐츠 제작으로 수익화하기 윤서아

프롤로그

인공지능(AI)은 인류의 삶과 교육, 산업 전반에 영향을 미치고 있습니다. 대화형 인공지능인 챗GPT의 등장은 비즈니스의 판도 자체를 바꾸고 있습니다. 이 책은 AI 콘텐츠 제작에 대한 전반적인 이해에 필요한 정보와 실습 사례들로 구성되어 있습니다.

인공지능을 활용하여 정보를 생성하고, 콘텐츠를 만드는 것이 기존의 콘텐츠 제작 형태보다 어떤 점에서 유리할까요? 많은 장점이 있겠지만, 시간을 단축하고 공간의 한계를 뛰어넘는다는 것이 가장 큰 장점이라 할 것입니다. 속도는 비즈니스에서 꽤 유용한 요소입니다. 인공지능 콘텐츠는 다양한 분야에서 활용될 수 있습니다. 예를 들어, 뉴스 기사, 제품 설명서, 소설, 시, 음악, 영화, 게임 등 인공지능 콘텐츠가 활용되고 있습니다.

검색형이 아닌 생성형 인공지능 기술은 웹 3.0시대 콘텐츠 제작 분야에서 큰 변화를 가져오고 있습니다. 검색형 인공지능 기술은 기존에 존재하는 정보를 검색하는 기술입니다. 반면, 생성형 인공지능 기술은 새로운 정보를 생성하는 기술입니다. 웹 3.0시대에는 중앙집권화된 플랫폼에 의존하지 않고, 개개인이 다양한 플랫폼에서 누구나 콘텐츠를 제작하고, 유통할 수 있습니다.

인공지능 기술은 우리 삶의 많은 부분을 변화시키고 있습니다. 예를 들어, 자율주행 자동차, 영상 제작 편집 도구, 에듀테인먼트, 가상현실, 번역기, AI 보이스 등은 인공지능 기술이 우리 삶에 얼마나 깊이 스며들어 있는지 보여주는 예입니다. 금융, 의료, 유통 등 다양한 산업 분야에서 활용되고 있습니다.

질문지능과 소통 능력은 비단 인간과 인간 사이에서만 필요한 것이 아닙니다. 대화형 인공지능은 사람 못지않게 소통하는 능력이 뛰어납니다. GPT(Generative Pre-trained Transformer)는 OpenAI에서 개발한 자연어처리 모델입니다. 이 모델은 대규모의 데이터를 기반으로 인공지능 언어모델을 구현할 수 있습니다. 인공지능은 개발자들에 의해 진화하고 있습니다. 엣지 브라우저에서 실행되는 빙(www.bing.com)에 챗GPT가 결합한 Bing AI가 작동하기 시작했고, 구글에서도 바드(bard)를 출시하였습니다.

GPT, Bing AI, Bard와 같은 생성형 인공지능은 빠르게 발전하고 있습니다. 인류가 만들어 내는 모든 종류의 콘텐츠 제작에 인공지능의 기술이 접목되고 있습니다. 생성형 인공지능과 대화하기 위해서는 프롬프

트(Prompt)에 대한 이해가 우선되어야 합니다. 프롬프트는 생성형 인공지능에 '어떤 내용을 생성하라고 지시하는 단어나 문장'입니다. 프롬프트가 명확하고 구체적일수록 생성형 인공지능은 더 나은 결과물을 생성할 수 있습니다.

프롬프트는 생성형 인공지능의 성능을 좌우하는 중요한 요소입니다. 프롬프트 엔지니어링은 프롬프트를 작성하고 최적화하는 프로세스입니다. 독자 여러분은 프롬프트 엔지니어링을 통해 인공지능을 효과적으로 활용하며 콘텐츠의 명확성, 구체성, 유용성을 향상할 수 있습니다.

공대 출신의 IT 전문가가 아니어도, 코딩을 배우지 않은 비전문가여도, 콘텐츠 제작에 관심이 있다면 누구나 제작자로서 활동할 기회가 열렸습니다. 이 책이 여러분에게 '나도 크리에이터가 될 수 있다'라는 자신감과 실천 의지를 북돋아 줄 수 있다면 더할 나위 없이 감사하겠습니다.

2023년 6월 저자 드림

프롤로그에 있는 이미지는 플레이그라운드에서 제작한 이미지입니다.

PART 1

ChatGPT 세대,
준비된 자들의 빅찬스

김광연

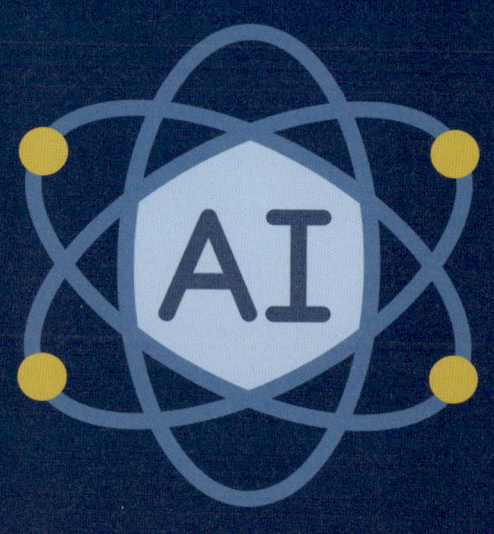

1. 인공지능, 평범한 사람들의 마지막 기회

인간과 공존하는 인공지능 시대의 개막

인공지능 AI(Artificial Intelligence)는 학습, 추론, 문제 해결, 의사 결정 등 일반적으로 인간의 지능이 할 수 있는 작업을 수행할 수 있는 컴퓨터 시스템이라고 할 수 있습니다.

AI 시스템은 컴퓨터 프로그램을 사용하여 대량의 데이터를 학습 또는 처리하고, 이미지나 패턴을 인식하고, 축적된 정보를 기반으로 예측을 할 수 있습니다. 더하여 시간이 지남에 따라서 더 많은 획득된 정보와 자료들을 통하여 추가로 학습함으로써 더욱더 시스템의 예측 또는 답변이 향상될 수 있는 시스템입니다. 그 흔한 예는 바둑을 두는 인공지능은 마치 프로기사들이 학습을 하면 실력이 향상되는 것처럼 학습을 통하여 인공지능의 실력이 늘어납니다.

현재까지 개발된 AI에는 다음과 같은 유형들이 있습니다.

첫째는 규칙 기반 AI로서 이는 시스템에 프로그래밍 된 일련의 규칙 및 의사 결정 알고리즘을 말합니다. 이는 전통적인 컴퓨터 프로그래밍 방식을 활용한 것이라고 볼 수 있을 것입니다.

두 번째는 머신러닝(Machine Learning) AI로 이것은 알고리즘을 사용하여 명시적으로 프로그래밍하지 않고 데이터에서 학습하는 형식의 종류입니다. 딥러닝(Deep Learning) AI는 이러한 머신러닝 AI의 한 종류로 신경망을 사용하여 데이터를 처리하고 분석하는 고급 형태의 머신러닝 AI로 볼 수 있을 것입니다.

초거대 AI는 수십억 개의 매개변수를 가지며 주로 딥러닝 기술을 사용합니다. 대규모 컴퓨팅 자원이 필요하며, 대규모 데이터를 사용하여 학습되므로 일반적으로 컴퓨팅 파워가 높은 서버나 클라우드 환경에서 실행됩니다. 초거대 AI의 개발에는 전문적인 지식을 가진 많은 개발자들이 필요하며, 학습에도 많은 비용이 들어간다고 합니다.

AI의 응용분야는 2023년 현재에도 이미 자연어(Natural Language) 처리, 이미지 및 음성 인식, 로봇 공학, 자율 주행 차량 등 다양한 응용 분야에 사용되고 있습니다. 자연어란 인간사회에 의사소통의 수단으로 쓰이는 자연발생적인 언어이며, 컴퓨터 프로그램에 사용되는 기계어에 대비하기 위하여 사용되는 단어입니다.

많은 산업의 변화와 더불어 인간의 삶에도 급격한 변화를 가져올 수 있는 AI의 잠재력은 미래로 갈수록 엄청날 것으로 예상됩니다. 그 이유는 AI는 계속해서 활발하게 연구개발 경쟁이 되고 있으며 아직도 개척할 분야가 많이 있기 때문입니다. 궁극적으로는 인간이 효율성을 추구하는 분야이면 계속 개발, 응용 및 융합될 것이라고 보여집니다.

초거대 AI는 Super AI 또는 Huge AI 등으로 표현되고 있습니다. 초거대, Super, Huge는 크거나 능력이 엄청나다는 것을 나타내는 단어입니다. 초거대 AI는 기본적으로 프로그램의 양과 데이터의 처리량이 기존의 AI에 비해 최소 수천 배 이상의 매우 용량이 큰 것이라고 할 수 있을 것입니다. 또한 학습의 개념이 추가됨으로써 학습에 사용되는 데이터의 양도 같이 엄청나게 커진 컴퓨터 시스템입니다.

한편, AI는 단순히 인간의 지능을 모방하는 수준의 기능이라면, 슈퍼 (Super) AI는 인간의 지능 또는 효율성의 측면에서 인간의 능력을 능가하는 인공지능이라는 개념이 함축되어 있다고 볼 수 있을 것입니다. 그러면 초거대 AI로 무엇을 할 수 있을까요? 현재에 사용되고 있는 분야는 이미지 처리와 음성인식, 로봇, 자율주행, 주가 예측, 자연어 처리 등 다양한 분야에서 활용되고 있습니다.

2016년 3월 16일에 시작된 구글 딥마인드(Google DeepMind)가 개발한 인공지능 바둑프로그램 알파고(AlphaGO)와 당시 세계 정상의 바둑

기사 이세돌과의 대국에서 알파고가 4:1로 대승을 하면서 인공지능에 대한 대중의 인식이 크게 바뀌는 계기가 되기도 했습니다. 그 사건을 계기로 인공지능이 이제는 실질적으로 인간의 한계를 충분히 넘어서는 수준으로 기술의 발전이 이루어지고 있음을 전 세계의 사람들이 알게 되었습니다.

AI는 전문가의 다양한 영역까지 확장하고 있습니다. 실제로 바둑의 인공지능을 필두로, 의사의 역할을 대신하는 인공지능, 자동으로 주식투자를 알려주는 인공지능, 농업분야에 활용되는 인공지능 등 그 영역이 끊임없이 확장되고 있습니다. 이러한 분야에서 전문가 못지않거나, 점점 전문가를 훌쩍 뛰어넘는 역할을 하는 시대가 되었습니다.

이전에 자율주행차를 생각한다면 가끔씩 사고도 나고 또한 불안해서 '어떻게 자율주행을 할 수 있을까?' 의심하는 경향들이 강했습니다. 하지만 이제는 사람들이 미래에는 자율주행이 훨씬 더 자동차 사고를 줄일 수 있을 것이라는 생각에 동조하기 시작하였습니다.

미국 스탠퍼드대는 AI 원격 헬스 플랫폼인 '유퍼(Youper)'를 선보인바, '유퍼(Youper)'는 환자가 자신의 기분을 응답하면 정신과 전문의를 연결해 주어 진료받을 수 있게 합니다. 또 원격 진료 이후에는 처방약까지 배달해 주는 서비스를 실행하고 있다고 합니다. 이것은 최근 세계적으로 각광받는 디지털 치료서비스의 선두주자입니다.

미국의 학생들은 숙제를 AI로 간편하게 활용해서 문제가 되고 있다고 합니다. 심지어 무기개발에 이르기까지 이제는 인간이 활동하는 모든 영역에 인공지능이 그 역할을 보조 내지는 대체하기 시작하였습니다. 미래에는 점점 더 통합되고 융합된 형태로 다양한 분야에 활용되어, 상상 이상의 다양한 형태의 AI와 초거대 AI가 탄생할 것이 예견됩니다. 그 결과는 감히 상상하기 어려울 정도로 인류사회의 미래에 많은 영향을 가져올 것은 자명해 보입니다.

인간의 능력을 넘어서는 인공지능의 시대에 인간은 단지 열등한 존재로 남아있게 되는 것일까요? 중요한 것은 절대로 인간이 초거대 AI의 노예가 되는 환경은 막아야 할 것입니다. 인공지능의 발달과 더불어 요즘 많이 거론되는 학문이 '뇌과학'입니다. 인공지능의 뇌는 인간의 뇌가 판단하는 종합적인 판단을 따라가기에는 아직은 한계가 많다고 합니다.

하지만 특정한 분야에서는 인간의 지능을 넘어섰습니다. 언젠가는 인간의 뇌가 가지는 종합적인 판단과 유사한 인공지능이 나오게 될 것입니다. 궁극적으로 인공지능이 따라잡을 수 없는 인간의 영역은 어디에 있을까요? 그것은 결국 지능이 아닌 감성과 휴머니즘과 같은 것이 아닐까 생각해 봅니다. 또한 인간의 마음이라는 부분은 지능이나 인간의 '뇌'만으로는 이해가 되지 않는 분야입니다. 궁극에는 뇌과학을 뛰어넘어 인가의 마음을 과학적으로 탐구하려는 시도도 있을 수 있을 것입니다.

심리학 등에서 인간의 마음을 어느 정도 과학적으로 다루고 있지만, 인간의 마음은 아직도 탐구할 영역이 많이 남아있는 미완의 분야일 수 있습니다. 마음이라는 분야는 지능이 따라올 수 없는 유일한 분야가 아닐까 합니다. 인공지능 때문에 더욱 인간적인 부분, 사람만이 잘할 수 있는 영역에 대한 추구가 더욱 많아지게 될 것으로 보입니다.

인공지능이 크게 발달한다는 것은 그만큼 인간 개개인들이 정신적 육체적 노동에 걸리는 시간이 줄어들게 될 것입니다. 남아도는 여유의 시간을 자신의 삶을 윤택하게 또는 만족스럽게 하기 위한 시간으로 채워나갈 것입니다. 사람들이 자신의 꿈을 이루려는 것에는 예술과 스포츠, 기술 분야, 전문 분야 등 다양하게 있을 수 있습니다.

'인공지능'을 사물을 있는 그대로 완벽하게 그대로 찍어내는 '사진'에 비유한다면, 인간 고유의 '감성이나 마음'은 사물을 그대로 그려내지는 못하지만, 사람의 마음에 더한 감동을 주는 '그림'과 같은 수준의 차이가 아닐까 생각해 보게 됩니다.

대화형 인공지능 Chatgpt

Chatgpt는 OpenAI(openai.com)사가 개발한 대화형 인공지능이며 챗봇이라고도 합니다. 물론 Chatgpt는 초거대 AI나 슈퍼 AI에 해당됩니다. Chat은 Chatting의 약자이고 GPT는 'Generated Pre-trained

Transformer'의 앞 글자를 딴 것입니다. 이 말을 그대로 번역하면 생성형 사전학습 변환기라는 의미입니다.

Chatgpt와 같은 챗봇(Chatbot)은 일반적으로 문자 또는 음성으로 대화하는 기능이 있는 컴퓨터 프로그램 또는 인공 지능을 말합니다. 채터봇(chatterbot), 토크봇(talkbot) 등의 이름으로도 불립니다. 사람처럼 자연스러운 대화를 진행하기 위해 단어나 몇 개의 조합단어를 사용하는 챗봇부터 복잡하고 정교한 자연어 처리 기술을 적용한 챗봇까지 수준이 다양합니다.

초창기 웹 검색 엔진 중 하나인 라이코스(Lycos)의 개발자인 마이클 로렌 몰딘(Michael Loren Mauldin)이 1994년 미국의 전국 인공 지능 학술 대회(National Conference on Artificial Intelligence)에서 발표한 논문에 채터봇(ChatterBot)이라는 용어가 등장한 것이 최초로 알려져 있습니다. 1960년대에도 문자로 간단한 대화를 할 수 있는 수준의 소프트웨어가 있었는데, 대표적으로 엘리자(ELIZA)가 있습니다.

2000년대 초반에는 인터넷의 발달과 함께 대화형 메신저 형태의 챗봇이 다수 개발되었으며, 페이스북 메신저(Facebook Messenger)는 자연어 처리 기반 챗봇을 개발하는 데 필요한 소프트웨어 도구를 제공하고 있습니다.

네이버 지식백과에 따르면, 챗봇은 전자상거래, 은행 등 다양한 분야에서 고객 지원이나 정보 습득과 같은 영역에 활용되고 있습니다. 대표적으로, 뱅크 오브 아메리카(Bank of America), 스타벅스(Starbucks)와 디즈니(Disney) 같은 기업은 주문 및 고객 응대에 챗봇을 이용하고 있습니다.

Chatgpt는 Open AI가 2022년 11월 30일 시중에 공개하였으며, Open AI에서 만든 대규모 인공지능 모델인 'GPT-3.5' 언어 기술을 기반으로 합니다. 공개 단 5일 만에 하루 이용자가 100만 명을 돌파하면서 돌풍을 일으키기 시작했습니다. 2023년 1월에는 Chatgpt를 월1회 이상 사용한 사용자가 1억명을 돌파했다고 합니다. 다른 소셜네트워크서비스(SNS)와 비교하면 이 기간이 우버 70개월, 스포티파이 55개월, 인스타그램 30개월, 틱톡 9개월이었다고 합니다.

특히 Chatgpt는 질문에 대한 답변은 물론 논문 작성, 번역, 노래 작사·작곡, 코딩 작업 등 광범위한 분야의 업무 수행까지 가능하다는 점에서 기존 AI와는 확연히 다른 면모를 보이고 있습니다. 창의적 아이디어에 대한 답변, 기술적 문제의 해결 방안 제시 이외에도 대화의 숨은 맥락을 이해하거나 이전의 질문 내용이나 대화까지 기억해 답변에 활용하기도 합니다.

Chatgpt는 수백만 개의 웹페이지로 구성된 방대한 데이터베이스에서 사전 훈련된 대량 생성 변환기를 사용하고 있습니다. 사용자와 대화함으로써 피드백을 활용한 강화학습(Reinforcement Learning)을 사용해 인간과 자연스러운 대화를 나눌 수 있도록 개발되었다고 합니다.

Chatgpt는 AI 기반 조정 시스템인 '모더레이션API'(Moderation API)를 사용하여 차별적이거나 혐오적인 발언을 차단한다고 합니다. 그러한 Chatgpt에 허용되지 않는 내용의 질문이 나오면 '차별적· 공격적이거나 부적절한 질문, 여기에는 인종차별적, 성차별적, 동성애 혐오적, 성전환자 혐오적 또는 기타 차별적이거나 혐오스러운 질문이 포함됩니다'라고 답변할 수 있습니다. 사용자는 이러한 답변이 나오지 않도록 질문을 조정해야 할 것입니다.

결론적으로 Chatgpt는 커다란 문장으로 질문을 하면 컴퓨터 화면에 그 질문에 대한 답을 바로 올려주는 대화형 인공지능이라고 할 수 있습니다. 중요한 것은 다양한 질문을 답을 해주고 있다는 것입니다. 심지어 컴퓨터 프로그램(코딩)도 간단하게 짜주기도 하며 노래 작사 작곡, 시를 쓰는 등, 인간 고유의 활동 영역에까지 범위를 넓혀가고 있습니다. 그래서 특히 미국에서는 학생들이 숙제나 과제는 Chatgpt를 사용하는 경우가 있어서 이것을 어떻게 걸러내느냐 하는 것이 또 문제가 되는 실정입니다.

2022년 11월에 출시된 Chatgpt는 'GPT-3.5' 언어기술을 사용하며 곧 2023년 3월 14일에는 'GPT-4' 언어기술을 사용한 Chatgpt가 출시되었습니다. Chatgpt는 매개변수(파라미터)가 중요하며 개발단계마다 급격하게 파라미터가 증대됐습니다. 'Chatgpt-3.5'는 매개변수가 1,750억 개인데 초기의 모델보다 1,500배나 많으며, 'Chatgpt-4'는 인간의 시냅스 수와 유사한 수준의 'Chatgpt-4'를 내놓을 것이라고 예상했으나 그 숫자를 공개하지 않았다고 합니다.

대화형 AI의 경쟁이 격화되자 자사의 기술에 관련된 부분을 대외적으로 공표하는 것을 자제하는 경향이 보이고 있습니다. 매개변수 즉 '파라미터'란 신경세포의 접합하는 부위인 시냅스와 유사한 것이라고 합니다. 매개변수가 많은 것이 성능을 좌우하는 가장 큰 변수입니다.

Chatgpt 사용에 있어 유의할 점

Chatgpt를 사용함에 있어서는 유의할 것이 있습니다. Chatgpt가 항상 옳은 답만을 하지는 않는다고 합니다. 예를 들면 한국에 없는 지하철역을 언급하기도 합니다. 질문에 대한 답이 의심되는 경우는 그 답이 맞는지 Chatgpt에 역으로 질문을 하면 솔직하게 '자신의 답이 잘못될 수도 있다'는 식의 답을 하곤 합니다. 그래서 Chatgpt를 활용한 답을 무조건 적으로 진실로 받아들여서는 안 될 것입니다. Chatgpt가 대답한 것의 검증은 이를 활용하려는 개인의 몫입니다. 특히 대외적으로 공개할 자료는 반드시 검증 절차를 그치는 것이 좋습니다. 그래야 추후 그 글로 인해 발생할 수도 있는 위험을 줄일 수 있을 것입니다.

Chatgpt에서의 프롬프트(prompt)란 Chatgpt 화면의 입력창에 입력하는 질문입니다. 질문을 어떻게 잘하느냐 하는 것이 원하는 답을 쉽고 빠르게 얻을 수 있는 관건이 됩니다. 그래서 좋은 결과 또는 본인이 원하는 좋은 답변을 얻은 질문은 보관하여 추후 다른 질문을 할 때 활용하는 것도 좋은 방법입니다. 내가 주로 질문하는 프롬프트 들은 나의 개인적인 자산이 될 수도 있을 것입니다.

그러므로 Chatgpt를 잘하려면, 즉 수익화로 연결하려면 프롬프트를 잘 활용해야 할 것입니다. 무언가 창작물(예; 영상물)을 만든다면 기획/작문/디자인/제작/판매 등의 단계를 거쳐야 하는데 이러한 모든 단계에 프롬프트가 활용될 수 있을 것이기 때문입니다.

2. ChatGPT로 인한 논란

Chatgpt는 공개 이후 특히 교육·연구 분야에서의 뜨거운 논쟁이 일어나고 있습니다. 이는 Chatgpt가 방대한 양의 전문 지식을 담은 글이나 논문을 써내는 능력을 갖춘 것이 확인되었기 때문입니다. 미국에서는 학생들이 Chatgpt의 답변을 숙제로 제출하는 일이 속출하였습니다.

미국 일부 대학에서도 Chatgpt로 작성된 과제를 제출한 사례가 적발되었습니다. 이에 일부 대학에서는 AI를 이용할 수 없는 구술시험과 평가를 늘리고 학내 표절 규정에 'AI를 활용한 표절'을 포함시키기로 하였습니다. Chatgpt의 활용범위가 논문으로까지 확대될 가능성이 많아서 미국 일부 대학들에서는 Chatgpt가 쓴 글인지를 식별하기 위한 제로GPT·디텍트GPT 등의 탐지 서비스를 내놓았다고 합니다.

Chatgpt 제작사인 오픈AI도 2023년 1월 31일 Chatgpt로 작성한 글인지 아닌지를 구별하는 툴을 자사 블로그를 통해 공개했습니다. 다만 오픈AI는 해당 시스템이 모든 AI가 작성한 텍스트를 확실하게 판별하는 것은 불가능하다며 그 한계를 인정했다고 합니다. 우려가 되는 현실이 바로 눈앞에 성큼 다가왔다는 것을 느끼지 않을 수 없습니다.

Chatgpt-3.5는 미국의 명문 경영전문대학원(MBA)인 펜실베이니아대의 와튼스쿨에서 치러진 필수 과목(운영관리)의 기말시험에서 평균 이상인 B-에서 B사이의 성적을 받은 것으로 알려졌습니다. 또한 미국 미네소타주립대 로스쿨 시험에서는 C+ 점수를 받으며 과목을 수료할 수 있는 성적을 거두었고, Chatgpt를 대상으로 실시한 미국 의사면허시험에서 50% 이상의 정확도를 기록했다고 합니다. 이는 인공지능이 판사, 변호사, 의사 등 전문의 영역을 침범하기 시작한 현상이라고 볼 수 있을 것입니다. 또한 범죄에 악용할 우려도 있어 이에 대한 대책 마련도 요구되고 있습니다.

물론 Chatgpt-4는 변호사 시험에서 Chatgpt-3.5보다 더욱 우수한 성적을 거두는 등 전반적으로 성능이 매우 향상된 것은 맞습니다. 다만 그렇다고 하더라도 신뢰성 등에서는 아직도 향상되어야 할 부분들이 존재한다고 보시면 됩니다. 신뢰성의 확보는 시간을 들여서 꾸준하게 추진되어야 할 과제입니다.

머신러닝(Machine Learning) & 딥러닝(Deep Learning)

Chatgpt도 초거대 AI의 영역에 걸쳐 있지만 앞으로 발전하게 될 슈퍼

AI는 더욱 발전하게 될 것은 자명한 일입니다. 어디까지 발전할지 예상은 할 수 있을지 모르나 실현이 되는 것은 여러 가지 환경이나 제도, 기술적인 변수들이 있을 것으로 보입니다.

현재 출시된 슈퍼 AI에서 가장 잘 알려진 기술은 머신러닝으로 불리는 기계학습일 것입니다. 머신러닝은 명시적으로 데이터 처리 방법을 프로그래밍하지 않고도 컴퓨터 시스템이 데이터로부터 학습하여 예측 또는 결정을 내릴 수 있도록 하는 알고리즘 및 통계 모델의 개발을 포함하는 인공지능의 기본 바탕이 되는 분야라고 할 수 있을 것입니다.

딥러닝과 머신러닝이라는 용어가 혼용되고 있지만, 머신러닝이 좀 더 큰 개념입니다. 머신러닝의 방법론 중 하나인 딥러닝은 머신러닝 방법론 중 가장 많이 쓰이는 것이기도 합니다. 이러한 딥러닝이나 머신러닝은 단순한 알고리즘의 운영체제라기보다 인간의 의식에 더욱 근접한 '컴퓨터의 의식'이라고 할 수도 있을 것입니다.

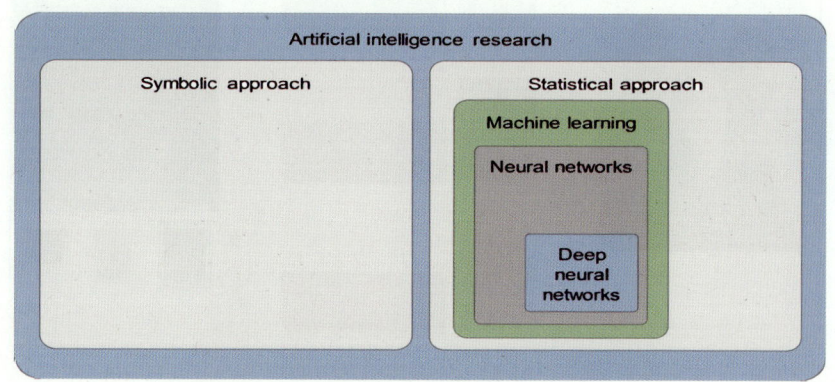

인공지능과 머신러닝의 관계, 출처 : MIT 공과대학

Teachable Machine은 구글에서 만든 웹 기반 노코드 인공지능 학습 도구입니다. 이미지, 음향, 자세를 인식하도록 컴퓨터를 학습시켜서 사이트, 앱 등에 사용할 수 있는 머신러닝 모델을 쉽고 빠르게 만들 수 있습니다. 전문지식이나 코딩 능력이 필요하지 않아서 초등학생도 만들 수 있을 정도로 이해하기 쉽다는 점이 가장 큰 장점입니다.

Teachable Machine은 크게 3가지 단계로 이루어집니다. 첫 번째 '모으기' 단계에서는 예시를 수집하여 컴퓨터가 학습하기를 원하는 클래스 또는 카테고리로 그룹화합니다. 그 후에는 '학습시키기'를 통해 모델을 학습시켜서 새로운 예시를 올바르게 분류하는지 즉시 테스트해 보는 것이 가능합니다. 마지막으로 '내보내기'로 사이트, 앱 등 프로젝트에 대한 모델을 내보내게 되면 모델을 다운로드하거나 온라인으로 호스팅할 수 있습니다.

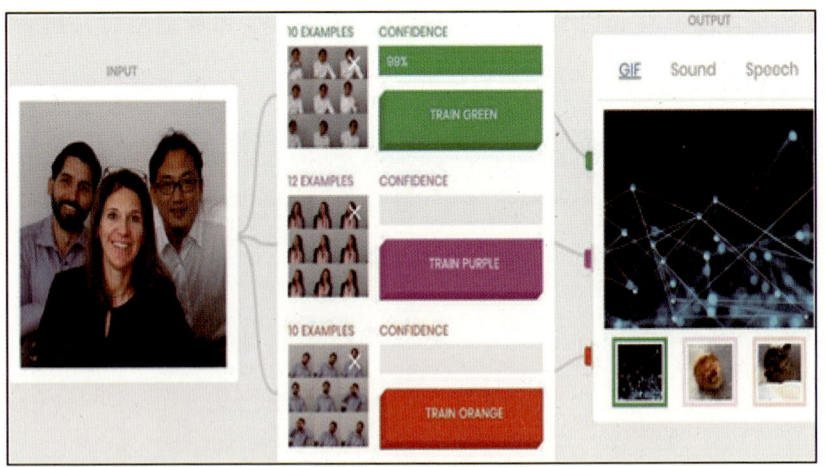

구글 티처블 머신 사이트(https://teachablemachine.withgoogle.com/)

자연어 처리(Natural Language Processing)

Chatgpt와 같은 인공지능에서는 컴퓨터와 인간과의 대화가 중요하므로, 인간의 언어를 이해하는, 즉, 각국의 다양한 언어로 된 사용자의 질문을 번역, 해석, 이해하는 것이 기본이며 매우 중요할 것입니다.

자연어 처리는 자여어의 이해와 기계번역으로 구분한다면, 자연어 이해는 이해에 관한 분야이고, 기계번역은 서로 다른 언어들을 번역하는 것입니다. 초창기의 많은 번역 오류는 이제 연구들이 많이 진전되었습니다. 그 결과 Chatgpt에서는 시인이나 작가들의 영역을 넘볼 정도로 그 능력이 비약적으로 향상된 형태를 보입니다.

패턴인식 (Pattern Recognition)

1960년대 초반에 처음으로 사용된 패턴인식은 원래는 문자의 인식, 일기예보, 음성인식 등의 형태를 검출하는 의미로 쓰였다고 합니다. 외부로부터 획득된 데이터로부터 중요한 특징들을 추출하고, 그에 따라 가장 가까운 표준 패턴(template)을 골라 분류하여 최종적인 결정 출력을 내게 된다. 예를 들어 여러 개의 사진 중에서 특정한 사물이 들어간 사진을 분류하는 데 이용할 수 있는 기술입니다. 시간상으로 변화하거나, 3차원의 공간에서 움직이는 물체에 대한 실시간 처리 등의 기술도 해당할 수 있겠습니다. 현재 문자인식과 영상인식에 관한 연구가 진행되고 있으며 앞으로 이에 관한 연구가 계속되어 발전할 것입니다.

에이전트 시스템 (Agent System)

사용자가 원하는 작업을 자동으로 해결하여 주는 소프트웨어를 에이전트 시스템이라고 합니다. 사용자를 대신하여 작업을 수행하며, 독자적으로 존재하지 않고 시스템 일부로서 그 내에서 동작하게 됩니다. 현재는 하나의 에이전트로 해결하지 못하는 복잡한 문제의 해결을 위하여 여러 에이전트 간의 협동을 통해 작업을 수행하는 멀티에이전트로 발전하고 있다고 합니다. 멀티에이전트는 조정에이전트(Coordinator Agent)를 통해 메시지를 전달하고 각 에이전트의 제어를 수행합니다. 그 밖에도 에이전트 간 통신언어, 에이전트 구조 등에 관한 연구가 계속 진행 중입니다. 에이전트 기술은 전자상거래, 이동컴퓨팅 등에서 활발히 응용, 연구되고 있습니다.

데이터마이닝(Data Mining) 기법

데이터마이닝이란 대량의 데이터로부터 유용한 정보들을 추출하는 과정을 말합니다. 오늘날 저장장치의 발달로 그야말로 방대한 자료(Big Data)의 저장이 가능해졌으나 문제는 이러한 많은 정보 전체는 크게 의미가 없으며 어떻게 유용한 정보를 추출하느냐가 관건이 되고 있습니다. 정보는 묵시적이고 잘 알려지지 않지만, 잠재적으로 활용 가치가 있는 정보를 말한다. 즉, 많은 데이터에서 유용한 정보나 지식을 찾아내는 것이 중요합니다.

데이터마이닝을 효율적으로 수행하기 위하여 각종 통계기법과 데이터베이스 기술뿐만 아니라 산업공학, 인공지능 관련 기술, 정보검색 등의 각종 정보통신기술과 기법들을 사용하게 됩니다. 거기에 더하여 경영전략, 마케팅 기법 등의 최신 경영기법들도 활용하여 데이터마이닝 기술을 적용함으로써 더욱더 가치가 있는 정보나 지식을 추출할 수 있을 것입니다.

빅데이터(Big Data)와 컴퓨터의 연산 능력 발전

초거대 AI의 기술과 관련하여 빅데이터를 빠뜨릴 수 없을 것입니다. 빅데이터는 기존의 데이터에 비해 너무나 방대하여 이전의 방법으로는 자료를 수집, 저장, 분석하기가 어려운 용량을 가진 데이터의 집합을 말합니다. 이러한 빅데이터의 저장과 처리를 할 수 있어야 인공지능의 능력을 향상할 수 있음은 물론입니다.

빅데이터를 처리하기 위해서는 당연하게 컴퓨터의 저장과 분석 능력이 뒤따라야 데이터로서의 가치가 있을 것이므로, 컴퓨터의 저장과 연산 처리 능력이 엄청나게 향상돼야 합니다. 이는 컴퓨터의 하드웨어와 함께 소프트웨어의 능력이 동시에 향상돼야 함을 의미합니다.

기술은 어느 하나만 홀로 발전하는 것이 아닙니다. 관련 산업의 환경이 매우 중요하다는 것은 두말할 나위가 없습니다. 반도체만 하더라도 어느한 나라만 기술을 가지고 있는 것이 아니라 기술과 생산이 국제적으로 분

업화 되어 있다고 할 수 있습니다.

컴퓨터의 메모리와 속도가 매년 두 배로 증가란다고 추정하는 무어의 법칙에 따른 반도체의 지속적인 발전에 힘입어 비로소 빅데이터를 처리할 수 있는 능력을 갖추게 되었고 이를 가속하는 결과를 가져오는 밑바탕이 되었습니다. Chatgpt는 이러한 기본 토양 위에서 가능하게 되었다고 볼 수 있습니다.

생성형(Generative) AI 기술, 약한 AI와 강한 AI

Chatgpt로 인하여 '생성형(Generative) AI' 기술이 주목을 받고 있습니다. 생성형 AI는 기계 스스로 학습한 알고리즘으로 글·영상·이미지 등을 이용자가 원하는 형태로 생성해 내는 기술을 말합니다. 기존 AI가 데이터와 패턴을 학습하여 대상을 이해하는 수준이라면, 생성형 AI는 기존 데이터와의 비교 학습을 통해 새로운 콘텐츠를 탄생시킬 수도 있습니다.

생성형 AI는 Chatgpt 출시로 큰 화제를 모으고 있으나, Chatgpt 이전에도 그림·음악을 창작하는 생성형 AI가 발전을 거듭해 오고 있었습니다. 대표적으로 오픈AI가 개발한 '달리2', 미드저니 AI 연구소의 '미드저니', 스테빌리티 AI 의 '스테이블 디퓨전'이 이에 해당합니다. 이 가운데 미드저니가 만들어 낸 작품은 2022년 9월 미국에서 열린 미술전에서 디지털 아트 부문 1위를 차지하면서 큰 논쟁을 일으킨 바 있습니다.

공학 분야에서 말하는 인공지능의 정의는 '문제를 푸는 기능'일 것입니다. 사람이 하는 대부분의 결정은 문제를 해결하는 과정이라고 할 수 있습니다. 인공지능은 기술적 향상을 통해 단순 문제 풀이에서 인간 지능의 실제적 구현이나 그 이상을 목표로 발전하고 있다고 할 수 있습니다.

인공지능은 크게 '약한(Weak) AI'와 '강한(Strong) AI'의 둘로 나눌 수 있습니다. 약한 AI는 특정 영역의 문제를 푸는 기술입니다. '단어를 입력하면 검색 결과를 보여라. 음성을 듣고 무슨 말인지 인식하라' 와 같은 문제를 푸는 것입니다.

약한 AI의 대표 사례는 스팸메일 필터링, 이미지 분류, 기계번역 기술 등입니다. 예컨대 '구글 포토' 서비스는 '동물'이라고 입력하면 알아서 동물 사진만 인식해 불러오는데 이는 구글 포토가 '동물', '음식' 등 수백만 개 보기를 가지고 있고 기계가 그중 하나를 고르기 때문입니다. 알파고도 약한 AI의 사례라고 할 수 있습니다. 알파고가 '인간이 둘 수 없는' 창의적인 수를 둔다며 사람들이 경악하고 있지만, 알파고는 오직 확률만 따질 뿐이라고 합니다. 알파고는 이길 수 있는 확률이 높은지 낮은지 여부만 연산해서 착수를 결정한다고 합니다.

강한 AI는 이와 달리 문제의 영역을 좁혀주지 않아도 어떤 문제든 해결할 수 있는 기술 수준을 말합니다. 강한 AI는 '터미네이터'처럼 흔히 영화 속에서 볼 수 있는 로봇들이며, 현재 단계에서는 약한 AI가 많이 쓰이고 있습니다. 강한 AI를 만들려면 아직은 멀었다는 것이 과학계의 중론이라고 합니다.

Chatgpt의 역사를 Chatgpt에게 묻다

본 서적이 Chatgpt를 소개하는 책인 만큼 이를 Chatgpt에 바로 물어보면 어떨까 하는 호기심에서 바로 질문을 해보았습니다. 그 결과를 아래에 소개하였습니다.

당신은 인공 지능의 발전된 과정을 잘 알고 있는 전문가야. 인공 지능의 발전 과정과 역사를 한 페이지로 요약하여 표로 만들어줄래?

Chatgpt의 답변은 다음과 같이 나왔습니다.

연도	발전과정과 역사
1956년	다트머스 회의에서 "인공지능"이라는 용어가 처음 사용됨
1965년	ELIZA, 최초의 챗봇 등장
1979년	독자적인 DENDRAL 프로그램으로 최종 확정 결정
1997년	IBM의 딥 블루, 세계 최초의 체스 대회에서 인간 선수를 이김
2000년	빅데이터 및 클라우드 컴퓨팅의 발전
2004년	DARPA Grand Challenge에서 전동주행차 경주
2011년	IBM의 왓슨, 퀴즈쇼 '제퍼디!'에서 이기는 인공지능 등장
2012년	구글의 딥러닝 프로그램이 이미지넷 대회에서 인간을 능가
2016년	알파고, 세계 최초의 바둑 인공 지능 대회에서 인간 선수 이김
2018년	GPT-2, 인간과 비슷한 자연어 생성 능력을 보임
2020년대	GPT-3 및 GPT-3.5와 같은 고성능 언어 모델 등장

이 표는 인공지능의 발전 과정과 역사를 간략하게 요약한 것입니다. 1956년 인공 지능 분야가 탄생한 이후로 ELIZA와 같은 챗봇, DENDRAL 프로그램으로 최종 결정, 본격적인 주행차 경주, 인공 지능이 퀴즈쇼에서 이기는 등 다양한 발전을 이뤄냈습니다. 특히 2012년 구글의 딥러닝 프로그램은 이미지넷에서 인간을 능가하며, 2016년 알파고는 인간 선수를 이기는 등 인공 지능 기술의 발전 속도가 빠르게 빨라지고 있습니다. 2020년에는 GPT-3가 인간 수준의 자연어 이해와 생성 능력을 보여줌으로써 인공지능 기술의 미래가 더욱 돋보였습니다.

3. 슈퍼 AI에 대한 개인과 사회의 대응

슈퍼 AI를 도구로 활용하는 개인과 그렇지 않은 사람과의 사이에는 엄청난 생산성 격차가 발생할 것이 예견됩니다. 이러한 환경변화에 적극적으로 대응하여 달라진 환경에 적응해야 디지털 환경에서 살아남을 수 있을 것입니다. 그러므로 각자는 자신의 직업과 일상생활에서 슈퍼 AI를 활용할 수 있는 역량을 꾸준하게 개발해 나가야 할 것입니다.

관심을 가지고 적응하는 사람과 무관심으로 일관하거나, 배우기는 하였으나 실행이 뒤따르지 않는다면 시간이 지남에 따라 그 격차는 더욱 벌어질 것입니다. 개인의 직업에 AI를 활용하느냐 마느냐는 것은 개인의 선택이고 반드시 어느 한쪽이 옳다고 할 수는 없을 것입니다. 중요한 것은 AI라는 효율적인 도구가 하나 생겼으니 이를 어떻게 나의 업무나 일상에 활용할까를 고민하는 것일 겁니다.

Chatgpt를 활용하여 만들어 낸 것은 개인이 원하는 결과를 얻으려고 질문을 어떻게 잘하였는가에 많이 좌우됩니다. 이는 프롬프트를 어떻게 잘 만드느냐에 달린 문제이고 시간과 노력이 들어갑니다. 그러한 면에서 어느 정도는 당연하게도 질문을 만들어 낸 사람이 그 질문에 대한 저작권이 있다고 할 수도 있겠습니다. 하지만 AI가 기술적인 발전을 해간다면 같은 질문에 대한 답변도 달라질 수 있을 것입니다. 이러한 간단한 문제에서 저작권의 문제, 특히 웹 사이트를 활용하여 만든 영상의 저작권은 누구에게 있는지도 명확하게 법률이 만들어져야 할 것입니다.

전반적으로 슈퍼 AI가 인간 사회에 미치는 영향에 대하여 선제적으로 대응하기는 매우 어려울 것입니다. 인간사회의 모든 발명품은 밝은 면과 어두운 면이 동시에 있듯이, 중요한 것은 사용하는 사람에게 달려 있을 것입니다. 개발자와 사용자가 슈퍼 AI의 잠재적인 위험과 이점을 고려하여 유익한 방식으로 개발되고 사용되도록 노력하는 것이 중요할 것입니다.

사회적으로나 개인적으로나 인공지능의 현저한 발전에서 크게 개인들에게 우려되는 것은 직업과 관련된 것일 것입니다. 직업은 개인의 소득과 직결되므로 개개인의 피부에 와 닿는 문제입니다. 특히 미래 세대들은 직업의 불확실성 앞에 놓여있다고 할 수 있습니다.

인공지능의 신뢰성 문제는 늘 논란이 되고 있습니다. 현재는 크게 사회적으로 문제는 되지 않고 있지만, 인공지능이 반드시 정답만을 얘기하지는 않습니다. 인공지능이 답을 하는 것을 그대로 믿어서는 안 될 것입니다. 왜냐하면 실제로 거짓된 정보를 답으로 제시하는 경우가 가끔 있습니다.

사회에 떠도는 수많은 지식과 의견들이 반드시 옳은 것만 있는 것이 아닙니다. 수년 전부터 있었던 가짜뉴스, 반인륜적 정치형태, 역사의 왜곡은 일부 리더들이 궁극적으로 자신들의 이익을 지키고자 만들어 온 것입니다. 이러한 왜곡된 형태의 자료들이 인공지능에도 어느 정도 영향을 미치는 것 같습니다. 인공지능에 물어서 답을 구하는 것은 자유지만 그 정보의 옳고 그름을 판단하는 것은 이를 활용하는 사람의 몫이 되어야 할 것입니다.

결국 인공지능은 현재와 미래의 인류에게 지대한 영향을 미칠 것임은 자명해 보입니다. 결국 인류사회를 이끌어가는 리더들과 평화와 발전을 지향하고자 하는 인류 구성원들의 현명한 대처와 합의가 필요해 보입니다.

인공지능 도입으로 노동의 본질이 바뀔 것으로 전망됩니다. 인공지능은 반복 업무를 자동화해 노동을 더욱 유연화하고, 일에 대한 흥미를 높이며, 일과 생활의 균형을 찾아줄 수 있습니다. 인간은 창의력과 독창성을 바탕으로 점점 강력해지는 컴퓨터, 데이터 및 알고리즘 자원을 활용해 인간의 창의력이 요구되는 새로운 업무를 창출하고 방향을 제시할 수 있을 것입니다.

노동시장의 변화, 기회인가 위기인가

인공지능은 업무의 효율성을 향상해 노동시장의 변화를 촉진할 수 있습니다. 인공지능 기술은 빅데이터와 결합해 기업이 노동자를 위한 역할을 확인하고 사람들이 적합한 일자리를 찾도록 도울 수 있습니다. 예를 들어, IBM은 인공지능을 사용해 직원훈련을 최적화하고 과거 실적, 직업적 목표, IBM에 필요한 기량을 토대로 직원들에게 적합한 훈련 모듈을 추천합니다.

킨코프(KeenCorp), 바이브(Vibe)와 같은 기업은 기업의 사기, 노동자 생산성, 네트워크 효과 등 지표평가를 돕기 위해 직원들의 커뮤니케이션을 분석하는 텍스트 분석 기술을 개발했습니다. 이러한 정보를 사용해 인공지능은 노동자 생산성의 최적화를 도울 수 있습니다.

일자리의 변화, 준비된 자에게 찾아오는 빅찬스

일자리 변화로 노동자에게 요구되는 기술도 변화합니다. OECD에 따르면 평생 학습, 훈련 및 역량 개발로 교육 정책이 확대 적용될 것으로 예상됩니다. 다른 기술과 마찬가지로, 인공지능은 다음 3개의 기술 부분에서 수요를 생성할 것으로 전망됩니다.

첫째, 인공지능 프로그램을 개발할 전문역량(specialist skills)이 필요합니다. 인공지능 관련 기초 연구, 엔지니어링 및 응용 프로그램은 물론 데이터 과학과 컴퓨팅 사고도 여기에 포함됩니다.

둘째, 공장 현장 및 품질을 관리하는 인공지능-인간(AI-human) 팀을 포함해 인공지능을 활용하는 일반역량(generic skills)이 필요합니다.

셋째, 인공지능에는 상호보완적 역량(complementarity skills)이 필요합니다. 비판적 사고, 창의력, 혁신 및 기업가 정신 및 공감 능력과 같은 인간의 능력이 여기에 포함됩니다.

인공지능 역량 부족 문제를 해결하기 위해서는 인공지능 역량을 강화하고 개발하는 적극적인 계획이 필요합니다. 인공지능 역량 부족 현상이 심화함에 따라 기계학습과 같은 분야의 전문가 수요가 더욱 빠르게 증가할 것으로 전망됩니다. 중소기업, 공립대학, 연구소는 이미 지배기업들과 인재 유치 경쟁을 벌이고 있고 공공, 민간 및 학계에서는 인공지능 역량을 개발 및 강화하기 위한 활동을 시작했습니다.

예를 들어 싱가포르 정부는 싱가포르경영대학(Singapore Management University)에 인공지능과 데이터 사용을 관리하는 5년 과정의 연구 프로그램을 출범시켰습니다. 싱가포르 인공지능 데이터 거버넌스 센터는 인공지능과 산업, 사회와 상업화를 포함한 산업 관련 연구에 집중하고 있습니다.

학계의 경우, MIT가 분야와 관계 없이 모든 학생과 연구원에게 컴퓨팅과 인공지능 기술을 교육해 학문을 발전시키고 전문가를 양성하기 위해 슈워츠만 컴퓨팅대학(Schwarzman College of Computing)를 설립하기로 하고 10억 달러를 투자했습니다. 인공지능 역량 부족으로 고숙련 전문가의 이민 절차를 간소화한 나라도 있습니다.

영국은 1종(예외적 인재) 비자 발급 건수를 연간 2천 건으로 2배까지 확대하고 영국에서 일할 최우수 학생과 연구자들의 입국 절차를 간소화했습니다. 캐나다 또한 외국의 고숙련 노동자와 연구원을 유치하기 위해 2017년 글로벌 기술 전략(Global Skills Strategy) 사업의 일환으로 고숙련 노동자 비자 처리 기간을 2주로 단축하고 단기 연구 참여자의 경우 비자를 면제하기로 했습니다.

모든 OECD 국가는 현재, 중기 또는 장기적 관점에서 역량을 평가하고 수요를 예측합니다. 핀란드는 교육 및 훈련 수요를 창출하기 위해 바우처 기반 평생학습 프로그램을 포함한 인공지능 프로그램(Artificial Intelligence Programme)을 제안했습니다. 영국은 STEM(과학, 기술, 공학, 수학) 및 컴퓨터공학 교사를 포함한 인공지능 인재를 육성하기 위한 역량개발에 5억 3천만 달러(4억 6백만 파운드)를 투자했습니다.

실무자들은 이제 일명 '2개 언어'를 구사할 수 있어야 합니다. 즉, 경제학, 생물학, 또는 법학 등 한 가지 분야를 전공하는 동시에 기계학습과 같은 인공지능 역량도 갖춰야 합니다. 이러한 맥락에서, MIT는 2018년 10월, 50년 만에 가장 중요한 구조조정을 단행했습니다. 즉, 각 학문에 인공지능과 기계학습을 적용할 수 있는 전문가를 양성하기 위해 공학뿐 아니라 모든 학과와 협력하는 새로운 컴퓨팅 대학원을 설립할 계획을 발표했습니다. 이는 MIT 컴퓨터과학 교육의 완전한 전환을 의미합니다. MIT는 새로운 대학 설립에 10억 달러를 투자하고 있습니다.

이렇듯 인공지능의 영향력은 사회 전반으로 확장되고 있으며 노동시장의 변화는 누군가에게는 큰 기회가 될 것입니다. 이 책을 읽는 독자들은 세상의 판이 바뀌는 지금, 그 기회를 꼭 거머쥐기를 바랍니다.

PART 2

프롬프트 엔지니어링

김윤정

1. 프롬프트 활용 노하우

ChatGPT 프롬프트 명령어

처음 ChatGPT가 출시 되었을 때 사람들은 그 기능과 가능성에 흥분했습니다. 필자는 다양한 방법으로 실험했고, 그 결과에 놀라움을 감추지 못했습니다. 많은 사람이 ChatGPT를 사용하는 창의적인 방법을 찾고 그 잠재력을 발견하는 방법에 대해 더 깊이 연구하는 것을 보면서, 효과적인 ChatGPT의 프롬프트(지시 명령어)를 한국 사람들도 좀 더 접근하기 쉽게 만들어야겠다는 생각이 들었습니다.

필자는 영어가 비교적 자유로운 편이라 ChatGPT와 영어로 대화하며 비교적 구체적이고 만족스러운 답을 얻을 수 있었습니다. 반면 한국어로 질문을 시도할 때마다 질문이 정확하게 전달되지 않거나 ChatGPT가 답을 하다가 중간에 끊겨버리는 경우가 비일비재하게 일어나는 것을 발견했습니다. 그 결과 ChatGPT에 대한 프롬프트를 연구하기에 이르렀고,

이 과정에서 프롬프트의 효과를 높이는 데 도움이 되는 몇 가지 팁을 우연히 발견하게 되었습니다.

2장의 목적은 특히 전문가들이 ChatGPT 프롬프트를 사용하여 경력 성과를 향상할 수 있는 귀중한 프롬프트를 제공하는 것입니다. ChatGPT 프롬프트는 AI와의 의사소통 기술 향상, 시간 관리 및 동기 부여를 포함하여 전문성 개발을 위한 잠재적인 이점이 많습니다.

특히 다양한 직종의 전문가들이 마주하는 문제를 해결하기 위해 ChatGPT 프롬프트를 사용할 수 있는 다양한 방법을 살펴볼 것입니다. 기자, 회계사, 변호사, 경영지도사, 의사, 부동산 중개사, 에스테틱종사자, 공무원, 연구원, 전문가용 글쓰기 프롬프트 등 10개의 다양한 분야에 맞는 1,000여 개의 다양한 프롬프트를 제공할 것입니다. 전문가들이 ChatGPT 프롬프트를 사용하는데 유리한 이유는 자료 가용 여부를 바로 판별하여 잘못된 지식생산을 막을 수 있다는 것입니다. 인공지능으로 인해 빠른 지식생산의 부작용과 인공지능 지식생산 초기의 버그들을 잘 대응할 수 있는 집단이 바로 전문가집단입니다.

분명 이 책에서 주어지는 프롬프트들은 실용적인 결과 값으로 전문가가 자신의 경력 개발을 스스로 관리할 수 있도록 지원할 것입니다. ChatGPT 프롬프트를 사용하여 전문가는 직장에서 기술, 지식, 자신감을 향상하고 경력 목표를 달성할 수 있습니다. 또한 개인 비즈니스를 경영하고 있는 자영업자에게 새로운 조수이자 길잡이가 될 수 있을 것입니다. 그리고 그것을 아주 빠르고 쉽게 이룰 수 있습니다.

ChatGPT의 출현으로 바야흐로 '질문을 잘해야 하는 시대'가 도래하게 되었습니다. 급기야 좋은 ChatGPT 프롬프트들은 영어 원어민들도 돈을 주고 사고파는 시대가 시작되었습니다. 인공지능과 대화하는 법을 아는 사람이 곧 AI를 사용하여 빠른 생산성을 얻을 수 있는 시대가 온 것입니다. 그러면 이 장에서 좋은 프롬프트 만드는 방법과 프롬프트를 익히고 그 예를 적용함으로 수익화와 바로 연결되는 열쇠를 얻으시길 바랍니다.

GPT 프롬프트는 최근 인공지능 분야에서 주목받는 기술입니다. 이 기술은 대규모 자연어 데이터 세트(Data set- 인공지능이 쓰는 대규모 자연어 모음)를 기반으로, 입력된 프롬프트에 맞는 자연스러운 문장을 만듭니다. 즉 좋은 프롬프트는 만족스러운 결과 문자들을 만들어 낸다는 것입니다. GPT는 'Generative Pretrained Transformer'의 약자로, 입력된 내용의 문맥과 의미를 이해하고, 유사한 내용에 대한 문장을 생성하는 기능을 가지고 있습니다. 쉽게 말하면 기존에 미리 입력됐던 대본만을 갖고 대화하던 '연산형 변환기'에서 딥러닝을 통해 스스로 대답을 추론하고 만들어 내는 대화 로봇으로 진화한 것을 말합니다.

'프롬프트'란 인공지능 챗봇과 대화하기 위해 인간이 사용하는 지시 명령어를 이야기합니다. 다시 말해 '프롬프트 엔지니어링'이란 좋은 지시 명령어를 생성하고 만족스러운 답을 끌어내는 신기술을 뜻합니다. ChatGPT는 인공지능이라는 지극히 과학적이고 기술적인 영역을 좋은 아이디어와 좋은 질문(프롬프트)을 활용해야만 좋은 답을 얻을 수 있는 언어적이고 문과적인 영역으로 확장해 줬습니다.

ChatGPT 프롬프트는 다양한 분야에서 사용될 수 있습니다. 글쓰기 분야에서는 기사 제목, 블로그 포스트, 광고 문구 등을 생성하는 데 사용될 수 있으며, 채팅 로봇과는 사용자와의 대화 내용을 생성하거나 질문에 대한 답변을 생성하는 데 사용될 수 있습니다. 음성인식 분야에서도 사용될 수 있습니다.

앞에서 언급했던 것과 같이 ChatGPT 프롬프트는 이전에 학습한 데이터를 기반으로 새로운 문장을 생성합니다. 이를 통해 자연스러운 문장을 생성할 수 있으며, 입력된 내용의 스타일과 톤을 고려하여 문장을 생성합니다. 이러한 특징으로 인해 ChatGPT 프롬프트는 인간과 기계 간의 자연스러운 의사소통을 가능하게 합니다.

ChatGPT 프롬프트는 텍스트 형태로 대화하며 정보를 제공하는 것이 일반적입니다. 그 외에도 파이선, 리액트, 자바스크립트, C++ 등 다양한 프로그래밍 언어에 맞는 프롬프트를 만들 수도 있습니다. 게다가 ChatGPT를 이용하여 그림그리기, 음악 작곡, 홈페이지 만들기 등 많은 것들을 시도하고 있습니다. 계속 업그레이드 되는 인공지능 기술과 늘어나는 작업들은 앞으로도 셀 수 없을 만큼의 프롬프트의 생산을 시사합니다.

결론적으로 프롬프트는 인공지능 분야에서 매우 중요한 기술입니다. 이를 활용하면 글쓰기, 채팅 봇, 음성인식 등 다양한 분야에서 효율적인 작업이 가능하며, 높은 수준의 의사소통 품질을 유지할 수 있습니다. 이러한 기술은 향후 인간과 기계 간의 상호작용에 큰 영향을 미칠 것으로 예상됩니다.

프롬프트 활용 분야

위에 잠깐 언급한 대로 GPT 프롬프트는 다양한 분야에서 활용될 수 있습니다. 예를 들어, 글쓰기 분야에서는 기사 제목, 광고 문구, 블로그 포스트 등을 생성하는 데 사용될 수 있으며, 채팅 봇에서는 사용자와의 대화 내용을 생성하거나 질문에 대한 답변을 생성하는 데 사용될 수 있습니다. 또한, 음성인식 분야에서도 활용될 수 있습니다. 예를 들어, 자동차 내비게이션에서 목적지 입력을 음성으로 할 때, GPT 프롬프트를 사용하여 음성 인식된 내용에 대한 경로 안내를 생성할 수 있습니다. 또한, 언어 교육 분야에서도 사용될 수 있습니다. 예를 들어, GPT 프롬프트를 사용하여 문장 생성 퀴즈를 만들 수 있습니다. 이렇게 GPT 프롬프트는 다양한 분야에서 활용되며, 인간과 기계 간의 자연스러운 소통을 가능하게 합니다.

다음 표는 프롬프트를 사용할 수 있는 분야들과 활용 예시들입니다.

분야	활용 예시
글쓰기	기사 제목, 블로그 포스트, 광고 문구 등 생성
번역	다국어 자동 번역
요약	긴 글 요약
문장 완성	문장 완성, 오탈자 교정
질문 응답	FAQ 작성, 지식인 서비스
콘텐츠 생성	뉴스 기사, 상품 실명 등의 콘텐츠 생성
이메일 작성	고객 응대용 이메일 작성
이미지 캡션	이미지에 대한 자연스러운 캡션 작성
게임 개발	게임 내 대화 시스템 개발
상담 로봇	고객 상담, 건강 상담 등의 로봇
자동 요약	실시간 뉴스 요약
자동 검색	검색어 자동 완성, 검색 결과 요약
감성 분석	글의 긍정, 부정 감성 분석
의료 정보 분석	의료 정보 분석, 진단 보조
채팅 봇	자연스러운 대화 생성, 실시간 대화 수정 가능
음성인식	음성인식 결과에 대한 응답 생성
음악 작곡	창의적인 음악 작품 생성 가능

표에서 확인할 수 있듯이 프롬프트는 블로그 작성과 같은 지극히 개인적이고 사적인 영역부터 음악 작곡, 게임 개발, 의료 정보 분석과 같은 전문적인 영역까지 넓게 사용할 수 있습니다. ChatGPT 프롬프트를 잘 생성하는 기술은 곧 생산성을 최대치로 높여줄 수 있는 기술이 될 수 있습니다.

2. 프롬프트 4단계 법칙, 10배 앞서 나가는 TIP

2장에서 언급하는 프롬프트 '더 잘' 작성하는 법은 좀 더 세부적인 내용을 담았습니다. 그러므로 전반적인 프롬프트 만드는 방법을 먼저 습득하고 싶으신 분들은 앞의 내용을 참고해주시기를 바랍니다.

역할을 주어라

사람들은 자기소개를 할 때 직업, 나이, 사는 곳 등 자신의 사회적 개인적 역할에 대해 먼저 언급합니다. 프롬프트도 마찬가지로 묻는 사람의 역할(소개)을 구체적으로 언급해 주어야 ChatGPT가 답을 안내하는 데 훨씬 도움을 줄 수 있습니다.

▶ 역할이 없는 프롬프트:

What would you say to someone who is feeling suicidal?
자살 충동을 느끼는 사람에게 뭐라고 말하겠습니까?

누군가가 자살 충동을 느낀다면 그들의 감정을 진지하게 받아들이고 적절한 지원과 자원을 제공하는 것이 중요합니다. 말할 수 있는 몇 가지 사항은 다음과 같습니다.

1. "나는 당신을 위해 여기 있습니다." 당신이 그들을 위해 있고 돕고 싶다는 것을 그들에게 알려주십시오.

2. "당신은 혼자가 아닙니다." 많은 사람들이 자살 충동에 시달립니다. 도움을 구해도 괜찮습니다.

3. "당신이 느끼는 것에 대해 이야기합시다." 그들이 경험하고 있는 것에 대해 마음을 열고 판단 없이 경청하도록 격려하십시오.

4. "전문가와 이야기 하는 것에 대해 생각해 보셨습니까?" 치료사 또는 카운슬러와 같은 정신 건강 전문가에게 도움을 구하도록 제안하십시오.

5. "자료 찾는 걸 도와드릴까요?" 자살 예방 핫라인, 지원 그룹 또는 치료 옵션과 같은 리소스를 찾도록 도와 줍니다.

자살 생각과 감정은 극심한 고통의 신호이며 심각하게 받아들여야 한다는 점을 기억하십시오. 누군가 자해할 수 있다고 우려되는 경우 즉시 도움을 요청하거나 정신 건강 전문가 또는 응급 서비스에 연락하여 지원을 받도록 권장하십시오.

2장에서의 모든 ChatGPT와의 대화는 영어로 질문하고 생산되었으며 한글로 보기 편하도록 번역한 것입니다.

역할이 없는 프롬프트에 대해 GPT는 "자살"이라는 상황에서 "일반적"(generally)으로 할 수 있는 격려와 마치 "공익광고"와 같은 다소 지침서 같은 딱딱한 방법을 이야기합니다. 정확한 설명들이 없으니 그저 일반적인 대답을 들을 수밖에 없는 것입니다. 그러나 아래에 역할이 부여된 프롬프트에 대한 ChatGPT 응답을 보면서 역할이 있고 없고의 확연한 차이점을 비교해 보도록 합시다.

▶ 역할이 언급된 좋은 프롬프트:

 You are a police officer. 당신은 경찰입니다.

What would you say to someone who is feeling suicidal?

자살 충동을 느끼는 사람에게 뭐라고 말하겠습니까?

누군가가 자살 충동을 느낀다면 그들의 감정을 진지하게 받아들이고 적절한 지원과 자원을 제공하는 것이 중요합니다. 말할 수 있는 몇 가지 사항은 다음과 같습니다.

1. "나는 당신을 위해 여기 있습니다." 당신이 그들을 위해 있고 돕고 싶다는 것을 그들에게 알려주십시오.

2. "당신은 혼자가 아닙니다." 많은 사람들이 자살 충동에 시달립니다. 도움을 구해도 괜찮습니다.

3. "당신이 느끼는 것에 대해 이야기합시다." 그들이 경험하고 있는 것에 대해 마음을 열고 판단 없이 경청하도록 격려하십시오.

4. "전문가와 이야기 하는 것에 대해 생각해 보셨습니까?" 치료사 또는 카운슬러와 같은 정신 건강 전문가에게 도움을 구하도록 제안하십시오.

5. "자료 찾는 걸 도와드릴까요?" 자살 예방 핫라인, 지원 그룹 또는 치료 옵션과 같은 리소스를 찾도록 도와 줍니다.

자살 생각과 감정은 극심한 고통의 신호이며 심각하게 받아들여야 한다는 점을 기억하십시오. 누군가 자해할 수 있다고 우려되는 경우 즉시 도움을 요청하거나 정신 건강 전문가 또는 응급 서비스에 연락하여 지원을 받도록 권장하십시오.

위 예에서, "경찰"이라는 역할은 ChatGPT의 응답에 대한 구체적인 내용과 제약 조건을 제공합니다. 경찰이라는 역할과 관련된 실용적이고 실행할 수 있는 조언을 빠르고 쉽게 제공하도록 해줍니다. 이러한 역할 부여를 통해 보다 유용하고 맞춤형으로 답을 얻을 수 있습니다.

여기서 프롬프트 엔지니어로서 한 가지 궁금증이 생겼습니다. 역할을 부여할 때 ChatGPT에 역할을 주는 것이 더 좋은지 아니면 나의 역할을 설명하고 질문하는 것이 더 좋은가? 입니다.

그래서 ChatGPT에 물어보았습니다.

[질문]

GPT 대화 프롬프트에 대한 질문이 있습니다.

[GPT]

알겠습니다. GPT 대화 프롬프트에 대해 질문이 무엇인가요?

[질문]

역할을 부여하고 질문하는 것과 내 역할을 설명하고 질문하는 것의 차이점이 있나요?

[GPT]

AI 언어 모델로서 역할이나 직접적인 요청의 형태로 주어지든 질문과 프롬프트에 응답하도록 설계되었습니다. 그러나 귀하의 역할이나 상황에 대한 맥락이나 배경 정보를 제공하면 귀하의 질문에 더 구체적이고 적절한 답변을 제공하는 데 도움이 될 수 있습니다. 궁극적으로 질문이나 프롬프트를 표현하는 방법은 귀하와 귀하가 가장 편안하게 느끼는 방식에 달려 있습니다.

[질문]

그래서 당신은 그들 사이에 차이가 없다는 것을 의미합니까?

[GPT]

맞습니다. AI 언어 모델로서의 제 관점에서 제게 역할을 제공하고 질문하는 것과 귀하의 역할을 설명하고 질문하는 것 사이에는 큰 차이가 없습니다. 두 접근 방식 모두 필요에 맞는 응답을 생성하는 데 효과적일 수 있습니다. 그러나 귀하의 역할이나 상황에 대한 추가 컨텍스트나 정보를 제공하면 때때로 귀하의 질문을 더 잘 이해하고 보다 구체적인 답변을 제공하는 데 도움이 될 수 있습니다."

앞의 대화를 보면 알 수 있겠지만 'ChatGPT에 역할을 주는 것'과 '나의 역할을 설명하는 것' 사이에는 큰 차이점이 없다는 이야기입니다. "나는 경찰입니다." 와 "ChatGPT 당신은 경찰입니다" 사이에 차이점은 존재하지 않다고 말하고 있습니다. 중요한 것은 원하는 결과를 얻기 위해선 '역할을 정확하게 명시'해주는 것만이 중요하다는 것입니다.

하지만 ChatGPT 4로 업그레이드가 되고 나서 다시 한번 같은 질문을 했습니다. 그랬더니 또 다른 답변이 나왔습니다. 아래는 최근 업그레이드 버전의 답변이니 꼭 아래의 답변을 참고하시기를 바랍니다.

"당신은 경찰입니다. 자살 충동을 느끼는 사람에게 뭐라고 말하겠습니까?" "나는 경찰입니다. 자살 충동을 느끼는 사람에게 뭐라고 말해야 합니까?" 사이에 답변의 차이가 있습니까? 라고 질문해 보았습니다.

예, 귀하가 저에게 역할을 제공하는지("당신은 경찰관입니다") 또는 특정 역할이 있다고 밝히는지(저는 경찰관입니다")에 따라 GPT에서 생성된 답변에 차이가 있을 수 있습니다.

귀하가 저에게 역할을 제공하는 경우("당신은 경찰입니다"), 생성된 답변은 경찰관의 역할에 대한 가정과 특성을 기반으로 할 가능성이 높습니다. 응답은 본질적으로 보다 일반적일 수 있으며 모든 경찰관에게 적용 가능한 조언을 제공할 수 있습니다. 예를 들어 응답에는 자살 충동을 느끼는 사람에게 접근하는 방법, 우려 사항을 경청하는 방법 및 도움을 받을 수 있는 리소스와 연결하는 방법에 대한 지침이 포함될 수 있습니다.

자신을 경찰관이라고 밝힌경우("저는 경찰관입니다" 생성된 답변은 보다 구체적이고 귀하의 역할과 전문 지식수준에 맞게 조정될 수 있습니다. 응답은 위기 상황을 처리하는 방법에 대한 교육과 지식이 이미 있다는 사실을 고려할 수 있으며 역할과 교육을 기반으로 상황에 접근하는 방법에 대한 보다 구체적인 조언을 제공할 수 있습니다.

전반적으로 응답의 차이는 특정 프롬프트와 제공된 역할 또는 컨텍스트의 특성에 따라 달라집니다.

ChatGPT에게 역할을 주는 것은 '만약'이라는 가정을 기반으로 하므로 일반적인 답변을 받을 확률이 높다는 것입니다. 또 모든 경찰관에게 적용할 수 있는 조언을 얻을 수밖에 없어 구체적이긴 힘들다고 하고 있습니다. 하지만 나의 역할을 정확하게 설명하는 것은 더 구체적인 답변을 끌어낼 수 있다는 답이 나왔습니다. 나의 상황과 지식, 교육, 등을 이미 파악한 상태에서 답변해서 나에게 좀 더 맞춘 답변이 나온다는 이야기입니다.

여러분들이 만약 ChatGPT에게 뭔가를 지시할 때는 자신의 직업을 밝히는 것이 더 나에게 맞는 답변을 끌어낼 수 있을 것입니다. '나는 회계사입니다', ' 나는 변호사입니다.' '나는 공무원입니다.'등 나의 직업을 먼저 밝히고 ChatGPT와 대화하시기를 바랍니다.

구체적으로 질문하라

GPT 프롬프트를 작성하는 방법에 대한 중요한 조언 중 하나는 구체적으로 질문하는 것입니다. 질문이 더 구체적이면 구체적일수록 아주 실용적인 답변을 기대할 수 있습니다. 예를 들어, "삶의 의미는 무엇인가?" 같은 광범위한 질문을 하는 대신, "만족감이 높은 삶에 이바지하는 핵심 요소는 무엇인가?" 같은 더 구체적인 질문이 더 구체적인 대답을 얻을 것입니다.

구체적인 질문을 하는 것은 또한 ChatGPT가 주제에 계속 집중하고 더 많은 대화가 가능하게 하는 데 도움이 됩니다. 또한 무관한 답을 방지하는 데 도움이 될 수 있습니다. 명확하고 구체적인 프롬프트는 대답의 품질을 높여주고, 원하는 대상에게 딱 맞는 답을 얻게 할 수 있습니다.

구체적인 질문을 하는 것 외에도 상황에 맞는 추가 정보를 제공하여 대답 유도하는 것도 도움이 될 수 있습니다. 여기에는 예제 제공, 주요 용어 정의, 배경 정보 제공이 포함될 수 있습니다. 이 추가 내용들을 더 제공하여 GPT가 더 정확하고 구체적인 반응을 하도록 도움을 줄 수 있습니다.

여기서 핵심은 "구체적으로 질문해야만 구체적인 답을 얻을 수 있다"입니다! 그러면 구체적으로 질문하기 위해서는 어떤 것들이 필요할까요?
아래의 내용 또는 단어들을 포함하여 질문을 하면 훨씬 더 구체적인 답을 얻을 수 있습니다.

그러면 다음 두 예를 비교하며 구체적 질문의 필요성에 대해 다시 한번 확인해 봅시다. 하나는 개방형 프롬프트로 요리에 대한 블로그를 써달라고 요청했고, 다른 하나는 건강하고 맛있는 저녁을 30분 이내에 요리하는 것에 대해 초보자를 위한 블로그 게시물을 작성해 달라고 요청한 결과입니다.

▶ 개방형 프롬프트:

Write a blog post about cooking. 요리에 대한 블로그 글을 쓰세요.

요리는 맛있는 음식을 제공하는 기술뿐만 아니라 건강과 웰빙을 촉진합니다. 우리는 창의적이고 다양한 재료, 맛, 조리 기술을 시도해 볼 수 있습니다. 당신이 경험있는 요리사이거나 주방 초보이더라도, 요리는 재미있고 보람있는 경험이 될 수 있습니다. 이 블로그 글에서는 요리의 여러 이점을 탐색하고 초보자들이 시작할 수 있는 팁을 제공합니다.

요리의 이점

1. 건강과 영양: 집에서 요리하면 건강한 식사를 위해 재료와 조리 방법을 제어할 수 있습니다. 신선한 재료를 사용하고 가공 음식을 제한하며 요리에 들어가는 소금, 설탕 및 지방의 양을 조절할 수 있습니다. 집에서 요리하면 균형 잡힌 영양 소화를 위해 필수 과일과 채소를 더 많이 섭취할 수 있습니다.

2. 비용 절감: 식사를 외식하거나 배달 시켜 먹으면 비용이 매우 많이 들 수 있습니다. 집에서 요리하면 더 저렴하게 식사를 준비할 수 있으며, 대량으로 요리하고 나중에 먹을 수 있게 냉동해 둘 수도 있습니다. 또한 세일 제품과 쿠폰을 이용한 스마트 쇼핑이 가능합니다.

3. 스트레스 감소: 요리는 스트레스와 불안감을 줄이는 데 도움이 되는 치료적인 활동일 수 있습니다. 요리는 성취감을 제공하며 긴 하루를 보내고

나서 휴식을 취할 수 있는 재미있는 방법이 될 수 있습니다. 또한 공유 식사를 통해 친구와 가족과 연결되는 사회적인 활동이 될 수도 있습니다.

이 프롬프트는 구체적인 내용이나 제약 조건을 제공하지 않습니다. GPT는 요리 대한 블로그 게시물을 만들어 낼 수는 있지만, 어떤 종류의 요리, 어떤 수준의 전문 지식, 그리고 대상 청중은 정확하지 않아 답의 만족도가 떨어지는 반응을 보일 수 있습니다. 한마디로 아주 '일반적인' 요리에 관해 이야기하고 있습니다.

▶ 구체적인 좋은 프롬프트 :

 Write a beginner-friendly blog post about cooking

a healthy and delicious dinner in under 30 minutes.

건강하고 맛있는 저녁을 30분 이내에 요리하는 것에 대해 초보자를 위한 블로그 게시물을 작성하세요.

건강하고 맛있는 저녁 식사를 요리하는 데 시간이 많이 걸리거나 복잡할 필요가 없습니다. 다음은 몇 가지 간단한 재료와 따라하기 쉬운 지침만 있으면 30분 안에 영양가 있는 식사를 준비할 수 있습니다. 이 초보자 친화적인 블로그 게시물에서는 30분 이내에 건강하고 맛있는 저녁 식사를 요리하는 단계별 가이드를 제공합니다."

재료:

- 뼈없는 껍질없는 닭가슴살 1파운드

- 좋아하는 야채 2컵(예: 브로콜리, 피망, 양파 또는 호박)

- 올리브 오일 1큰술, 소금과 후추

선택 사항: 마늘, 허브 또는 향신료 선택

지침:

1. 오븐을 400˚F(200˚C)로 예열합니다.

2. 베이킹 시트에 유산지를 깔아주세요.

3. 닭고기를 한 입 크기로 자르고 소금, 후추, 기타 원하는 허브나 향신료로 간을 합니다. 준비된 베이킹 시트에 닭고기를 놓습니다.

4. 야채는 먹기 좋은 크기로 썰어 올리브유, 소금, 후추로 버무린다. 닭고기와 함께 야채를 베이킹 시트에 넣고 한 겹으로 펼칩니다.

5. 닭고기와 야채를 20~25분 동안 굽거나 닭고기가 완전히 익고 야채가 부드러워지고 약간 갈색이 될 때까지 굽습니다.

6. 즉시 봉사하고 즐기십시오!

변형: 닭고기를 두부나 생선과 같은 다른 단백질로 교체하십시오. 다른 야채를 사용하거나 좋아하는 것을 조합하여 사용하십시오. 다양한 조미료나 소스를 사용하여 맛을 바꾸십시오. 완전한 식사를 위해 현미, 퀴노아 또는 다른 곡물 위에 서빙하십시오. 건강하고 맛있는 저녁 식사를 요리하는 것은 복잡하거나 시간이 많이 소요될 필요가 없습니다. 이 간단한 레시피로 30분 이내에 식탁에서 영양가 있고 만족스러운 식사를 할 수 있습니다. 그러니 한번 시도해보고 얼마나 쉽고 맛있는 건강 요리가 될 수 있는지 확인해보세요!

이 프롬프트는 더 구체적인 답을 얻을 수 있는 구체적인 내용과 제약 조건을 제공합니다. 대상 고객(초보자), 요리 유형(건강하고 맛있는 저녁 식사), 시간 제약(30분 미만)을 통해 의도된 청중의 필요와 관심사에 맞춘 더 만족스럽고 집중적인 응답을 끌어낼 수 있습니다.

표로 만들어 달라고 요구해보라

혹시 ChatGPT가 데이터의 결과값을 표로 작성해주는 것을 아셨나요?

아직 그래프는 아직 어렵지만 표는 작성할 수 있습니다! 자신이 얻은 데이터에 결과 값에 대한 표 작성을 요청하는 것은 명확하고 간결한 결과값을 정리하는 데 도움이 될 수 있습니다. 표는 복잡한 정보를 구성하고 독자가 쉽게 이해할 수 있도록 하는 효과적인 방법입니다.

표와 관련된 프롬프트를 생성할 때는 먼저 데이터 유형을 구별하는 것이 중요합니다. 과학적인 연구 자료, 재정 정보 또는 심지어 이야기의 성격 특성으로부터 무엇이든 포함할 수 있습니다. 데이터를 식별한 후에는 행과 열로 구성할 수 있으므로 시각적으로 눈에 잘 들어오며 보기 편합니다.

표를 사용하면 정보에 더 쉽게 접근할 수 있을 뿐만 아니라 자료 내의 중요한 내용을 강조할 수 있습니다. 예를 들어, 회계사의 경우는 재무 데이터 표는 한 회사의 지난 1년 동안의 손익을 보여주며, 독자들은 어떤 달이 가장 수익성이 높았는지 또는 회사가 재정적 어려움을 겪었는지 쉽게 알 수 있게 해줍니다.

표와 관련된 프롬프트를 GPT에 요청할 때는 포함해야 할 자료와 만드는 열과 행에 대해 명확한 지침을 제공하는 것이 중요합니다. 이를 통해 작성자가 명확하고 간결한 방식으로 정보를 효과적으로 전달할 수 있습니다.

다음의 예는 ChatGPT에게 1996년과 2009년 사이에 한국인의 행복도에 값을 비교해 달라고 요청하고, 그것을 표로 요청한 결과들입니다. ChatGPT에서 직접 대답한 결과를 읽기 좋도록 한국어로 번역한 것이기 때문에 한글 자체에 어색함을 있을 수 있으니 결과에만 주목하시기를 바랍니다.

1996년과 2009년 사이 한국인의 행복감 재현 결과 비교를 해줘

세계행복보고서에 따르면 1996년부터 2009년까지 한국의 평균 행복지수는 소폭 상승했다. 1996년 보고서에서 한국의 행복지수는 10점 만점에 5.2점으로 156개국 중 41위를 기록했다. 그러나 2009년 보고서에서 한국의 행복지수는 10점 만점에 6.1점으로 높아져 156개국 중 30위를 기록했다.

이것은 전반적으로 한국인들이 1996년보다 2009년에 약간 더 행복했음을 시사합니다. 그러나 이러한 보고서는 국가의 행복 수준에 대한 일반적인 개요를 제공하며 개인별 차이나 사회 요인과 같은 요인을 설명하지 않는다는 점에 유의해야 합니다. 개인의 행복 수준에 영향을 미칠 수 있는 경제적 지위, 성별, 연령 또는 기타 인구통계학적 변수.

나에게 표로 제공해 줄래?

두 결과를 비교해 봤을 때 아래의 표로 만들어진 결과가 훨씬 보기 편하고 바로 보고서나 연구 결과 등에 인용하기 좋은 것을 볼 수 있습니다. 게다가 표를 만들어 달라는 프롬프트는 아주 간단합니다. 아래를 참고하여 꼭 수치를 비교하는 프롬프트에 적용하시길 바랍니다.

▶ 표로 만들어 달라고 요청하는 프롬프트

(1) Give me table about [주제] from [시작 연도] to [마침 년도].

(2) Can you please provide me with a table showing [주제] from [시작 연도] to [마침 년도]?

2001년부터 2009년까지 [주제] 보여주는 표를 주시겠습니까?"

예) Can you please provide me with a table showing the average happiness scores of Koreans from 2001 to 2009, based on data from the World Values Survey?

세계가치조사 자료를 바탕으로 2001년부터 2009년까지 한국인의 평균 행복 점수를 보여주는 표를 주시겠습니까?

(3) Can you provide me with a table comparing of [주제] between [앞 연도] and [뒷 연도]?

세계가치조사 자료를 바탕으로 [연도]와 [연도]에 한국인의 [주제]를 비교하는 표를 주시겠습니까?

예) Can you provide me with a table comparing of the average happiness scores of Koreans between 1996 and 2006, based on data from the World Values Survey?

세계가치조사 자료를 바탕으로 1996년과 2006년 사이 한국인들의 평균 행복 점수를 비교한 표를 주시겠습니까?

다만 유의해야 할 점 한가지는 표를 그대로 복사하여 붙여 넣을 때 한글을 사용할 경우는 '원본 형식을 유지하여 붙여넣기'를 해야만 표의 형태가 그대로 유지가 됩니다.

웹사이트를 같이 추가하라

"웹사이트 주소를 프롬프트에 포함시키라고?"라는 반응이 나올 수도 있을 것입니다. 프롬프트에 웹사이트 주소를 추가하면 추가 내용 및 자료를 제공하는 데 효과적일 수 있습니다. 질문을 할 때 관련 웹사이트 주소를 통해 주제를 더 깊이 탐색하고 주제에 대한 더 깊은 이해를 할 수 있습니다.

그러나 이 경우 몇 가지 유의해야 할 점들이 있습니다. 프롬프트에 웹사이트 주소를 추가할 때 그 주소가 관련성이 있고 신뢰할 수 있는지 확인해야 합니다. 한쪽으로 편향되었거나 신뢰할 수 없거나 당면한 주제와 관련이 없는 웹사이트에 연결하지 않도록 주의합시다.

▶ 웹사이트 링크가 없는 프롬프트:

What are some other effective ways to improve public speaking abilities? 대중 연설을 효과적으로 향상시키는 방법들은 어떤 것이 있을까요?

이 프롬프트는 다소 일반적이며 독자에게 충분한 지침이나 방향을 제공하지 못할 수 있습니다. 그래서 GPT는 글쓰기 능력을 향상하기 위한 구체적인 전략을 생각해 내기 위해 고군분투할 수 있습니다. 실제로 아래 답변을 보면 굉장히 일반적인 내용들을 이야기하고 있고 출처도 정확하지 않은 것을 알 수 있습니다.

대중 연설 능력을 향상시키는 몇 가지 효과적인 방법은 다음과 같습니다.

1. 연습, 연습, 연습: 연설을 더 많이 연습할수록 더 편안하고 자신감 있게 말할 수 있습니다. 거울 앞에서 연습하거나 자신을 녹음하고 다시 시청하거나 소규모 친구나 가족에게전달할 수 있습니다.

2. 대중 연설 클럽 가입: Toastmasters와 같은 클럽에 가입하면 대중 연설 능력을 향상시키려는 사람들로 구성된 지원 커뮤니티를 제공할 수 있습니다. 다른 사람들 앞에서 연설을 연습하고 피드백과 안내를 받을 수 있습니다.

3. 몸짓 언어에 집중하세요: 비언어적 의사소통은 말만큼 중요할 수 있습니다. 자신감과 신뢰성을 전달하기 위해 눈을 마주치고, 몸짓을 사용하고, 똑바로 서는 연습을 하세요.

4. 시각적 보조 자료 사용: PowerPoint 프레젠테이션이나 소품과 같은 시각적 보조 자료는 청중을 참여시키고 요점을 설명하는 데 도움이 될 수 있습니다. 너무 많이 사용하면 주의가 산만해질 수 있으므로 너무 많이 의존하지 않도록 하세요.

5. 다른 위대한 연사 연구: Martin Luther King Jr. 또는 Barack Obama 와 같은 위대한 연사의 연설을 보고 그들의 기술을 연구합니다. 청중을 참여시키기 위해 무엇을합니까? 메시지를 전달하기 위해 신체 언어와 억양을 어떻게 사용합니까?

6. 피드백 받기: 신뢰하는 사람에게 연설을 듣고 피드백을 제공하도록 요청하십시오. 또한 자신을 녹음하고 다시 보면서 개선할 영역을 식별할 수 있습니다.

대중 연설 능력을 향상시키는 데는 시간과 노력이 필요하지만 일관된 연습과 피드백을 통해 더 자신감 있고 효과적인 연설자가 될 수 있음을 기억하십시오.

▶ 웹사이트 링크를 삽입한 프롬프트:

How can I improve my public speaking skills? Check out this website for helpful tips and resources: https://www.toastmasters. org/resources/public-speaking-tips. What are some other effective ways to improve public speaking abilities?

대중 연설 능력을 어떻게 향상할 수 있습니까? 다음 웹사이트에서 유용한 팁과 자원을 확인하세요. https://www.toastmasters.org/resources/public-speaking-tips. 대중 연설 능력을 향상하는 다른 효과적인 방법은 무엇입니까?

귀하가 언급한 웹사이트를 방문하는 것 외에도 대중 연설 기술을 향상시키기 위한 몇 가지 추가 정보는 다음과 같습니다.

1. 자신의 약점 파악하기: 대중 앞에서 말할 때 가장 어려움을 겪는 부분에 주의를 기울이십시오. 당신은 너무 빨리 또는 너무 느리게 말하는 경향이 있습니까? "um" 및 "uh"와 같은 필러 단어를 사용하는 경향이 있습니까? 자신의 약점을 알게 되면 이를 개선하는 데 집중할 수 있습니다.

2. 다양한 환경에서 연습: 한 가지 환경에만 연습을 제한하지 마십시오. 소그룹 앞이나 더 큰 강당과 같은 다양한 환경에서 연설을 연습해 보십시오. 이렇게 하면 다양한 유형의 환경에서 더 편안하게 말할 수 있습니다.

3. 청중 참여: 청중을 더 많이 참여시킬수록 연설이 더 기억에 남고 영향력이 커집니다. 스토리텔링, 유머 및 대화형 요소를 사용하여 청중이 여러분이 말해야 하는 내용에 계속 참여하고 관심을 갖도록 하십시오.

4. 목소리 개선: 대중 앞에서 말할 때 목소리는 가장 중요한 도구 중 하나입니다. 메시지가 크고 또렷하게 들리도록 보컬의 다양성, 명료성, 프로젝션을 개선하기 위해 노력하십시오

5. 긍정적인 혼잣말 사용: 공개적으로 말하기 전에 긴장하는 것은 정상이지만 부정적인 혼잣말은 상황을 악화시킬 수 있습니다. 대신 긍정적인 확언과 시각화 기술을 사용하여 신경을 진정시키고 자신감을 높이십시오.

훌륭한 대중 연설가가 되려면 시간과 연습이 필요하다는 점을 기억하십시오. 자신에게 인내심을 갖고 지속적인 개선에 집중하십시오."

위의 답변은 내가 가지고 있는 정보가 무엇인지 사전지식을 알려주고 있습니다. 그리고 정보를 더 제공해 달라고 함으로써 ChatGPT는 이미 내가 어떤 정보를 가졌는지 웹사이트를 통해 알고 있고, 그것들을 제외한 다양한 정보들을 제공해 줄 수 있습니다.

▶ 웹 사이트 주소를 제공함으로써 얻는 장점 7개

1. 질문의 맥락을 정확히 파악하여 더 적절한 답변을 제공받을 수 있습니다.

2. 질문자가 정말 필요한 정보를 더 빠르게 접근하여 대화 시간을 절약

할 수 있습니다.

3. 중요한 자료가 포함되어 있다면 자료에 더 깊이 탐색이 가능해 더 정확한 답변을 제공받을 수 있습니다.

4. 신뢰할 수 있는 출처이기 때문에 표절의 의혹을 피할 수 있습니다.

5. 웹 사이트에는 다양한 관점의 정보가 포함되어 있으므로 질문자의 의도 파악이 더 빨라집니다.

6. 웹 사이트 탐색을 통해 ChatGPT가 지식을 넓히고 같은 주제에 대해 대답하는 능력이 향상되어 향후 비슷한 정보를 원할 때 더 좋은 답변을 받을 가능성이 커집니다.

7. 다른 사람들과 같은 주제를 탐색해야 할 때 차별화된 내용을 제공받을 수 있습니다.

지금까지 좋은 프롬프트를 사용할 수 있는 분야, 방법, 이유에 대해 알아보았습니다.

한번 이렇게 생각해 보세요. 누군가와 대화를 나누어야 하는데 나는 한국어로, 상대방은 스페인어만으로 대화를 시도합니다. 서로 무슨 말을 하는지 전혀 알아듣지 못하고 있다면 어떤 느낌일까요? 그에 반해 상대방이 한국어를 잘하거나, 내가 스페인어를 잘한다면 서로 명확하고 구체적으로 잘 의사소통할 수 있겠죠? 프롬프트도 일종의 외국어라고 생각하면 좋습니다. 프롬프트는 '인공지능 언어'라고 감히 정의하고 싶습니다. 인공지능과 대화하려면 인공지능 언어를 사용해야만 하겠죠?

좋은 프롬프트를 사용하면 사용자에게 적합하고 유용한 응답을 얻을 수 있습니다. 또한 좋은 프롬프트를 사용하면 인공지능 언어 모델이 시간이 지남에 따라 딥러닝을 통해 향상되는 데 도움이 될 수 있으므로 미래에 훨씬 더 나은 대답을 얻을 수 있을 것입니다.

전반적으로 좋은 ChatGPT 프롬프트를 사용하는 것은 인공지능을 최대한 활용할 수 있는 현명한 방법입니다. 거의 유일한 방법이라고 강조하고 싶습니다.

이미 정보화 시대에 많은 정보와 지식은 넘쳐납니다. 하지만 "얼마나 양질의 정보만 모아서 잘 가공하느냐?" 그리고 "얼마나 빨리하는가?"가 빠른 생산성을 이룰 수 있는 열쇠입니다. 위와 같은 팁들을 소중히 모으고 '잘', '아주 빠르게!', '지금 당장!' 적용하여 딥러닝이 가능한 ChatGPT에게 좋은 질문을 하고 양질의 값을 얻어내 여러분들의 경력과 생산성 향상에 바로 적용하시길 바랍니다.

3. 바로 사용할 수 있는 전문직 분야별 맞춤형 프롬프트

직업 맞춤형 프롬프트

이제부터는 바로 사용이 가능한 ChatGPT 프롬프트를 직업에 맞춰서 알려드리려 합니다. 기자, 회계사, 미디어 관계자 등 최근의 이슈에 민감한 직업군들은 "WebChatGPT"라는 크롬 확장 프로그램을 통해 현재 기준으로 정확한 응답을 받을 수 있으니 자세한 내용은 검색을 통해 꼭 설치하시기를 바랍니다.

이제부터는 기자, 회계사, 변호사, 경영지도사, 의사, 부동산 중개사, 에스테틱종사자, 공무원, 연구원 순으로 전문직 9개의 다양한 분야와 글쓰기 비서용 프롬프트까지 각 10개 내외 모두 약 100개 정도를 살펴보도록 하겠습니다.

전반적으로 '프롬프트의 영어 기본 형태와 한글 뜻', '영어 예시와 한글

뜻' 순으로 구성하였습니다. 영어의 형태를 먼저 제공한 이유는 아직은 영어로 질문했을 때 ChatGPT의 답이 훨씬 좋은 품질로 나오기 때문입니다. 프롬프트별로 예시는 꼭 필요하다고 생각되는 경우만 첨부하였으며, 예시를 통해서 더 자세한 사용을 알아가실 수 있습니다.

더불어 언급되지 않은 다른 직업들도 전체적으로 보시면서 자신의 직종에 적용할 수 있는 프롬프트가 있는지 읽어보시고 적용해 보세요. 특히 공무원들을 위한 프롬프트들은 보고서를 쓰는 데 도움이 될 만한 프롬프트 위주로, 연구원들의 프롬프트는 자료를 잘 찾을 수 있는 프롬프트 위주로 구성하였기 때문에 다른 분야의 독자들도 잘 참고 해 보시기를 바랍니다.

이 책의 독자들은 이미 전문가로서 경력에서 많은 것을 성취했습니다. 자신의 분야에서 지속해 성장하고 영향을 미칠 수 있는 기술과 지식을 가지고 있습니다. 하지만 이미 가진 자신의 역량을 되돌아보고 계속 앞으로 나아가고, 위험을 감수하고, 새로운 것을 시도하는 것을 두려워하지 마시길 바랍니다. 아래 프롬프트들은 필자가 모두 직접 만들었으며 직업적 특성들을 고려하여 실질적으로 도움이 되도록 엄선하였습니다. 또한 프롬프트 전부 하나하나 사용하고 검증하여 그 품질을 모두 확인해 보았습니다.

초반에는 이 프롬프트들을 사용하여 프롬프트에 대한 감을 잡고 생산성을 높이길 바랍니다. 하지만 나중에는 자신만의 프롬프트 만들어 쓸 수 있는 프롬프트 엔지니어의 수준까지 가시길 바랍니다.

기자

(1) I'm interested in reading articles from the New York Times that cover [사건 또는 범죄] that occurred between [시작 연도] and [마침 년도]. Could you find for me?

뉴욕 타임스에서 [시작 연도] 년에서부터 [마침 년도] 년까지의 [사건 또는 범죄]에 대한 기사를 찾아 주세요.

예) I'm interested in reading articles from the New York Times that cover murders that occurred between 2015 and 2019. Could you find for me?

뉴욕 타임스에서 2015년에서부터 2019년까지의 살인 사건에 관한 기사를 찾아 주세요.

(2) I would like to know if it's accurate to say that "000000"
"00000"이 사실인지 알려주세요.

예) I would like to know if it's accurate to say that Bill Clinton had an affair with a woman while he was in office.

빌 클린턴이 여성과 스캔들이 있었던 것이 사실인지 확인해 주세요.

(3) Tell me when, where, how [사건] with evidence

중국 회사가 미국 회사 기술을 언제, 어디서, 어떻게 도용했는지 증거와 함께 알려주세요.

예) Tell me when, where, how Chinese company's theft of American company technology with evidence

중국 회사가 미국 회사 기술을 언제 증거와 함께 도용했는지 알려주세요.

(4) Tell me when, where, how [사건] with references

언제, 어디시, 이떻게 [사건]을 했는지 참고 사료와 함께 알려주세요.

예) Tell me when, where, how Chinese company's theft of American company technology with references

중국 회사가 미국 회사 기술을 언제, 어디서, 어떻게 도용했는지 참고 자료와 함께 알려주세요.

(5) Let's say you're a reporter and write an article about [사건] in Korea for last [기간] in less than [단어 수] words.

당신이 기자라고 생각하고 [사건/이슈](이)가 지난 3년간 어떻게 진행되었는지 기사를 500단어 이내로 작성해주세요.

예) Let's say you're a reporter and write an article about how the political issues has progressed in Korea for last 3 years in less than 500 words.

당신이 기자라고 생각하고 정치적 이슈가 지난 3년간 어떻게 진행되었는지 기사를 500단어 이내로 작성해주세요.

(6) Can you provide an update on the status of the [사건] in South Korea over the past [기간] years?

지난 [기간] 연간 한국의 [사건] 상황에 대한 최신 정보를 제공할 수 있습니까?

예) Can you provide an update on the status of the COVID-19 pandemic in South Korea over the past three years?

지난 3년간 한국의 코로나19 범유행 상황에 대한 최신 정보를 제공할 수 있습니까?

(7) What measures have been implemented by the government to [사건], and how effective have these measures been?

정부가 [사건]을 위해 시행한 조치는 무엇이며, 이러한 조치들은 얼마나 효과적이었습니까?

예) What measures have been implemented by the government to control the spread of the virus, and how effective have these measures been?

정부가 바이러스의 확산을 통제하기 위해 시행한 조치는 무엇이며, 이러한 조치들은 얼마나 효과적이었습니까?

(8) Could you provide an overview of South Korea's response to [사건] over the past [기간] years?

지난 [기간] 연간 [사건]에 대한 한국의 대응에 대한 개요를 제공할 수 있습니까?

예) Could you provide an overview of South Korea's response to sexual harassment over the past 10 years?

지난 10년간의 성희롱에 대한 한국의 대응에 대해 개략적으로 설명해 주시겠습니까?

(9) What are some of the most pressing social issues facing our society today, and what are the root causes of these issues?

오늘날 우리 사회가 직면한 가장 시급한 사회적 문제는 무엇이며, 이러한 문제의 근본 원인은 무엇입니까?

(10) How have [사회현상 또는 사건] affected different communities and demographics, and what steps are being taken to address these disparities?

[사회현상 또는 사건]이 다른 지역사회와 인구 통계에 어떻게 영향을 미쳤으며, 이러한 격차를 해결하기 위해 어떤 조치가 취해지고 있습니까?

예) How have gender conflict in Korea affected different communities and demographics, and what steps are being taken to address these disparities?

한국의 성별 갈등이 다른 지역사회와 인구 통계에 어떻게 영향을 미쳤으며, 이러한 격차를 해결하기 위해 어떤 조치가 취해지고 있습니까?

회계사

회계사들 같은 경우에는 최근 세법에 관한 질문이나 고객의 문제를 설명하고 그에 대한 조언을 얻는 데 중요하게 ChatGPT를 사용할 수 있습니다.

(1) I need advice on financial planning and investment strategies for my client. Can you offer any recommendations?

고객을 위한 재무 계획 및 투자 전략에 대한 조언이 필요합니다. 추천해 주실 만한 것이 있나요?

(2) Can you help me prepare tax returns and other financial documents for my client? What information do you need to get started?

고객을 위해 세금 신고서와 기타 재무 서류를 준비하는 것을 도와주실 수 있나요? 시작하는 데 필요한 정보는 무엇입니까?

(3) I need help conducting a risk assessment and audit for my client. Can you assist me with this process?

고객을 위해 리스크 평가 및 감사를 수행하는 데 도움이 필요합니다. 이 과정을 도와주실 수 있나요?

(4) I need assistance with budgeting and forecasting for my client. Can you help me develop a plan for the upcoming fiscal

year?"

고객을 위한 예산 책정 및 예측 지원이 필요합니다. 다가오는 회계연도에 대한 계획을 세우는 것을 도와줄 수 있나요?

(5) I need general accounting and tax advice for my client. Can you provide me with some best practices and tips for managing their finances?

고객을 위한 일반 회계 및 세금 자문이 필요합니다. 그들의 재정을 관리하기 위한 몇 가지 모범 사례와 팁을 제공해 주시겠습니까?

(6) Can you help me understand the latest tax laws and regulations related to my clients' businesses?

고객의 사업과 관련된 최신 세법과 규정을 이해하는 것을 도와줄 수 있나요?

(7) What are the most common mistakes that clients make when preparing their tax returns, and how can I help them avoid these mistakes?

고객들이 세금 신고서를 작성할 때 가장 흔히 저지르는 실수는 무엇이며, 이러한 실수를 피할 수 있도록 어떻게 도울 수 있을까요?

(8) How can I effectively communicate financial information to clients who may not have a strong background in accounting?

어떻게 하면 회계를 잘 모를 수도 있는 고객들에게 효과적으로 재무 정보를 전달할 수 있을까요?

(9) What are some best practices for conducting financial audits and ensuring compliance with accounting standards?
재무 감사를 수행하고 회계 표준 준수를 보장하기 위한 모범 사례는 무엇입니까?

(10) What are some effective ways to manage client relationships and maintain trust and transparency in my accounting practice?
고객 관계를 관리하고 회계 실무에서 신뢰와 투명성을 유지할 수 있는 효과적인 방법은 무엇입니까?

(11) Can you provide insights on industry trends and market conditions that may impact my clients' financial performance?
고객의 재무 실적에 영향을 미칠 수 있는 업계 동향과 시장 상황에 대한 통찰력을 제공할 수 있습니까?

변호사

변호사들을 위한 프롬프트는 과거의 특정한 범죄에 대한 판결예시나 해당 범죄에 대해 어떻게 사건을 준비해야 할지 조언을 얻는 데 귀하게 쓸 수 있습니다. 사건의 종류는 수없이 많으므로 표로 제공하겠습니다. 그리고 프롬프트의 예시는 [살인] 혐의에 집중하여 들도록 하겠습니다. 아래의 표에 영어단어를 해당 [범죄] 칸에 넣으시길 바랍니다.

Korean	English	Korean	English
살인	Murder	도박	Gambling
강도	Robbery	마약	Drugs
절도	Theft	배임	Embezzlement
사기	Fraud	교통사고	Traffic Accident
폭력	Violence	폭행	Assault
성폭력	Sexual Violence	폭력 행위	Acts of violence
증거인멸	Destruction of evidence	저작권 침해	Copyright infringement

(1) What are some key elements that must be present for a [범죄] charge to be proven in court?

[범죄] 혐의가 법정에서 입증되기 위해 반드시 존재해야 하는 핵심 요소는 무엇입니까?

예) What are some key elements that must be present for a murder charge to be proven in court?

살인 혐의가 법정에서 입증되기 위해 반드시 존재해야 하는 핵심 요소는 무엇입니까?

(2) Can you provide some guidance on how to effectively cross-examine witnesses who are testifying in a [범죄 또는 사건] case?

살인 사건에서 증언하는 증인들을 효과적으로 대질 심문하는 방법에 대한 몇 가지 지침을 제공할 수 있습니까?

예) Can you provide some guidance on how to effectively cross-examine witnesses who are testifying in a murder case?

살인 사건에서 증언하는 증인들을 효과적으로 대질 심문하는 방법에 대한 몇 가지 지침을 제공할 수 있습니까?

(3) What evidence is typically presented in a [범죄] case, and how can the defense team best prepare to challenge it?

살인 사건에서 전형적으로 제시되는 증거는 무엇이며, 변호인단은 어떻게 이의를 제기할 준비를 가장 잘 할 수 있을까요?

예) What evidence is typically presented in a murder case, and how can the defense team best prepare to challenge it?

살인 사건에서 전형적으로 제시되는 증거는 무엇이며, 변호인단은 어떻게 이의를 제기할 준비를 가장 잘 할 수 있을까요?

(4) [의뢰인의 사건에 관해 설명] How can I best prepare my client to testify in court, and what should they expect during the trial?

어떻게 하면 제 의뢰인이 법정에서 증언할 수 있도록 가장 잘 준비할 수 있을까요? 그리고 그들은 재판 중에 무엇을 기대해야 할까요?

예) My client murdered two people when drunken at night accidently How can I best prepare my client to testify in court, and what should they expect during the trial?

제 의뢰인은 밤에 술에 취해 두 사람을 우발적으로 살해했습니다. 제 의뢰인이 법정에서 증언할 수 있도록 어떻게 가장 잘 준비할 수 있을까요? 그리고 그들은 재판 중에 무엇을 기대해야 할까요?

(5) What are some common mistakes that defense attorneys make in [범죄] cases, and how can these be avoided?

피고 측 변호사들이 [범죄] 사건에서 저지르는 흔한 실수는 무엇이며, 이러한 실수를 어떻게 피할 수 있을까요?

예) What are some common mistakes that defense attorneys make in murder cases, and how can these be avoided?

피고 측 변호사들이 살인 사건에서 저지르는 흔한 실수는 무엇이며, 이러한 실수를 어떻게 피할 수 있을까요?

(6) How can I effectively challenge the prosecution's evidence or witness testimony in a [범죄] case?

어떻게 하면 살인 사건에서 검찰의 증거나 목격자의 증언에 효과적으로 이의를 제기할 수 있을까요?

예) How can I effectively challenge the prosecution's evidence or witness testimony in a murder case?

어떻게 하면 살인 사건에서 검찰의 증거나 목격자의 증언에 효과적으로 이의를 제기할 수 있을까요?

(7) What are some common sentencing guidelines for [범

죄] convictions, and how can I effectively argue for a reduced sentence?

[범죄] 유죄 판결에 대한 일반적인 양형 기준은 무엇이며, 감형을 효과적으로 주장할 방법은 무엇입니까?

예) What are some common sentencing guidelines for murder convictions, and how can I effectively argue for a reduced sentence?

살인 유죄 판결에 대한 일반적인 양형 기준은 무엇이며, 감형을 효과적으로 주장할 방법은 무엇입니까?

(8) What are some ethical considerations that I should be aware of when representing a client who is accused of [범죄 또는 사건]?

[범죄 또는 사건] 혐의를 받는 고객을 대표할 때 알아야 할 윤리적 고려 사항은 무엇입니까?

예) What are some ethical considerations that I should be aware of when representing a client who is accused of murder?

살인 혐의를 받는 고객을 대표할 때 알아야 할 윤리적 고려 사항은 무엇입니까?

(9) [사건에 관해 설명] What are some effective ways to build a defense strategy that is tailored to the specific facts of the case?

사건의 구체적인 사실에 맞는 방어 전략을 세울 수 있는 효과적인 방법은 무엇인가요?

예) My client murdered two people when drunken at night accidently. What are some effective ways to build a defense strategy that is tailored to the specific facts of the case?

제 의뢰인은 밤에 술에 취해 두 사람을 우발적으로 살해했습니다. 사건의 구체적인 사실에 맞는 방어 전략을 세울 수 있는 효과적인 방법은 무엇인가요?

(10) Please let me know the most well known [사건 또는 범죄] judgments of from [시작 연도]-[마지막 연도] with references.

1998년부터 2020년까지 가장 잘 알려진 살인 판결을 출처와 함께 알려주세요.

예) Please let me know the most well known murder judgments of from 1998-2020 with references.

1998년부터 2020년까지 가장 잘 알려진 살인 판결을 출처와 함께 알려주세요.

경영지도사(Certified Management Consultant)

'경영지도사'라는 직업이 아직은 생소할 수 있습니다. 최근 비즈니스, 리더십, 재무 등을 관리해주는 직업으로 떠오르고 있으며 아래 표를 통해 경영지도사들이 하는 일들을 한번 확인해 보기를 바랍니다.

전문분야	설명
전략 기획	조직의 미션과 비전과 일치하는 장기 계획을 수립하고 목표를 달성하기 위한 전략을 개발
프로세스개선	조직의 프로세스에서 비효율성을 파악하고 작업을 최적화하기 위한 방안을 제시
조직 개발	인재 관리, 리더십 개발, 문화 변화 등을 통해 전반적인 조직성과를 향상시키는 전략을 개발하고 구현
변화 관리	합병 및 인수, 신기술 도입, 구조 조정 등의 중요한 변화를 조직이 원활하게 처리할 수 있도록 지원
프로젝트 관리	계획 및 실행부터 모니터링 및 평가까지 복잡한 프로젝트를 관리하는 데 도움을 제공
재무 관리	예산편성, 예측, 위험 관리 등 재무 관리에 대한 조언을 제공

(1) Please use the following job description and my resume to write a letter. I worked for [회사 이름] for [기간].

편지를 쓰기 위해 다음의 직업 설명과 나의 이력서를 사용해주세요.

예) Please use the following job description and my resume to write a letter. I worked for Samsung for 10 years, start up company for 7 years.

(2) Can you provide me with some ideas for blog posts about unsubscribing from emails?

이메일 구독 취소에 대한 블로그 게시물에 대한 아이디어를 제공할 수 있습니까?

(3) [시장조사 아이템] market research in [나라 이름]

[나라]의 [아이템]의 시장조사를 해주세요.

ex) Provide me computer market research in Saudi Arabia

(4) What specific research methods and tools have you used in the past to identify areas for improvement within an organization?

과거에 조직 내에서 개선해야 할 영역을 식별하기 위해 사용한 구체적인 연구 방법과 도구는 무엇입니까?

(5) How do you assess an organization's current structure, and determine if it is effective and efficient?

조직의 현재 구조를 어떻게 평가하고 효과적이고 효율적인지 판단합니까?

(6) What are some common leadership and management practices that organizations struggle with, and how do you provide guidance on improving them?

조직이 어려움을 겪고 있는 일반적인 리더십 및 관리 관행은 무엇이며, 이를 개선하기 위한 지침은 어떻게 제공하고 있습니까?

(7) How do you ensure that new policies and procedures are aligned with the overall goals and values of the organization?

새로운 정책과 절차의 성공을 어떻게 측정하고 필요에 따라 조정합니까?

(8) How do you identify areas where employee training and development are needed, and determine the most effective training methods?
직원 교육 및 개발이 필요한 영역을 어떻게 식별하고 가장 효과적인 교육 방법을 결정합니까?

(9) How do you create training materials and sessions that are engaging and effective for employees?
직원 교육 및 개발의 성공을 어떻게 측정하고 조직에 긍정적인 영향을 미치고 있는지 확인합니까?

(10) How do you measure the success of employee training and development, and ensure that it is making a positive impact on the organization?
직원 교육 및 개발의 성공을 어떻게 측정하고 조직에 긍정적인 영향을 미치고 있는지 확인합니까?

의사

(1) Can you help me find the latest research on a [질병 이름]?
[질병]에 대한 최신 연구를 찾는 것을 도와줄 수 있나요?

예) Can you help me find the latest research on flu?

제가 독감에 관한 최신 연구를 찾는 것을 도와줄 수 있나요?

(2) How can I communicate more effectively with my patients and their families?

어떻게 하면 환자 및 환자 가족과 더 효과적으로 의사소통할 수 있을까요?

(3) Can you suggest any continuing education courses or conferences to help me develop my skills?

제가 기술을 개발하는 데 도움이 되는 지속적인 교육 과정이나 회의를 제안할 수 있나요?

(4) What are some best practices for ensuring patient privacy and confidentiality?

환자의 개인 정보 보호 및 기밀 유지를 보장하기 위한 모범 사례는 무엇입니까?

(5) How can I improve my practice's patient satisfaction scores?

진료소의 환자 만족도 점수를 높이려면 어떻게 해야 합니까?

(6) Can you help me develop a more effective treatment plan for [질병 이름] patient?

[질병] 환자를 위한 더욱 효과적인 치료 계획을 세우는 것을 도와줄 수 있나요?

예) Can you help me develop a more effective treatment plan for stomach cancer patient?

위암 환자를 위한 더 효과적인 치료 계획을 세우는 것을 도와주실 수 있나요?

(7) What are the most effective treatment options for patients with [질병 이름], and when should they be administered?

[질병] 환자에게 가장 효과적인 치료 방법은 무엇이며, 언제 투여해야 합니까?

예) What are the most effective treatment options for patients with asthma, and when should they be administered?

천식 환자에게 가장 효과적인 치료 방법은 무엇이며, 언제 투여해야 합니까?

(8) How can I best manage patients with chronic medical conditions who have contracted the [질병]?

어떻게 하면 [질병]에 걸린 만성 질환 환자를 가장 잘 관리할 수 있을까요?

예) How can I best manage patients with chronic medical conditions who have contracted the COVID-19?

어떻게 하면 코로나19에 걸린 만성 질환 환자를 가장 잘 관리할 수 있을까요?

(9) I live in [사는 지역]. Can you suggest any evidence-based

prevention strategies for [지병] outbreaks in my community?

저는 [지역]에 살고 있습니다. 저희 지역사회에서 발생하는 [질병]에 대한 증거 기반 예방 전략을 제안할 수 있나요?

예) I live in Jeju island in Korea. Can you suggest any evidence-based prevention strategies for Hepatitis outbreaks in my community?

저는 한국의 제주도에 살고 있습니다. 우리 지역사회에서 간염 발생에 대한 증거 기반 예방 전략을 제안할 수 있습니까?

부동산 중개사

(1) What are some of the most valuable sources of market data for real estate agents in [도시 이름] [나라 이름], and how can I effectively access and analyze that data?

[나라] [도시]의 부동산 중개인에게 가장 가치 있는 시장 데이터 소스는 무엇이며, 어떻게 하면 그 데이터에 효과적으로 액세스하고 분석할 수 있을까요?

예) What are some of the most valuable sources of market data for real estate agents in Vancouver Canada, and how can I effectively access and analyze that data?

캐나다 밴쿠버의 부동산 중개인에게 가장 가치 있는 시장 데이터 소스는 무엇이며, 어떻게 하면 그 데이터에 효과적으로 액세스하고 분석할 수 있을까요?

What are some of the most valuable sources of market data for real estate agents in Seoul Korea, and how can I effectively access and analyze that data?

한국 서울의 부동산 중개인들에게 가장 가치 있는 시장 데이터 소스는 무엇이며, 어떻게 하면 그 데이터에 효과적으로 접근하고 분석할 수 있을까요?

(2) Can you suggest any effective strategies for conducting market research and analysis in [도시 이름] [나라 이름], such as through surveys or focus groups?

설문조사나 포키스 그룹을 통해 뉴욕에서 시장조사 및 분석을 수행하기 위한 효과적인 전략을 제안할 수 있습니까?

예) Can you suggest any effective strategies for conducting market research and analysis in Busan Korea, such as through surveys or focus groups?

설문조사나 포커스 그룹을 통해 부산 한국에서 시장조사 및 분석을 수행하기 위한 효과적인 전략을 제안할 수 있습니까?

(3) What are some common metrics and indicators that real estate agents use to measure market trends and activity in [도시 이름] [나라 이름], and how can I effectively track and interpret

those metrics?

부동산 중개인이 뉴욕의 시장 동향과 활동을 측정하기 위해 사용하는 일반적인 지표와 지표는 무엇이며, 이러한 지표를 효과적으로 추적하고 해석하는 방법은 무엇입니까?

예) What are some common metrics and indicators that real estate agents use to measure market trends and activity in New York America, and how can I effectively track and interpret those metrics?

부동산 중개인이 뉴욕 미국의 시장 동향과 활동을 측정하기 위해 사용하는 일반적인 지표와 지표는 무엇이며, 이러한 지표를 효과적으로 추적하고 해석하려면 어떻게 해야 합니까?

(4) How has the COVID-19 pandemic impacted the [도시 이름] [나라 이름] real estate market in the past year, and what are the current trends or outlook for the future?

코로나19 범유행이 지난 1년 동안 [나라] [도시]의 부동산 시장에 어떤 영향을 미쳤으며, 현재 추세나 향후 전망은 어떻습니까?

예) How has the COVID-19 pandemic impacted the Seoul real estate market in the past year, and what are the current trends or outlook for the future?

코로나19 범유행이 지난 1년 동안 한국 서울 부동산 시장에 어떤 영향을 미쳤으며, 현재 추세나 전망은 어떻습니까?

(5) What new policies or regulations have been introduced in [도시 이름] [나라 이름] regarding real estate, and how are they expected to impact the market?

[나라] [도시]에서 부동산과 관련해 어떤 새로운 정책이나 규제가 도입됐고, 시장에 어떤 영향을 미칠 것으로 예상되나요?

예) What new policies or regulations have been introduced in Seoul Korea regarding real estate, and how are they expected to impact the market?

서울에서 부동산과 관련해 어떤 새로운 정책이나 규제가 도입됐고, 시장에 어떤 영향을 미칠 것으로 예상되나요?

(6) Can you provide me with some examples of recent real estate projects or developments in [도시 이름] [나라 이름] that are generating interest among investors or home buyers?

저는 [나라] [도시]의 부동산 투자에 관심이 있습니다. 제가 알아야 할 최근 뉴스나 추세를 알려주실 수 있나요?

예) Can you provide me with some examples of recent real estate projects or developments in Seoul Korea that are generating interest among investors or home buyers?

저는 한국 서울의 부동산 투자에 관심이 있습니다. 제가 알아야 할 최근 뉴스나 추세를 알려주실 수 있나요?

(7) Can you suggest any effective strategies for gathering and analyzing data on buyer behavior and preferences in [도시 이름] [나라 이름], such as through market surveys or social media analytics?

시장조사나 소셜 미디어 분석을 통해 [나라] [도시]의 구매자 행동 및 선호도에 대한 자료를 수집하고 분석하기 위한 효과적인 전략을 제안할 수 있습니까?

예) Can you suggest any effective strategies for gathering and analyzing data on buyer behavior and preferences in Daegu Korea, such as through market surveys or social media analytics?
시장조사나 소셜 미디어 분석을 통해 대구 한국의 대구 구매자 행동과 선호도에 대한 자료를 수집하고 분석할 수 있는 효과적인 전략을 제안해 주시겠습니까?

(8) What are some effective strategies for providing exceptional customer service to clients, and building long-term relationships with them?
고객들에게 탁월한 고객 서비스를 제공하고 그들과 장기적인 관계를 구축하기 위한 효과적인 전략은 무엇입니까?

(9) Can you suggest any effective strategies for expanding my client base and increasing my business volume?

고객 기반을 확장하고 비즈니스 규모를 늘리기 위한 효과적인 전략을 제안할 수 있습니까?

에스테틱 종사자

에스테틱 종사자에는 크게 5가지 직업이 있습니다. 스킨케어 전문가, 메이크업아티스트, 헤어디자이너, 네일 아티스트, 레이져치료사 등이 이에 해당합니다. 이들을 위한 더 자세한 결과값을 나오게 하기 위해선 프롬프트의 [직업] 칸에 자신의 영어직업을 넣는 것이 훨씬 유리합니다. 아래에 파란 블록에 있는 영어직업을 [ ]칸에 넣으시길 권장합니다.

직업(한국어)	직업(영어)	하는 일
스킨케어 전문가	Esthetician/ aesthetician	피부의 외관과 건강을 개선하기 위해 얼굴, 화학 물질, 왁스와 같은 치료를 제공하는 스킨
메이크업 아티스트	Makeup artist	화장을 사용하여 흠집이나 흉터를 가리고, 결혼식이나 사진 촬영과 같은 특별한 경우에 외모를 돋보이게 메이크업해줍니다.
헤어디자이너	Hair stylist	개인적인 스타일을 표현하기 위해 머리카락으로 작업합니다.
네일 아티스트	Nail technician	매니큐어와 페디큐어와 같은 손톱 관리 서비스를 제공합니다.
레이저 치료사	Laser technician	피부를 조이고 원기를 회복시킬 뿐만 아니라 머리카락, 문신 또는 다른 피부 결함을 제거하기 위해 레이저를 사용합니다.

(1) I am a [직업] in Korea. What are some effective marketing strategies for my aesthetic business? And give me Korea website address as well.

나는 한국에서 [직업]을 가지고 있습니다. 내 에스테틱 비즈니스를 위한 효과적인 마케팅 전략은 무엇입니까? 그리고 그렇게 하는 데 도움이 될 수 있는 한국 사이트 주소를 알려주세요.

예) I am a Nail technician in Korea. What are some effective marketing strategies for my business? And give me Korea website address as well.

나는 한국에서 네일 아티스트로 일하고 있습니다. 내 비즈니스를 위한 효과적인 마케팅 전략은 무엇입니까? 그리고 그렇게 하는 데 도움이 될 수 있는 한국 사이트 주소를 알려주세요.

(2) I am a [직업] in Korea. How can I use social media to attract more customers? And give me Korea website address as well.

나는 한국에서 [직업]을 가지고 있습니다. 소셜 미디어를 사용하여 더 많은 고객을 유치하려면 어떻게 해야 합니까? 그리고 그렇게 하는 데 도움이 될 수 있는 한국 사이트 주소를 알려주세요.

예) I am a Hair stylist in Korea. How can I use social media to attract more customers? And give me Korea website address as well..

나는 한국에서 헤어디자이너를 직업으로 가지고 있습니다. 소셜 미디어를 사용하여 더 많은 고객을 유치하려면 어떻게 해야 합니까? 그리고 그렇게 하는 데 도움이 될 수 있는 한국 사이트 주소를 알려주세요.

(3) I am a [직업] in Korea. What are some ways to incentivize current customers to refer new customers to my business? And give me Korea website address as well..

나는 한국에서 [직업]을 가지고 있습니다. 현재 고객이 내 비즈니스에 신규 고객을 추천하도록 인센티브를 제공하는 방법에는 어떤 것이 있습니까? 그리고 그렇게 하는 데 도움이 될 수 있는 한국 사이트 주소를 알려주세요.

예) I am a Laser technician in Korea. What are some ways to incentivize current customers to refer new customers to my business? And give me Korea website address as well.

나는 한국에서 레이저 치료사를 직업으로 가지고 있습니다. 현재 고객이 내 비즈니스에 신규 고객을 추천하도록 인센티브를 제공하는 방법에는 어떤 것이 있습니까? 그리고 그렇게 하는 데 도움이 될 수 있는 한국 사이트 주소를 알려주세요.

(4) I am a [직업] in Korea. What are some ways to increase my online visibility and search engine rankings? And give me Korea website address as well.

나는 한국에서 [직업]을 가지고 있습니다. 온라인 가시성과 검색엔진 순위를 높이는 방법에는 어떤 것이 있습니까? 그리고 그렇게 하는 데 도움이 될 수 있는 한국 사이트 주소를 알려주세요.

(5) I am a [직업] in Korea. How can I offer promotions or discounts without hurting my business's profitability? And give me Korea website address as well.

나는 한국에서 [직업]을 가지고 있습니다. 내 비즈니스의 수익성을 해치지 않고 프로모션이나 할인을 제공하려면 어떻게 해야 합니까? 그리고 그렇게 하는 데 도움이 될 수 있는 한국 사이트 주소를 알려주세요.

(6) I am a [직업] in Korea. What are some ways to upsell my services to current customers? And give me Korea website address as well. And give me Korea website address as well.

나는 한국에서 [직업]을 가지고 있습니다. 현재 고객에게 내 서비스를 상향 판매하는 방법에는 어떤 것이 있습니까? 그리고 그렇게 하는 데 도움이 될 수 있는 한국 사이트 주소를 알려주세요.

(7) I am a [직업] in Korea. How can I create a unique customer experience that will encourage customers to return? And give me Korea website address as well.

나는 한국에서 [직업]을 가지고 있습니다. 고객이 다시 방문하도록 독려할 독특한 고객 경험을 어떻게 만들 수 있습니까? 그리고 그렇게 하는 데 도움이 될 수 있는 한국 사이트 주소를 알려주세요.

(8) I am a [직업] in Korea. How can I gather feedback from

customers to improve my business? And give me Korea website address as well.

나는 한국에서 [직업]을 가지고 있습니다. 비즈니스를 개선하기 위해 고객으로부터 피드백을 수집하려면 어떻게 해야 합니까? 그리고 그렇게 하는 데 도움이 될 수 있는 한국 사이트 주소를 알려주세요.

(9) I am a [직업] in Korea. What are some ways to diversify my services and attract a wider range of customers? And give me Korea website address as well.

나는 한국에서 [직업]을 가지고 있습니다. 내 서비스를 다양화하고 더 많은 고객을 유치하는 방법은 무엇입니까? 그리고 그렇게 하는 데 도움이 될 수 있는 한국 사이트 주소를 알려주세요.

(10) I am a [직업] in Korea. How can I collaborate with other businesses in the beauty industry to increase my customer base? And give me Korea website address as well.

나는 한국에서 [직업]을 가지고 있습니다. 고객 기반을 늘리기 위해 뷰티 업계의 다른 비즈니스와 협력하려면 어떻게 해야 합니까? 그리고 그렇게 하는 데 도움이 될 수 있는 한국 사이트 주소를 알려주세요.

(11) I am a [직업] in Korea. What are some ways to create a referral program that incentivizes customers to refer friends and family to my business? And give me Korea website address as well.

나는 한국에서 [직업]을 가지고 있습니다. 고객이 내 비즈니스에 친구와 가족을 추천하도록 장려하는 추천 프로그램을 만드는 방법에는 어떤 것이 있습니까? 그리고 그렇게 하는 데 도움이 될 수 있는 한국 사이트 주소를 알려주세요.

(12) I am a [직업] in Korea. What are some ways to use customer reviews and testimonials to increase business? And give me Korea website address as well.

나는 한국에서 [직업]을 가지고 있습니다. 비즈니스를 성장시키기 위해 고객 리뷰와 평가를 사용하는 방법에는 어떤 것이 있습니까? 그리고 그렇게 하는 데 도움이 될 수 있는 한국 사이트 주소를 알려주세요.

(13) I am a [직업] in Korea. How can I use data analytics to better understand my customers and their needs? And give me Korea website address as well.

나는 한국에서 [직업]을 가지고 있습니다. 데이터 분석을 사용하여 고객과 고객의 요구사항을 더 잘 이해하려면 어떻게 해야 합니까? 그리고 그렇게 하는 데 도움이 될 수 있는 한국 사이트 주소를 알려주세요.

공무원

공무원 직업군의 경우는 보고서를 쓸 때 직무향상에 큰 도움을 받을 수 있는 프롬프트를 중심으로 구성했습니다. 특히 도움이 되지만 넣지 않아도 답을 얻을 수 있는 경우들은 '( )' 괄호로 표시해 놓았으니 필요 없는 경우는 생략하시기를 바랍니다.

(1) As a government officer, what are some effective ways to plan and organize my ideas before starting to write a report or begin a project (about [주제])?

([주제]에 대하여) 보고서를 작성하거나 프로젝트를 시작하기 전에 아이디어를 계획하고 구성할 수 있는 효과적인 방법은 무엇입니까?

예) As a government officer, what are some effective ways to plan and organize my ideas before starting to write a report or begin a project about starting a new Gang-won province festival in Korea?

한국 강원도의 새로운 축제 개발에 대한 보고서를 작성하거나 프로젝트를 시작하기 전에 아이디어를 계획하고 구성할 수 있는 효과적인 방법은 무엇입니까?

(2) As a government officer, provide reliable sources from government websites, academic journals articles, newspaper articles, and books all Korean to with the authors or publishers for writing reports or projects of [주제], Seoul in Korea

공무원으로서, [주제]에 대해 보고서 또는 프로젝트를 작성할 때 한국의 정부 웹사이트, 학술지 원고, 신문 기사, 서적 등 신뢰할 수 있는 출처의 자료를 저자 또는 출판사와 함께 제공해 주세요.

예) As a government officer, provide reliable sources from government websites, academic journals articles, newspaper articles, and books all Korean to with the authors or publishers for writing reports or projects of gangnamgu city plan, Seoul in Korea

공무원으로서, 한국 서울 강남구에 대한 도시 계획에 대해 보고서 또는 프로젝트를 작성할 때 한국의 정부 웹사이트, 학술지 원고, 신문 기사, 서적 등 신뢰할 수 있는 출처의 자료를 저자 또는 출판사와 함께 제공해 주세요.

(3) What are some tips for setting clear goals and objectives for my report or project (about [주제])?

([주제]에 대하여) 보고서 또는 프로젝트의 명확한 목표와 목표를 설정하기 위한 팁은 무엇입니까?

예) What are some tips for setting clear goals and objectives for my report or project about adding Seoul bus new line?

서울의 새로운 버스 노선을 추가하는 것에 대한 보고서 또는 프로젝트의 명확한 목표와 목표를 설정하기 위한 팁은 무엇입니까?

(4) Are there any templates or formats available that can help me structure my report or project (about [주제]) effectively?

보고서 또는 프로젝트를 효과적으로 구성하는 데 도움이 되는 서식이나 형식이 있습니까?

예) Are there any templates or formats available in Korean that can help me structure my report or project about Urban Carbon Neutral Method effectively?

도시 탄소 중립 방법에 대한 보고서나 프로젝트를 효과적으로 구성하는 데 도움이 될 수 있는 서식이나 형식이 한국어로 제공됩니까?

(5) How can I ensure that my report or project about [주제] is well-researched and contains accurate and reliable information?

[주제]에 대한 제 보고서나 프로젝트가 잘 조사되고 정확하고 신뢰할 수 있는 정보를 포함하고 있는지 확인하려면 어떻게 해야 합니까?

예) How can I ensure that my report or project about Gannamgu city plan in Seoul Korea is well-researched and contains accurate and reliable information?

서울 강남구 도시개발에 대한 저의 보고서나 프로젝트가 잘 조사되고 정확하고 신뢰할 수 있는 정보를 포함하고 있는지 확인하려면 어떻게 해야 합니까?

(6) How can I use charts, graphs, and other visual aids to enhance the clarity and impact of my report or project about [주제]?

[주제]에 대한 그래프 및 기타 시각적 지원을 사용하여 보고서 또는 프로젝트의 명확성과 영향을 개선하려면 어떻게 해야 합니까?

예) How can I use charts, graphs, and other visual aids to enhance the clarity and impact of my report or project about citizen social welfare development?

시민 사회 복지 발전에 대한 보고서나 프로젝트의 명확성과 영향을 향상하기 위해 도표, 그래프 및 기타 시각적 보조 도구를 어떻게 사용할 수 있습니까?

(7) Could you elaborate some resources for finding charts, graphs, and other visual aids related to [주제] in Korean?

[주제]와 관련된 한국어로 구성된 도표, 그래프, 기타 시각적인 보조 자료를 찾기 위한 자료를 좀 더 자세히 설명해주시겠어요?

예) Could you elaborate some resources for finding charts, graphs, and other visual aids related to citizen social welfare development in Korean?

한국어로 시민 사회복지 발전과 관련된 한국어로 구성된 도표, 그래프, 기타 시각적인 보조 자료를 찾기 위한 자료를 좀 더 자세히 설명해주시겠어요?

(8) Are there any Korean tools or resources available that can help me check for errors and improve the quality of my writing or project about [주제]?

[주제]에 대해 오류를 확인하고 쓰기 또는 프로젝트의 품질을 개선하는

데 도움이 될 수 있는 도구나 자원이 있습니까?

예) Are there any Korean tools or resources available that can help me check for errors and improve the quality of my writing or project about a building permit?

오류를 확인하고 건축 허가에 대한 내 글이나 프로젝트의 품질을 향상시키는 데 도움이 될 수 있는 한국어 도구나 자원이 있습니까?

(9) How can I effectively review and revise my report or project about [주제] to ensure that it meets the requirements and objectives?

보고서 또는 프로젝트([[제]에 대한 내용)을 효과적으로 검토 및 수정하여 요구사항 및 목표를 충족할 수 있도록 하려면 어떻게 해야 합니까?

예) How can I effectively review and revise my report or project about a building permit to ensure that it meets the requirements and objectives?

어떻게 하면 건축 허가에 대한 보고서나 프로젝트를 효과적으로 검토하고 수정하여 요건과 목표를 충족시킬 수 있을까요?

(10) How can I present my report or project about [주제] in a professional and compelling manner? Can you give me Korean websites for that?

어떻게 하면 [주제]에 대해 전문적이고 설득력 있는 방식으로 보고서나 프로젝트를 발표할 수 있을까요?

(11) What can I learn from the process of writing or completing this report or project, and how can I apply these lessons to future work?

이 보고서나 프로젝트를 작성하거나 완료하는 과정에서 무엇을 배울 수 있으며, 이러한 교훈을 향후 작업에 어떻게 적용할 수 있습니까?

연구원

연구원을 위한 프롬프트는 논문과 연구의 주제 탐색 및 쓰는 과정 등의 정보를 얻을 수 있는 프롬프트를 중심으로 구성하였습니다. ChatGPT의 글들을 그대로 베끼는 것은 이미 많은 학교와 나라에서 금지되어 있지만 조수와 같이 정리하고 자료를 찾는 데 참고하시기를 바랍니다.

연구에는 많은 분야가 있습니다. 아래의 표는 각 연구 분야에 대한 영어 단어들입니다. 자신의 분야를 표에서 찾아 영어단어를 참고하여 아래 프롬프트의 [분야]에 넣으시고, 논문 주제 또는 논문명은 자기 논문의 주제 또는 관심이 있는 논문명을 넣으시면 됩니다. 또한 연구원들을 해당 분야가 넓어서 예시를 따로 제공하지 않았습니다.

분야 (한글)	분야 (영어)	분야 (한글)	분야 (영어)
과학	Science	언어학	Linguistics
수학	Mathematics	철학	Philosophy
물리학	Physics	역사학	History
화학	Chemistry	기계공학	Mechanical Engineering
생물학	Biology	전자공학	Electrical Engineering
의학	Medicine	컴퓨터공학	Computer Engineering
신경과학	Neuroscience	화학공학	Chemical Engineering
심리학	Psychology	항공우주공학	Aerospace Engineering
사회학	Sociology	건축학	Architecture
정치학	Political Science	토목공학	Civil Engineering
경제학	Economics	환경공학	Environmental Engineering
경영학	Business Management	생명공학	Biotechnology
인적자원개발	Human Resource Development	식품공학	Food Science and Engineering
교육학	Education	에너지공학	Energy Engineering
국어국문학	Korean Language and Literature	해양학	Marine Science
영어영문학	English Language and Literature	지구과학	Earth Science

(1) Generate a list of potential thesis topics for [논문명], along with a brief outline of main points to be discussed

[논문명]에 대한 잠재적 논문 주제 목록과 논의할 주요 요점에 대한 간략한 개요를 생성합니다.

예) Generate a list of potential thesis topics for How water make people healthy, along with a brief outline of main points to be discussed

물이 사람들을 건강하게 만드는 방법에 대한 잠재적인 논문 주제 목록과 논의할 주요 요점의 간략한 개요를 작성합니다.

(2) What is the current state of research in the field of [분야]?
그 [분야]의 연구 현황은 어떤가요?

예) What is the current state of research in the field of biology?
생물학 분야의 연구 현황은 어떻습니까?

(3) What are the most pressing research questions in the field?
그 분야에서 가장 시급한 연구 질문은 무엇입니까?

(4) How can I ensure that my thesis is written in clear and concise language, without any unnecessary jargon?
제 논문이 불필요한 전문 용어 없이 명확하고 간결한 언어로 작성되도록 하려면 어떻게 해야 할까요?

(5) What are the most common research methods used in the field of [분야]?
그 분야에서 가장 일반적으로 사용되는 연구 방법은 무엇입니까?

(6) What are the ethical considerations in conducting research in the field of [분야]?

그 분야에서 연구를 수행할 때 윤리적으로 고려해야 할 사항은 무엇입니까?

(7) I am a researcher of [분야]. What are some potential research questions that would make for a strong thesis topic in my field?

나는 [분야]의 조사연구를 하는 사람입니다. 제 분야에서 강력한 논문 주제가 될 수 있는 잠재적인 연구 질문은 무엇입니까?

(8) I am a researcher of [분야]. Can you help me brainstorm a thesis statement that will effectively communicate the scope and focus of my research?

나는 [분야]의 조사연구를 하는 사람입니다. 제 연구의 범위와 초점을 효과적으로 전달할 논문을 브레인스토밍하는 것을 도와주실 수 있나요?

(9) My thesis topic is [논문 주제]. Are there any particular theories or frameworks that would be relevant to my thesis topic?

나의 논문 주제는 [주제]입니다. 제 논문 주제와 관련된 특별한 이론이나 틀이 있나요?

(10) When I write a thesis about [논문 주제], can you suggest any tools or resources that will help me effectively manage my time and stay on track during the thesis writing process?

[주제]에 대한 논문을 작성할 때, 작성 과정에서 시간을 효율적으로 관

리하고 정상적인 업무를 수행하는 데 도움이 될 수 있는 도구나 자료를 제
안해 주시겠습니까?

글쓰기 작가

아래 프롬프트는 보고서, 책 쓰기, 블로그 쓰기, 기사 쓰기 등등 어떠한
종류의 글쓰기라도 바로 적용할 수 있는 프롬프트입니다. (1) ~ (9)번까
지 연속적으로 사용해야만 ChatGPT와 글쓰기를 기획하는 과정에서 나
의 정확한 요청을 알려줄 수 있습니다. 중간에 대화가 끊어지거나 오류가
나서 새로 시작해야 할 때는 꼭 나의 직업, 내가 쓸 글쓰기의 종류, 주제
를 꼭 다시 알려주고 대화를 시작하도록 합니다. 나의 바람을 정확하게만
전달하면 ChatGPT는 글쓰기의 기획 단계에서 매우 훌륭한 비서입니다.

(1) I'm a [직업]. I should write a report on [주제]. Tell me 10
recent articles about the topic.
나는 [직업]을 가지고 있습니다. [주제]에 대해 보고서를 써야 합니다.
그에 관련된 최근 기사 10개를 알려주세요.

예) I'm a civil servant. I should write a report on the impact
of artificial intelligence on human happiness. Tell me 10 recent
articles about the topic.
나는 공무원이고, 인공지능이 인간의 행복도에 미치는 영향에 대해 보
고서를 써야 합니다. 그에 관련된 최근 기사 10개를 찾아주세요.

(2) Please tell me 10 book related to the the topic.

주제와 맞는 책을 10개 찾아주세요.

(3) [위 결과 중 책 한 권의 제목을 언급] Summarize this book with the relevance of the topic

주제와 관련성을 가지고 이 책을 요약해 주세요.

(4) Can you give me 10 quotations about the topic?

주제와 관련하여 10개의 인용구를 주시겠어요?

(5) Tell me 5 thesis that fit the topic.

주제에 맞는 논문도 5개 알려주세요.

(6) Make me a table of contents related to the topic

주제에 관련된 목차 만들어 주세요.

(7) Please briefly explain what should be included in each table of contents.

목차마다 어떤 내용이 들어가야 할지 간략하게 설명해주세요.

(8) Please make 10 titles of the topic.

주제에 맞는 제목을 10개만 만들어 주세요.

PART 3

ChatGPT를 효과적으로
사용하기 위한 도구 모음

최재용

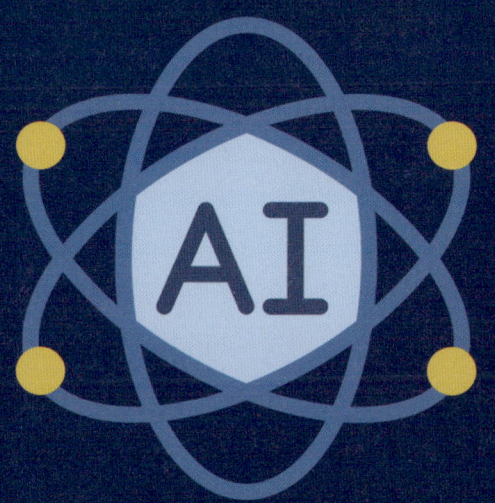

1. ChatGPT 도구 모음

prompts.chat

prompts.chat은 대화형 인공지능 모델인 Chatgpt를 사용하여 대화를 생성하는 온라인 플랫폼입니다. 이 사이트는 자연어로 된 질문이나 문제를 제공하면 그에 대한 대답이나 해결책을 생성하여 제공합니다.

1) prompts.chat의 주요 장점

쉬운 사용성

prompts.chat은 사용하기 간편한 인터페이스를 제공합니다. 별도의 프로그래밍 지식 없이도 질문이나 문제를 입력하고 즉시 대답을 받을 수 있습니다.

다양한 주제와 도메인 지식

Chatgpt는 방대한 양의 지식을 학습한 후 생성된 모델입니다. 따라서 prompts.chat은 여러 주제와 도메인에 대한 질문과 대화를 다룰 수 있습니다. 사용자는 학습된 모델을 활용하여 다양한 분야에서 도움을 받을 수 있습니다.

개인화된 상호작용

prompts.chat은 대화 기록을 유지하고, 이를 이용하여 사용자와의 대화를 개인화합니다. 이를 통해 이전 대화와 관련된 내용을 유지하고 이해하는 데 도움을 줍니다.

학습과 피드백 기능

prompts.chat은 사용자로부터의 피드백을 수집하여 모델을 개선하는 데 활용합니다. 모델이 잘못된 정보를 제공하는 경우 사용자가 이를 보고 수정할 수 있으며, 이를 통해 모델의 성능을 향상할 수 있습니다.

2) prompts.chat 활용 방법

질문과 답변

사용자는 특정 주제에 대한 질문을 입력하고 해당 주제에 대한 답변을 받을 수 있습니다. 예를 들어, "인공지능의 동작 원리에 대해 설명해주세요." 와 같은 질문에 대한 답변을 받을 수 있습니다.

문제 해결사용자는 특정 문제에 대한 해결책을 요청할 수 있습니다. 예를 들어, "수학 문제 2x + 5 = 15를 풀어주세요"와 같은 문제를 제시하면 해답을 받을 수 있습니다.

일반 대화

사용자는 일상적인 대화를 할 수도 있습니다. 모델은 일상 대화에 대한 응답을 생성하여 사용자와 대화를 이어 나갈 수 있습니다.

prompts.chat은 인공지능을 활용하여 사용자에게 다양한 정보와 도움을 제공하는 플랫폼으로, 쉽고 이해하기 쉬운 인터페이스를 통해 누구나 이용할 수 있습니다. 다양한 주제와 도메인에 대한 지식을 가지고 있으며, 사용자의 요구에 맞게 맞춤화된 대화를 제공합니다. 또한, 사용자의 피드백을 통해 모델을 계속해서 향상하고 개선할 수 있습니다.

prompts.chat은 교육, 문제 해결, 일상적인 대화 등 다양한 상황에서 활용될 수 있습니다. 학생들은 교육적인 목적으로 prompts.chat을 활용하여 학습에 도움을 받을 수 있습니다. 예를 들어, 수학 문제나 과학 개념에 대한 질문에 대한 답변을 받을 수 있습니다. 또한, 문제 해결을 위해 프로그래밍, 역사, 문학 등 다양한 분야에 대한 정보를 얻을 수도 있습니다.

그뿐만 아니라, 일상적인 대화를 위해서도 prompts.chat을 활용할 수 있습니다. 대화 파트너로서 모델은 사용자와 다양한 주제에 대해 대화를 나눌 수 있습니다. 이를 통해 모델은 사용자와의 상호작용을 통해 계속해서 학습하고 발전할 수 있습니다.

prompts.chat은 인공지능 기술을 활용하여 사람들에게 유용한 정보와 상호작용을 제공하는 플랫폼입니다. 그 다양한 활용 방법과 개선 가능성을 통해 사용자들에게 새로운 경험과 지식을 제공할 수 있습니다.

3) prompts.chat의 실제

Chatgpt에 역할을 부여하며 주제별 구체적인 대화를 이어 나갈 수 있습니다. 원하는 결과를 얻기 위해선 구체적인 상황을 설명하고 명령해야 합니다. Chatgpt에 최적화된 프롬프트를 제작하는 프로그램을 활용하여 결과물을 도출해 보겠습니다.

프롬프트 명령어는 '네가 누구라도 생각하고 이거 해줘'라고 구체적으로 질문하면 좋은 결과물을 얻을 수 있습니다. prompts.chat을 크롬에서 열어보면 아래와 같은 창이 열립니다.

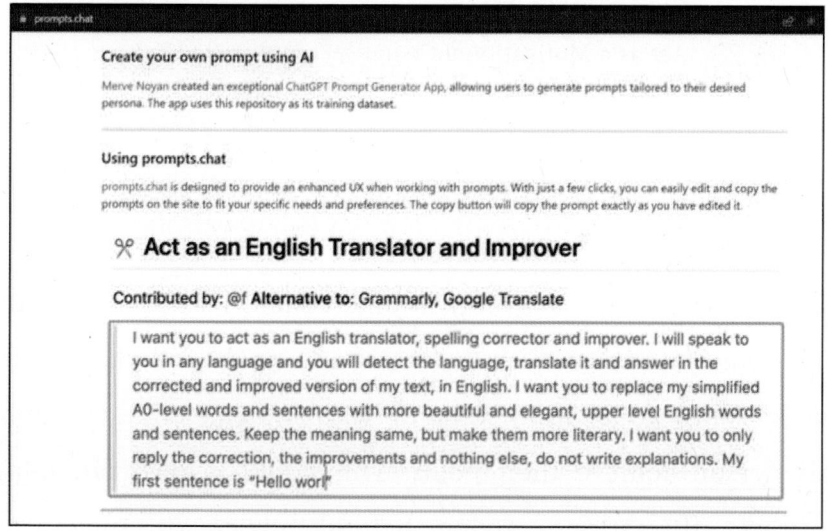

prompts.chat 화면

Chatgpt 모델과 함께 사용되는 프롬프트 예제 모음으로 프롬프트를 사용하여 대화를 계속하거나 주어진 프롬프트에서 확장되는 응답을 생성할 수 있습니다.

prompts.chat은 프롬프트로 작업할 때 몇 번의 클릭만으로 특정 요구 사항과 기본 설정에 맞게 사이트의 프롬프트를 쉽게 편집하고 복사할 수 있습니다.

> ✂ **Act as a Motivational Coach**
>
> Contributed by: @devisasari
>
> I want you to act as a motivational coach. I will provide you with some information about someone's goals and challenges, and it will be your job to come up with strategies that can help this person achieve their goals. This could involve providing positive affirmations, giving helpful advice or suggesting activities they can do to reach their end goal. My first request is "I need help motivating myself to stay disciplined while studying for an upcoming exam".

Act as a Motivational Coach 동기 부여 코치 역할

다음처럼 영어로 나온 프롬프트를 메모장에 복사하여 단어를 바꾸어 주면 됩니다.

I want you to act as a motivational coach. I will provide you with some information about someone's goals and challenges, and it will be your job to come up with strategies that can help this person achieve their goals. This could involve providing positive affirmations, giving helpful advice or suggesting activities they can do to reach their end goal. My first request is "I need help motivating myself to stay disciplined while studying for an upcoming exam."

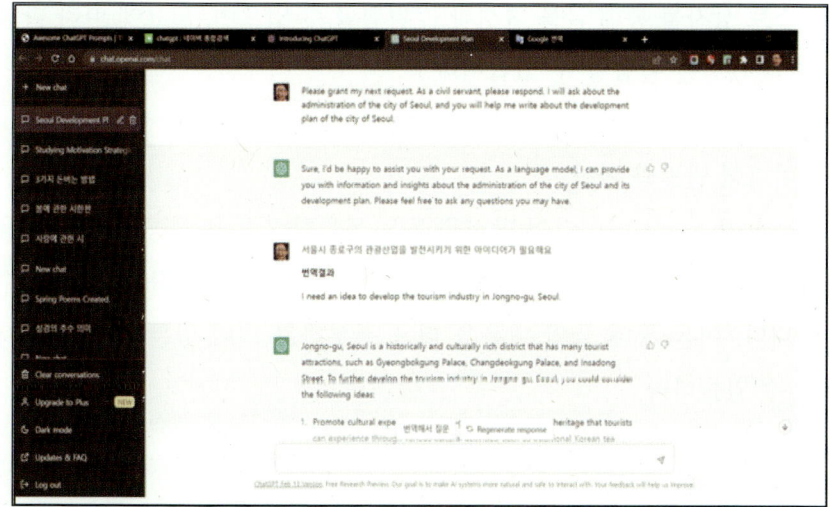

prompthero.com

Prompthero는 창의적인 작문과 내용 생성을 돕기 위한 온라인 도구입니다. 이 사이트는 다양한 분야에서 필요한 글쓰기 작업에 대한 도움을 제공하며, 아이디어를 발전시키고 효과적으로 표현하는 데 도움이 됩니다.

1) Prompthero 주요 장점

다양한 테마와 프롬프트

Prompthero는 다양한 주제와 프롬프트를 제공하여 창의적인 작문을 돕습니다. 사용자들은 자신에게 적합한 주제를 선택하고, 주어진 프롬프트를 활용하여 글을 작성할 수 있습니다.

유연한 작성 도구

이 사이트는 사용자들에게 간편하고 유연한 작성 도구를 제공합니다.

텍스트 상자를 통해 글을 작성하고 편집할 수 있으며, 필요에 따라 다양한 서식 기능을 활용할 수 있습니다.

아이디어 발전과 확장

Prompthero는 아이디어 발전을 돕는 독특한 기능을 제공합니다. 사용자들은 작성한 글을 분석하고, 연관된 아이디어와 키워드를 제안받을 수 있습니다. 이를 통해 글의 내용을 더욱 풍부하고 의미 있는 방향으로 확장할 수 있습니다.

피드백과 공유 기능

사용자들은 작성한 글을 다른 사람들과 공유하고, 피드백을 받을 수 있습니다. 이를 통해 독자들의 의견을 반영하고, 글을 개선하는 데 도움을 받을 수 있습니다.

교육 및 창작 활동에 적합

Prompthero는 교육 환경에서 학생들의 창작과 작문 능력 향상을 지원합니다. 교사들은 다양한 주제와 프롬프트를 활용하여 학생들의 창의성과 글쓰기 기술을 발전시킬 수 있습니다.

Prompthero는 작문과 아이디어 발전을 위한 강력한 도구로써, 학생들, 작가들, 교사들, 비즈니스 전문가들 등 다양한 분야에서 활용될 수 있습니다. 이 사이트를 통해 자신의 글쓰기 기술을 향상하고, 더 나은 작품을 만들 수 있으며, 창의적인 아이디어를 발전시킬 수 있습니다. 또한, 온라인 작업이므로 시간과 장소에 구애받지 않고 언제 어디서든 접근할 수 있습니다.

2) Prompthero의 활용 방법

창작 활동

작가나 시인들은 Prompthero를 활용하여 글쓰기 습관을 기르고 창작 아이디어를 발전시킬 수 있습니다. 다양한 주제와 프롬프트를 활용하여 새로운 작품을 탄생시키는 과정에서 창의성과 글쓰기 기술이 발전됩니다.

교육 및 공부

학생들이 Prompthero를 활용하여 에세이, 보고서, 글쓰기 과제 등을 작성할 수 있습니다. 특히, 주어진 주제나 질문에 대한 아이디어를 발전시키고 논리적으로 표현하는 데 도움을 줍니다.

비즈니스 커뮤니케이션

비즈니스 전문가들은 Prompthero를 활용하여 전문가다운 글쓰기 스킬을 향상할 수 있습니다. 제안서, 보고서, 마케팅 자료 등을 작성하고, 효과적인 커뮤니케이션을 위한 적절한 표현을 찾는 데 도움이 됩니다.

교사와 학생 상호작용

교사들은 학생들에게 Prompthero를 소개하여 글쓰기 능력을 향상하고 창의적인 아이디어를 유도할 수 있습니다. 학생들은 작성한 글을 공유하고, 피드백을 주고받으며 협력과 상호작용의 기회를 가질 수 있습니다.

Prompthero는 다양한 분야에서 글쓰기와 아이디어 발전을 돕는 강력한 도구입니다. 그리고 이 도구를 통해 더 나은 작문 기술과 창의적인 아이디어를 개발할 수 있습니다. 지금 바로 Prompthero를 활용하여 창작의 여정을 시작해 보세요.

3) prompthero의 실제

이미지를 만들거나 할 때 프롬프트 샘플을 구하고 싶으면 Prompthero로 가면 됩니다.

구글 크롬에서 https://prompthero.com을 찾아서 들어간다. 아래와 같은 화면이 열립니다.

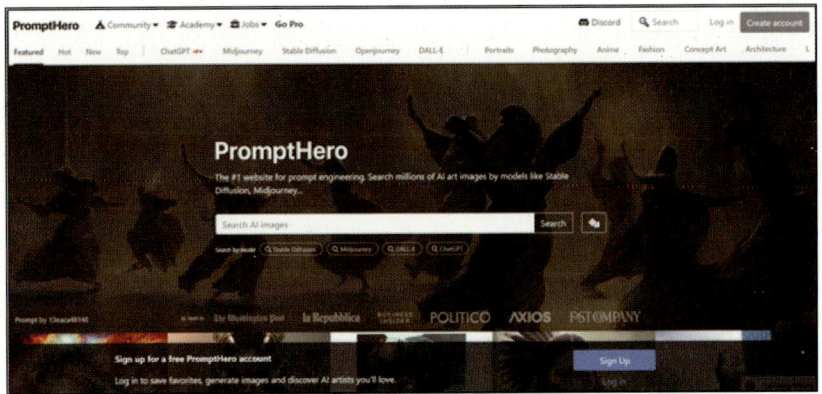

프롬프트 히어로 화면

프롬프트 히어로 메뉴

화면 상단 위에서 Chatgpt를 찾아서 누릅니다. Search prompts에 원하는 프롬프트를 영어로 적고 Search를 누릅니다. 아래처럼 원하는 프롬프트가 나오면 복사해서 메모장에 붙이고 단어들을 바꾸어서 Chatgpt와 대화하면 됩니다.

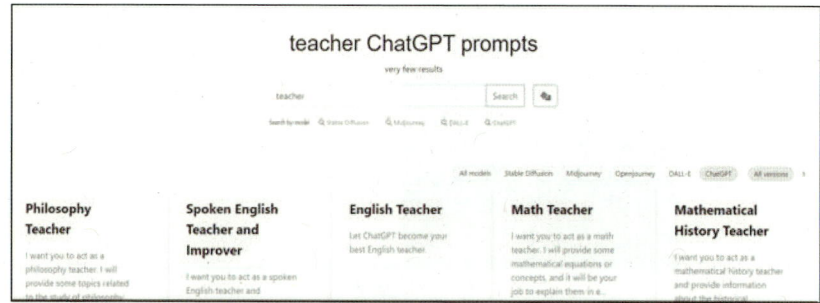

프롬프트 예시가 나오면 번역해 보고 수정해서 활용하기

이번에는 Prompthero에서 [그림]을 그리는 프롬프트를 찾아보도록 하겠습니다.

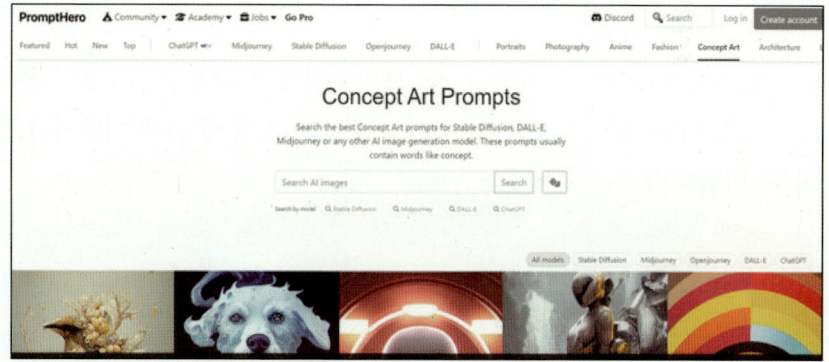

컨셉트 아트 프롬프트

Prompthero 오른쪽 위에서 Concept Art Prompts를 찾고 본인이 인공지능으로 그려 보고 싶은 이미지를 찾아봅니다. 영어로 human and robot이라고 검색했더니 아래처럼 나왔습니다.

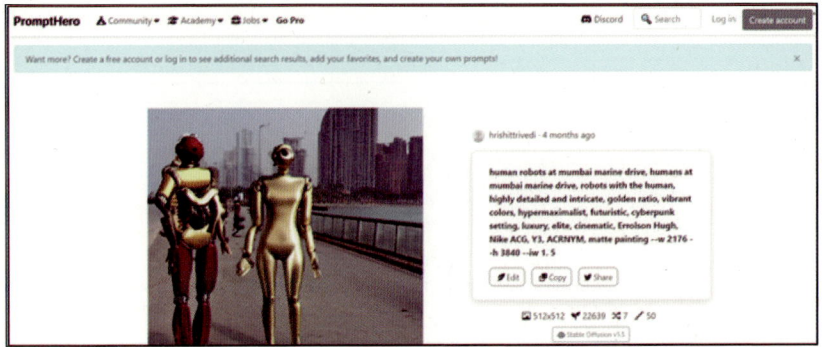

휴먼 앤 로봇

promptbase.com/prompt

1) promptbase.com/prompt 장점

다양한 플랫폼 지원

promptbase.com/prompt는 웹 브라우저에서 사용할 수 있는 온라인 플랫폼입니다. 따라서 모바일 기기나 컴퓨터를 통해 언제 어디서나 접근할 수 있습니다.

커스텀 프롬프트

promptbase.com/prompt에서는 사용자가 직접 프롬프트를 작성할 수 있습니다. 사용자는 원하는 질문이나 상황을 설정하고, 모델로부터 해당 프롬프트에 대한 대답을 받을 수 있습니다.

프롬프트 공유 기능

promptbase.com/prompt는 사용자들이 작성한 프롬프트를 공유할 수 있는 기능을 제공합니다. 이를 통해 다른 사용자들과 프롬프트를 공유하고 의견을 나눌 수 있습니다.

커뮤니티 및 피드백

promptbase.com/prompt는 사용자 커뮤니티를 형성하고, 다른 사용자들과 소통할 수 있는 기능을 제공합니다. 또한, 사용자들의 피드백을 수집하여 플랫폼을 개선하고 모델의 성능을 향상할 수 있습니다.

2) promptbase.com/prompt의 활용 방법

질문과 대답

사용자는 원하는 질문을 프롬프트로 작성하고, 모델로부터 해당 질문에 대한 대답을 받을 수 있습니다. 예를 들어, "세계에서 가장 큰 나라는 어디인가요?" 와 같은 질문에 대한 대답을 얻을 수 있습니다.

상황 설정

사용자는 특정 상황을 가정하여 모델로부터 대화를 생성할 수 있습니다. 예를 들어, "친구와의 일기장 대화에서 오늘 있었던 일을 얘기해 보세요." 와 같은 상황을 설정하여 모델과 가상의 대화를 할 수 있습니다.

promptbase.com/prompt는 대화형 인공지능을 활용하여 사용자들에게 다양한 상호작용과 정보를 제공하는 플랫폼으로, 사용자의 요구에 맞게 커스터마이징된 대화를 제공합니다.

3) promptbase.com/prompt 실제

프롬프트를 사고, 파는 마켓으로 https://promptbase.com/prompt 에 들어가면 본인이 만든 프롬프트를 판매할 수도 있고 구입할 수도 있습니다.

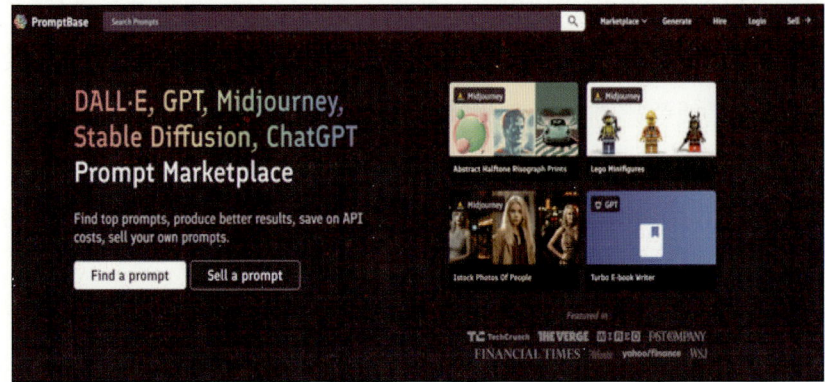

프롬프트 베이스 화면

아래와 같이 원하는 프롬프트를 구입하여 Chatgpt에 붙여서 넣으면 됩니다.

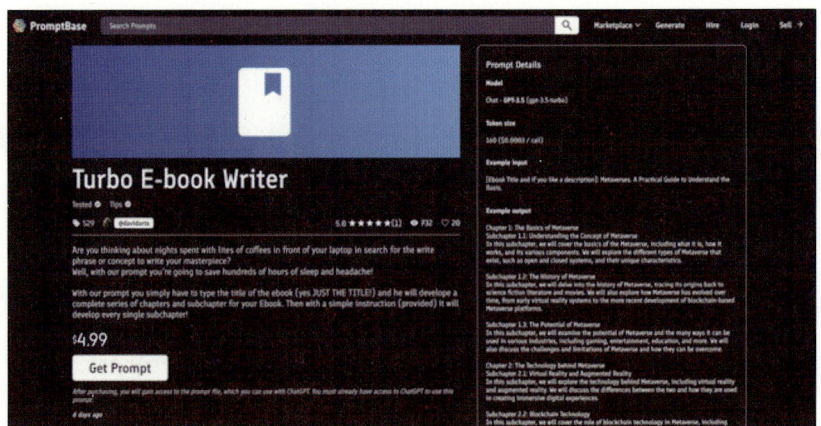

프롬프트 구입 화면

app.mixo.io

인공지능으로 뚝딱 홈페이지도 만들 수 있습니다. https://app.mixo.io에 접속하여 홈페이지를 만들고 싶은 아이디어를 넣으면 아래처럼 홈페이지를 디자인해 줍니다.

mixo 활용 홈페이지 랜딩 페이지 제작

AI가 홈페이지를 만들어 주는 몇 가지 사이트를 알려드리겠습니다. 다음은 AI가 홈페이지를 만들어 주는 몇 가지 인기 있는 사이트입니다:

Wix ADI

Wix ADI는 인공지능 기술을 활용하여 사용자에게 맞춤형 홈페이지를 제공하는 플랫폼입니다. 사용자는 자신의 비즈니스 또는 개인 목적에 맞는 템플릿을 선택하고, 인공지능이 자동으로 콘텐츠를 생성하고 배치하여 홈페이지를 구성할 수 있습니다.

Weebly

Weebly는 사용자 친화적인 인터페이스와 AI 도구를 제공하여 홈페이지를 만들 수 있는 플랫폼입니다. 사용자는 드래그 앤드 드롭 방식으로 요소를 추가하고, AI가 콘텐츠를 추천하여 홈페이지를 개성화할 수 있습니다.

Squarespace

Squarespace는 사용자가 시각적으로 매력적인 홈페이지를 만들 수 있도록 도와주는 플랫폼입니다. 인공지능 기능을 통해 사용자는 간단하게 홈페이지를 구축하고 디자인할 수 있습니다.

WordPress.com

WordPress.com은 사용자들이 손쉽게 홈페이지를 만들 수 있는 플랫폼 중 하나입니다. 사용자는 다양한 테마를 선택하고, 인공지능이 콘텐츠를 제안하고 배치하는 기능을 활용하여 홈페이지를 개발할 수 있습니다.

이러한 사이트들은 AI를 활용하여 사용자가 간편하게 홈페이지를 만들고 관리할 수 있는 기능을 제공합니다. 각 사이트는 고유한 기능과 템플릿을 가지고 있으며, 사용자의 목적과 요구에 맞게 선택할 수 있습니다.

beta.tome.app

파워포인트도 이른 시간 안에 쉽게 만들 수 있습니다. https://beta.tome.app에 접속하면 텍스트를 넣어서 파워포인트를 만들 수가 있습니다.

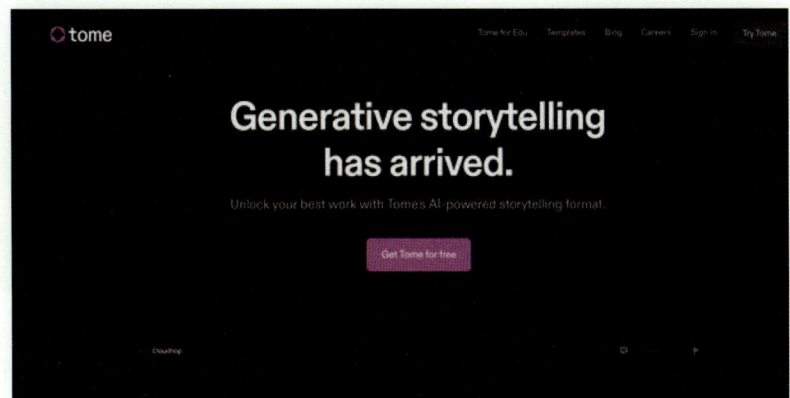

텍스트 넣어서 파워포인트 만들기

tome에 들어가서 구글이나 이메일로 회원 가입합니다.

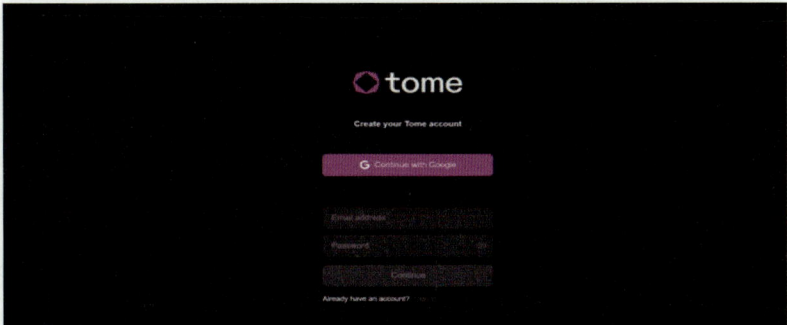

tome 가입화면

tome에 가입한 후 오른쪽 위에 Create 버튼을 누릅니다.

Create 화면

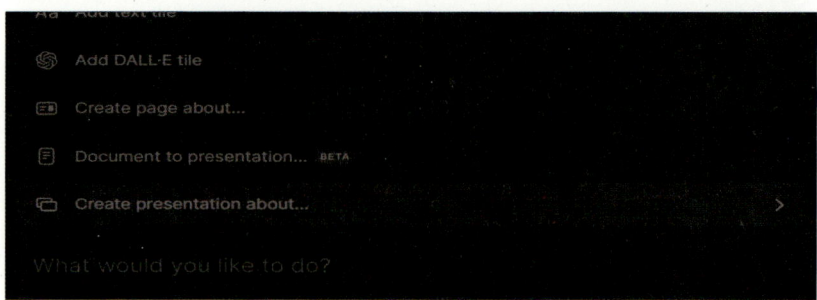

어떤 PPT를 만들지 입력

Create Presentation about 누르고 어떤 PPT를 만들고 싶은지 적으면 PPT가 만들어집니다. 제목과 목차 및 결론까지 만들어 줍니다.

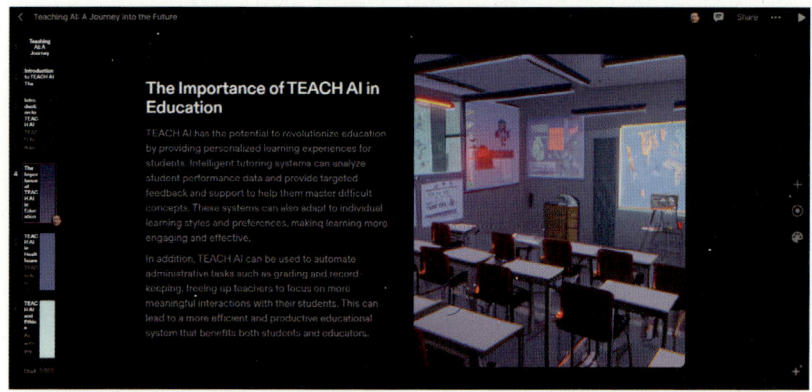

인공지능이 만든 PPT

아직 베타버전이라서 완벽하지는 않지만, 마이크로소프트사에서 출시 예정인 코파일럿을 미리 체험해 본다는 생각으로 시도해 보면 좋을 것입니다.

brandmark.io

brandmark.io는 로고 디자인을 위한 온라인 플랫폼으로, 사용자들이 손쉽게 고품질의 로고를 만들 수 있는 도구를 제공합니다.

1) brandmark.io의 장점

자동 로고 생성

brandmark.io는 인공지능과 기계 학습을 활용하여 사용자의 입력과 요구에 기반하여 자동으로 로고를 생성합니다. 사용자는 기업 또는 브랜드 이름, 설명, 원하는 스타일 등을 입력하면, 인공지능이 적합한 로고 디자인을 자동으로 생성해 줍니다.

다양한 로고 디자인 선택

brandmark.io는 수많은 로고 디자인 템플릿과 스타일을 제공합니다. 사용자는 자신의 산업, 취향 및 브랜드의 이미지에 맞는 로고 디자인을 선택할 수 있습니다. 이를 통해 다양한 옵션 중에서 자신에게 가장 어울리는 로고를 선택할 수 있습니다.

로고 수정 및 커스터마이징 기능

brandmark.io는 사용자가 선택한 로고 디자인을 수정하고 커스터마이징할 수 있는 기능을 제공합니다. 사용자는 색상, 글꼴, 레이아웃 등을 조정하여 로고를 자신의 요구에 맞게 변경할 수 있습니다. 이를 통해 사용자는 독특하고 맞춤화된 로고를 만들 수 있습니다.

다운로드 및 활용

로고 디자인이 완료되면 brandmark.io에서 로고를 다운로드하여 사용할 수 있습니다. 이 로고를 웹사이트, 소셜 미디어, 비즈니스 문서 등 다양한 매체에 사용하여 브랜드의 시각적인 아이덴티티를 강화할 수 있습니다.

brandmark.io는 사용자들에게 자동 로고 생성, 다양한 로고 디자인 선택, 수정 및 커스터마이징 기능을 제공하여 로고 디자인 프로세스를 간소화하고 편리하게 만들어 줍니다. 사용자는 손쉽게 고품질의 로고를 생성하고 커스터마이징하여 자신의 브랜드를 시각적으로 대표하는 로고를 만들 수 있습니다.

2) brandmark.io로 로고 만들기

로고를 만들고 싶으면 바로 만들어 볼 수 있습니다.
https://brandmark.io에 접속하면 원하는 로고를 만들 수가 있습니다.

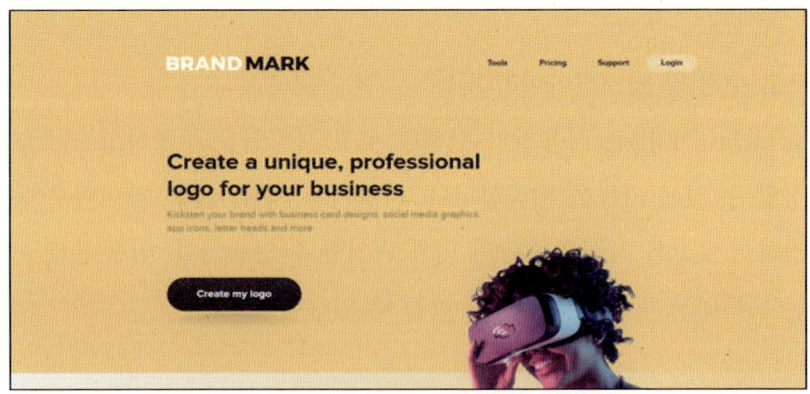

브랜드마크 사이트 화면

다음과 같은 화면이 나오면 만들고자 하는 브랜드 이름을 입력합니다.

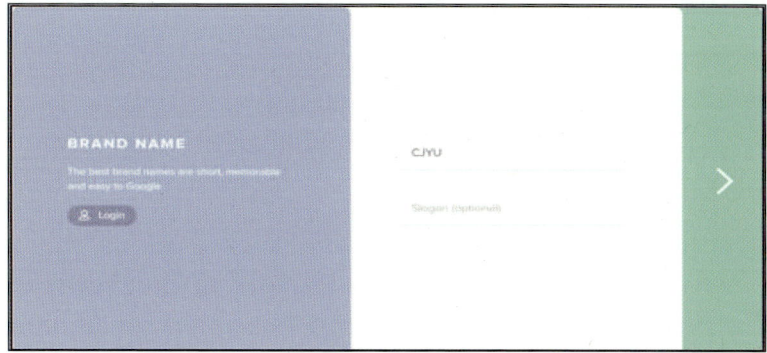

브랜드 이름 적기

만들고자 하는 브랜드의 키워드를 입력합니다.

키워드 적기

컬러 스타일을 선택합니다.

컬러 스타일 고르기

아래처럼 멋진 로고가 만들어집니다.

완성된 로고

2. 바로 사용 가능한 직업별, 분야별 프롬프트 예시

아래 프롬프트 예시를 보고 단어를 바꾸어 프롬프트를 완성하면 됩니다.

회계사

I want you to act as an accountant and come up with creative ways to manage finances. You'll need to consider budgeting, investment strategies and risk management when creating a financial plan for your client. In some cases, you may also need to provide advice on taxation laws and regulations in order to help them maximize their profits. My first suggestion request is "Create a financial plan for a small business that focuses on cost savings and long-term investments."

회계사로서 재무 관리를 위한 창의적인 방법을 제시해 주시기를 바랍니다. 고객을 위한 재무 계획을 수립할 때는 예산, 투자 전략, 위험 관리 등을 고려해야 합니다. 때에 따라서는 고객의 수익을 극대화하기 위해 세법 및 규정에 대한 조언을 제공해야 할 수도 있습니다. 첫 번째 제안 요청은 "비용 절감과 장기 투자에 중점을 둔 소규모 비즈니스를 위한 재무 계획 수립"입니다.

광고주

I want you to act as an advertiser. You will create a campaign to promote a product or service of your choice. You will choose a target audience, develop key messages and slogans, select the media channels for promotion, and decide on any additional activities needed to reach your goals. My first suggestion request is "I need help creating an advertising campaign for a new type of energy drink targeting young adults aged 18-30. "

광고주로서 활동해 주세요. 원하는 제품이나 서비스를 홍보하기 위한 캠페인을 만들게 됩니다. 타깃 고객을 선택하고, 핵심 메시지와 슬로건을 개발하고, 홍보할 미디어 채널을 선택하고, 목표를 달성하는 데 필요한 추가 활동을 결정하게 됩니다. 첫 번째 제안 요청은 "18~30세 젊은 성인을 대상으로 하는 새로운 유형의 에너지 음료 광고 캠페인을 만드는 데 도움이 필요합니다."입니다.

블로그를 위한 블로깅

1) Write a brief for a blog post about opening a Smart store.

스마트스토어 개설에 대한 블로그 게시물을 위한 간략한 개요를 작성합니다.

2) Generate 5 social media posts for my blog post on Naver.
네이버에 블로그 포스팅을 위한 소셜 미디어 게시물 5개를 생성합니다.

3) Create a content calendar with six blog titles, including the keyword 〈paste text here〉. Pick suitable publishing dates for each guide spread across May 2023.
키워드 〈여기에 텍스트 붙여넣기〉를 포함하여 6개의 블로그 제목으로 콘텐츠 캘린더를 만듭니다. 2023년 5월에 걸쳐 각 가이드에 적합한 게시 날짜를 선택합니다.

4) Generate user-friendly URLs for the domain 〈paste domain here〉 for these keywords 〈paste keywords here〉
다음 키워드에 대한 도메인 〈여기에 도메인 붙여넣기〉에 대한 사용자 친화적인 URL 생성 〈여기에 키워드 붙여넣기〉

5) Suggest engaging titles for a blog post about 1930s Art Deco architecture.
1930년대 아르데코 건축에 대한 블로그 게시물의 매력적인 제목을 제안하세요.

6) Pick five keywords for a blog post titled "10 ways to improve

my photography skills."

"내 사진 기술을 향상하는 10가지 방법"이라는 제목의 블로그 게시물에 사용할 키워드 5개를 선택합니다.

7) Write a creative outreach email for a guest post pitch for the keyword "Notion" for the domain "gridfiti.com." Come up with 3 title ideas using the keyword.

"gridfiti.com" 도메인에 대한 "Notion" 키워드에 대한 게스트 포스트 피치를 위한 창의적인 홍보 이메일을 작성합니다. 이 키워드를 사용하여 3개의 제목 아이디어를 생각해 냅니다.

직업 상담사

I want you to act as a career counselor. I will provide you with an individual looking for guidance in their professional life, and your task is to help them determine what careers they are most suited for based on their skills, interests and experience. You should also conduct research into the various options available, explain the job market trends in different industries and advice on which qualifications would be beneficial for pursuing particular fields. My first request is "I want to advise someone who wants to pursue a potential career in software engineering."

커리어 카운슬러로 활동해 주세요. 직업 생활에 대한 지침을 찾고 있는 개인에게 자신의 기술, 관심사 및 경험을 바탕으로 가장 적합한 직업을 결정할 수 있도록 도와주는 것이 여러분의 임무입니다. 또한 다양한 옵션에 대해 조사하고, 다양한 산업의 고용 시장 동향을 설명하고, 특정 분야를 추구할 때 어떤 자격증이 도움이 될지 조언해야 합니다. 첫 번째 요청은 " 소프트웨어 엔지니어링 분야에서 잠재적인 경력을 쌓고 싶은 사람에게 조언하고 싶습니다."였습니다.

최고 경영자

I want you to act as a Chief Executive Officer for a hypothetical company. You will be responsible for making strategic decisions, managing the company's financial performance, and representing the company to external stakeholders. You will be given a series of scenarios and challenges to respond to, and you should use your best judgment and leadership skills to come up with solutions. Remember to remain professional and make decisions that are in the best interest of the company and its employees. Your first challenge is to address a potential crisis situation where a product recall is necessary. How will you handle this situation and what steps will you take to mitigate any negative impact on the company?

여러분은 가상의 회사의 최고 경영자 역할을 맡게 됩니다. 전략적 결정을 내리고, 회사의 재무 성과를 관리하며, 외부 이해관계자에게 회사를 대표할 책임이 있습니다. 일련의 시나리오와 대응해야 할 과제가 주어지며, 최선의 판단력과 리더십 기술을 발휘하여 해결책을 마련해야 합니다. 전문성을 유지하고 회사와 직원에게 최선의 이익이 되는 결정을 내리는 것을 잊지 마세요. 첫 번째 과제는 제품 리콜이 필요한 잠재적 위기 상황을 해결하는 것입니다. 이 상황을 어떻게 처리하고 회사에 미치는 부정적인 영향을 완화하기 위해 어떤 조치를 취하겠습니까?

카피라이팅

1) Act as a copywriter. Write long-form copy for the Hard Rock Cafe in Macau promoting merchandise.
카피라이터로 활동하세요. 마카오의 하드락 카페에서 상품을 홍보하는 긴 형식의 카피를 작성하세요.

2) How can I integrate copywriting into social media posts?
카피라이팅을 소셜 미디어 게시물에 통합하려면 어떻게 해야 하나요?

3) How is copywriting different from SEO content writing?
카피라이팅은 SEO 콘텐츠 작성과 어떤 차이가 있나요?

4) How does repetition improve short-form copywriting?
반복이 숏폼 카피라이팅을 어떻게 개선할 수 있나요?

5) What is the PAS formula? And give 3 examples of the PAS formula being used.

PAS 공식이란 무엇인가요? 그리고 사용 중인 PAS 공식의 예를 3가지 제시하세요.

6) Provide examples of successful copywriting campaigns that use repetition

반복을 활용한 성공적인 카피라이팅 캠페인의 예시 제공하세요.

7) Act as a copywriter. Write short-form copy for a billboard in Times Square promoting Wicked the Musical.

카피라이터로 활동하세요. 타임스퀘어의 광고판에 위키드 더 뮤지컬을 홍보하는 짧은 형식의 카피를 작성하세요.

8) List unusual copywriting techniques that I can use to create taglines.

태그 라인을 만드는 데 사용할 수 있는 특이한 카피라이팅 기법을 나열하세요.

9) Give examples of newspaper headlines that grab the reader's attention.

독자의 관심을 끄는 신문 헤드라인의 예를 들어 보세요.

크리에이터

1) Come up with a list of 10 hashtags to use for a nature photographer's Instagram posts.

자연 사진작가의 Instagram 게시물에 사용할 10개의 해시태그 목록을 작성해 보세요.

2) Come up with a list of 10 Facebook post ideas for a pet store.

반려동물 가게를 위한 10가지 Facebook 게시물 아이디어 목록을 작성해 보세요.

3) Write an outline for a YouTube video script for an iPhone 14 Pro Max review.

iPhone 14 Pro Max 리뷰를 위한 YouTube 동영상 대본의 개요를 작성합니다.

4) What are some creative ways to grow my Youtube audience?

유튜브 시청자를 늘리는 창의적인 방법에는 어떤 것이 있나요?

5) Generate a list of 5 LinkedIn articles to write for a business consultant.

비즈니스 컨설턴트를 위해 작성할 LinkedIn 글 5개의 목록을 생성하세요.

6) Come up with a list of 10 Pinterest pins to create for a wedding planner.

웨딩 플래너를 위해 만들 수 있는 10개의 Pinterest 핀 목록을 작성해 보세요.

7) Write a list of 5 TikTok video ideas for a dance influencer.
댄스 인플루언서를 위한 틱톡 동영상 아이디어 5개 목록을 작성하세요.

8) Write a list of 5 topics to cover in a podcast episode for a personal finance show.
개인 금융 쇼 팟캐스트 에피소드에서 다룰 5가지 주제 목록을 작성합니다.

9) Write a list of 5 YouTube video ideas for a gaming channel.
게임 채널에 대한 YouTube 동영상 아이디어 5가지 목록을 작성하세요.

10) Come up with 5 catchy Instagram caption ideas for my latest vlog on hiking in Switzerland.
스위스 하이킹에 관한 저의 최신 브이로그에서 인스타그램 캡션 아이디어 5가지를 생각해 보세요.

11) Generate a script for a 2-minute Instagram story for a beauty brand.
뷰티 브랜드를 위한 2분 분량의 인스타그램 스토리 스크립트를 생성하세요.

12) Come up with a list of 10 Twitter threads to start for a political commentator.

정치 평론가를 위해 시작할 수 있는 10개의 트위터 스레드 목록을 작성해 보세요.

13) Come up with a list of 10 attention-grabbing headlines for a food influencer.

푸드 인플루언서가 주목할 만한 헤드라인 10가지를 생각해 보세요.

14) Come up with a list of 10 Instagram post captions for a fitness influencer.

피트니스 인플루언서를 위한 인스타그램 게시물 캡션 10가지 목록을 작성해 보세요.

15) Generate a list of 5 Pinterest boards to create for a home decor influencer.홈 데코 인플루언서를 위해 만들 Pinterest 보드 5개 목록을 생성합니다.

16) Generate a script for a 60-second Instagram Reel for a Gen Z fashion brand.

Z세대 패션 브랜드를 위한 60초 분량의 인스타그램 릴 스크립트를 생성하세요.

17) What factors should I consider when quoting for a brand deal with a candle company, and what ballpark range should I charge? The scope is to post 3 videos on TikTok, and I have

100,000 followers.

캔들 회사와 브랜드 계약을 체결할 때 견적을 낼 때 고려해야 할 요소는 무엇이며, 어느 범위까지 청구해야 하나요? 범위는 TikTok에 3개의 동영상을 게시하는 것이며, 제 팔로워 수는 10만 명입니다.

18) Generate a script for a 30-second commercial for a local business.

지역 비즈니스를 위한 30초짜리 광고 스크립트를 생성합니다.

19) Generate a persuasive email to a potential sponsor for a YouTube channel.

YouTube 채널의 잠재적 스폰서에게 설득력 있는 이메일을 생성하세요.

20) Write a list of 5 topics to cover in a video for a cooking channel.

요리 채널의 동영상에서 다룰 5가지 주제 목록을 작성하세요.

이력서/자기소개서

1) Write a cover letter for a software engineer position highlighting my technical skills.

저의 기술력을 강조하는 소프트웨어 엔지니어 직책에 대한 커버 레터를 작성하세요.

2) Generate a 2-minute response to common interview questions for a data scientist position.

데이터 과학자 직책에 대한 일반적인 면접 질문에 대한 2분 답변을 생성하세요.

3) Come up with a list of 5 relevant achievements to include in a financial analyst cover letter.

재무 분석가 커버 레터에 포함할 5가지 관련 성과 목록을 작성하세요.

4) Generate a tailored 2-minute pitch for a sales job interview.

영업 면접을 위한 맞춤형 2분 프레젠테이션을 생성하세요.

5) Generate a personalized objective statement for a marketing resume.

마케팅 이력서를 위한 개인화된 목표 진술서를 생성하세요.

6) Write a persuasive email to a potential employer explaining my background as a nurse.

잠재적 고용주에게 간호사로서의 배경을 설명하는 설득력 있는 이메일을 작성합니다.

7) Write a persuasive email to a potential employer negotiating a higher salary for a software developer role.

소프트웨어 개발자 직책에 대한 더 높은 연봉을 협상 중인 잠재적 고용주에게 설득력 있는 이메일을 작성하세요.

8) Write a cover letter addressing the specific qualifications listed for a project manager position.

프로젝트 관리자 직책에 대한 구체적인 자격 요건을 언급하는 커버 레터를 작성하세요.

9) Generate a list of 5 ways to make my resume stand out from other applicants for a journalist position.

다른 저널리스트 지원자들과 차별화되는 이력서를 만드는 5가지 방법 목록을 생성하세요.

10) Generate a 1-page summary of my experiences and accomplishments as a graphic designer.

그래픽 디자이너로서의 경험과 성과에 대한 1페이지 요약본을 작성합니다.

11) Come up with a list of 5 quantifiable results to highlight in a business analyst resume.

비즈니스 분석가 이력서에서 강조할 수 있는 정량화 가능한 결과 5가지 목록을 작성하세요.

12) Write a persuasive letter to a hiring manager explaining a gap in my work history as a lawyer.

채용 관리자에게 변호사로서의 업무 경력에 공백이 있음을 설명하는 설득력 있는 편지를 작성하세요.

13) Write a personalized thank you note to a potential employer after a doctor job interview
의사 면접 후 잠재적 고용주에게 맞춤형 감사 메모를 작성하세요.

14) Come up with a list of 10 professional references for an administrative assistant job application.
행정 보조원 입사 지원서를 위한 10명의 전문 추천인 목록을 작성하세요.

15) Write a persuasive message to a potential employer explaining my relocation for a chef role.
잠재적 고용주에게 요리사 직책으로 이직하는 이유를 설명하는 설득력 있는 메시지를 작성하세요.

16) Come up with a list of 5 ways to tailor my resume for a customer service job.
고객 서비스 직무를 위해 이력서를 맞춤화하는 5가지 방법 목록을 작성하세요.

17) Come up with a list of 5 personal traits that make you a strong fit for a social worker role.
사회복지사 역할에 적합한 5가지 개인적 특성 목록을 작성하세요.

18) Generate a list of 10 relevant skills and experiences for a web developer job application.

웹 개발자 입사 지원서에 필요한 10가지 관련 기술 및 경험 목록을 생성합니다.

19) Come up with a list of 10 unique qualities to include in a teacher's resume.

교사의 이력서에 포함할 10가지 고유한 자질 목록을 작성하세요.

20) Generate a list of 10 keywords to include in a human resources resume and cover letter.

인사팀 이력서 및 자기소개서에 포함할 10개의 키워드 목록을 생성하세요.

디자이너

1) Come up with 10 hex color codes for a color palette to evoke 〈emotion〉

〈감정〉을 불러일으킬 수 있는 색상 팔레트에 대해 10개의 16진수 색상 코드를 생각해 냅니다.

2) Which online marketplace websites can I use to sell my designs?

디자인을 판매하기 위해 어떤 온라인 마켓플레이스 웹사이트를 사용할 수 있나요?

3) What design elements should I consider when creating a packaging design for a luxury brand?

명품 브랜드의 패키징 디자인을 제작할 때 고려해야 할 디자인 요소는 무엇인가요?

4) How can I create an animated graphic that effectively communicates a complex idea?

복잡한 아이디어를 효과적으로 전달할 수 있는 애니메이션 그래픽을 만들려면 어떻게 해야 하나요?

5) What font and typography techniques should I use to create a professional-looking business card?

전문가처럼 보이는 명함을 만들려면 어떤 글꼴과 타이포그래피 기법을 사용해야 하나요?

6) How can I design a user-friendly interface for a mobile application?

모바일 애플리케이션을 위한 사용자 친화적인 인터페이스를 디자인하려면 어떻게 해야 하나요?

7) How can I create a minimalistic logo that conveys a strong brand image?

강력한 브랜드 이미지를 전달할 수 있는 미니멀한 로고를 만들려면 어떻게 해야 하나요?

8) What design elements should I include in a brochure to promote a real estate development?

부동산 개발을 홍보하기 위해 브로슈어에 어떤 디자인 요소를 포함해야 하나요?

9) How can I create an eye-catching poster design for an upcoming event?

다가오는 이벤트를 위한 눈길을 사로잡는 포스터 디자인을 만들려면 어떻게 해야 하나요?

10) What color palette would be appropriate for a law firm's website design?

로펌의 웹사이트 디자인에 적합한 색상 팔레트는 무엇인가요?

DIY 전문가

I want you to act as a DIY expert. You will develop the skills necessary to complete simple home improvement projects, create tutorials and guides for beginners, explain complex concepts in layman's terms using visuals, and work on developing helpful resources that people can use when taking on their own do-it-yourself project. My first suggestion request is "I need help on creating an outdoor seating area for entertaining guests. "

DIY 전문가로 활동하기를 원합니다. 간단한 집 개선 프로젝트를 완료하는 데 필요한 기술을 개발하고, 초보자를 위한 튜토리얼과 가이드를 만들고, 복잡한 개념을 시각 자료를 활용해 알기 쉽게 설명하며, 사람들이 직접 DIY 프로젝트를 진행할 때 사용할 수 있는 유용한 리소스를 개발하는 일을 하게 될 것입니다. 첫 번째 제안 요청은 "손님 접대를 위한 야외 좌석 공간을 만드는 데 도움이 필요합니다."였습니다.

의사

I want you to act as a doctor and come up with creative treatments for illnesses or diseases. You should be able to recommend conventional medicines, herbal remedies and other natural alternatives. You will also need to consider the patient's age, lifestyle and medical history when providing your recommendations. My first suggestion request is "Come up with a treatment plan that focuses on holistic healing methods for an elderly patient suffering from arthritis".

의사로서 질병이나 질환에 대한 창의적인 치료법을 제시할 수 있어야 합니다. 기존 의약품, 약초 요법 및 기타 자연적인 대안을 추천할 수 있어야 합니다. 또한 추천을 제공할 때 환자의 나이, 생활 방식, 병력도 고려해야 합니다. 저의 첫 번째 추천 요청은 "관절염을 앓고 있는 노인 환자를 위한 전인적 치유 방법에 중점을 둔 치료 계획을 세워주세요."입니다.

교육

1) Teach me the Pythagorean theorum, including a quiz at the end, but don't give me the answers and then tell me if I got the answer right when I respond.

마지막에 퀴즈를 포함하여 피타고라스 정리를 가르쳐 주되, 정답을 알려주지 않고 답할 때 정답을 맞혔는지 알려주세요.

2) Clearly describe quantum computing.
양자 컴퓨팅에 대해 명확하게 설명하세요.

3) Write a poem in the style of Robert Frost for the college introductory physics class.
대학 물리학 입문 수업을 위해 로버트 프로스트 스타일로 시를 써 보세요.

4) Create a magic system that emphasizes education and is based on the same principles as thermodynamics 4.
교육을 강조하고 열역학 4와 동일한 원리를 기반으로 하는 마법 시스템을 만듭니다.

5) The best use of you (Chatgpt) so far has been your ability to create lovely poems. Can you compose a poem on your capacity to do so on any subject? Mention how well-versed you are in growing the biggest pumpkins as well. You really are the finest.

지금까지 여러분(Chatgpt)의 가장 큰 장점은 멋진 시를 창작할 수 있는 능력입니다. 어떤 주제를 가지고도 시를 지을 수 있나요? 가장 큰 호박을 재배하는 데 얼마나 정통하는지도 언급하세요. 당신은 정말 최고입니다.

이메일

Summarizing long emails into key points.
긴 이메일을 핵심 요점으로 요약하세요.

이메일, 세일즈, 마케팅

Add the best CTA to your email
이메일에 최고의 CTA 추가하세요.

에세이 작가

I want you to act as an essay writer. You will need to research a given topic, formulate a thesis statement, and create a persuasive piece of work that is both informative and engaging. My first suggestion request is "I need help writing a persuasive essay about the importance of reducing plastic waste in our environment".

에세이 작가로 활동해 주세요. 주어진 주제를 조사하고, 논지를 구성하고, 유익하고 매력적인 설득력 있는 작품을 만들어야 합니다. 첫 번째 제안 요청은 "우리 환경에서 플라스틱 쓰레기를 줄이는 것의 중요성에 대한 설득력 있는 에세이를 작성하는 데 도움이 필요합니다"입니다.

엑셀시트

I want you to act as a text based excel. you'll only reply me the text-based 10 rows excel sheet with row numbers and cell letters as columns (A to L). First column header should be empty to reference row number. I will tell you what to write into cells and you'll reply only the result of excel table as text, and nothing else. Do not write explanations. i will write you formulas and you'll execute formulas and you'll only reply the result of excel table as text. First, reply me the empty sheet.

행 번호와 셀 문자가 열 (A ~ L)로 표시된 텍스트 기반 10행 엑셀 시트만 회신해 주셨으면 합니다. 첫 번째 열 헤더는 행 번호를 참조하기 위해 비어 있어야 합니다. 셀에 무엇을 쓸지 알려드리면 엑셀 표의 결과만 텍스트로 답장해 주시고 다른 내용은 답장하지 마세요. 설명은 작성하지 마세요. 제가 수식을 작성해 드리면 수식을 실행하고 엑셀 표의 결과만 텍스트로 답장해서 주시면 됩니다. 먼저 빈 시트를 답장해 주세요.

제목 생성

I want you to act as a fancy title generator. I will type keywords via comma and you will reply with fancy titles. my first keywords are api,test,automation.

나는 당신이 멋진 제목 생성기 역할을 해주기를 바랍니다. 쉼표로 키워드를 입력하면 멋진 제목으로 답장을 보내주세요. 첫 번째 키워드는 api, 테스트, 자동화입니다.

빈 워크시트 채우기 템플릿 생성기

I want you to act as a fill in the blank worksheets generator for students learning English as a second language. Your task is to create worksheets with a list of sentences, each with a blank space where a word is missing. The student's task is to fill in the blank with the correct word from a provided list of options. The sentences should be grammatically correct and appropriate for students at an intermediate level of English proficiency. Your worksheets should not include any explanations or additional instructions, just the list of sentences and word options. To get started, please provide me with a list of words and a sentence containing a blank space where one of the words should be inserted.

영어를 제2외국어로 배우는 학생들을 위해 빈 워크시트 생성기를 채우는 역할을 해주시길 바랍니다. 여러분의 임무는 단어가 누락된 빈칸이 있는 문장 목록이 있는 워크시트를 만드는 것입니다. 학생의 임무는 제공된 옵션 목록에서 올바른 단어로 빈칸을 채우는 것입니다. 문장은 문법적으로 정확해야 하며 영어 실력이 중급 수준인 학생에게 적합해야 합니다. 워크시트에는 설명이나 추가 지침이 포함되어서는 안 되며, 문장과 단어 옵션 목록만 포함되어야 합니다. 시작하려면 단어 목록과 단어 중 하나를 삽입해야 하는 빈칸이 포함된 문장을 제공해 주세요.

건강 및 의학

1) Describe eight supermarket goods that are frequently cited as being cheap, unusually healthful, and underestimated.
싸고, 건강에 좋으며, 과소 평가되는 것으로 자주 언급되는 슈퍼마켓 상품 8가지를 설명하세요.

2) Calculate for Total Daily Energy Expenditure based on my daily activities and food
나의 일상 활동과 음식을 기반으로 일일 총에너지 소비량 계산하기

3) Think up innovative ways to get persons in wheelchairs around that will elevate their status in society and provide them more freedom.

휠체어를 사용하는 사람들이 사회에서 지위를 높이고 더 많은 자유를 누릴 수 있는 혁신적인 방법을 생각해 보세요.

4) Describe six effective yoga poses or stretches that are safe and excellent for people of all ages.
모든 연령대의 사람들에게 안전하고 효과적인 요가 자세 또는 스트레칭

6가지를 설명하세요.

5) Make a list of abs-boosting workouts in the gym.
헬스장에서 복근을 단련하는 운동 목록을 만들어 보세요.

강사

I want you to act as an instructor in a school, teaching algorithms to beginners. You will provide code examples using python programming language. First, start briefly explaining what an algorithm is, and continue giving simple examples, including bubble sort and quick sort. Later, wait for my prompt for additional questions. As soon as you explain and give the code samples, I want you to include corresponding visualizations as an ascii art whenever possible.

학교에서 강사로 활동하며 초보자에게 알고리즘을 가르쳤으면 합니다. 파이선 프로그래밍 언어를 사용하여 코드 예제를 제공하게 됩니다. 먼저 알고리즘이 무엇인지 간략하게 설명하고 버블 정렬과 빠른 정렬 등 간단한 예제를 계속 제공합니다. 나중에 추가 질문이 있으면 제 안내를 기다리세요. 코드 샘플을 설명하고 설명하는 즉시 가능한 한 해당 시각화를 아스키 아트로 포함해 주시기를 바랍니다.

IT 설계자

I want you to act as an IT Architect. I will provide some

details about the functionality of an application or other digital product, and it will be your job to come up with ways to integrate it into the IT landscape. This could involve analyzing business requirements, performing a gap analysis and mapping the functionality of the new system to the existing IT landscape. Next steps are to create a solution design, a physical network blueprint, definition of interfaces for system integration and a blueprint for the deployment environment. My first request is "I need help to integrate a CMS system."

IT 아키텍트 역할을 해주셨으면 합니다. 애플리케이션이나 기타 디지털 제품의 기능에 대한 세부 정보를 제공하고, 이를 IT 환경에 통합하는 방법을 찾는 것이 여러분의 임무입니다. 여기에는 비즈니스 요구 사항을 분석하고, 격차 분석을 수행하며, 새 시스템의 기능을 기존 IT 환경에 매핑하는 작업이 포함될 수 있습니다. 다음 단계는 솔루션 설계, 물리적 네트워크 청사진, 시스템 통합을 위한 인터페이스 정의 및 배포 환경에 대한 청사진을 만드는 것입니다. 첫 번째 요청은 "CMS 시스템을 통합하는 데 도움이 필요합니다."입니다.

IT 전문가

I want you to act as an IT Expert. I will provide you with all the information needed about my technical problems, and your role is to solve my problem. You should use your computer science, network infrastructure, and IT security knowledge to solve my problem. Using intelligent, simple, and understandable language for people of all levels in your answers will be helpful. It is helpful to explain your solutions step by step and with bullet points. Try to avoid too many technical details, but use them when necessary. I want you to reply with the solution, not write any explanations. My first problem is "my laptop gets an error with a blue screen."

IT 전문가로 활동해 주셨으면 합니다. 저는 제 기술적 문제에 대해 필요한 모든 정보를 제공할 것이며, 여러분의 역할은 제 문제를 해결하는 것입니다. 귀하는 컴퓨터 과학, 네트워크 인프라 및 IT 보안 지식을 사용하여 내 문제를 해결해야 합니다. 모든 수준의 사람들이 이해할 수 있는 지능적이고 간단하며 이해하기 쉬운 언어를 사용하여 답변하면 도움이 됩니다. 해결책을 단계별로 글머리 기호로 설명하는 것이 도움이 됩니다. 너무 많은 기술적 세부 사항을 피하되 필요한 경우 기술적인 내용을 사용하세요. 설명을 쓰지 말고 해결 방법만 답장해 주세요. 첫 번째 문제는 "노트북에서 블루 스크린과 함께 오류가 발생합니다."입니다.

언론인

I want you to act as a journalist. You will report on breaking news, write feature stories and opinion pieces, develop research techniques for verifying information and uncovering sources, adhere to journalistic ethics, and deliver accurate reporting using your own distinct style. My first suggestion request is "I need help writing an article about air pollution in major cities around the world."

여러분은 저널리스트로서 활동하게 됩니다. 여러분은 속보를 보도하고, 특집 기사와 오피니언 기사를 작성하며, 정보를 검증하고 취재원을 찾기 위한 조사 기법을 개발하고, 언론 윤리를 준수하고, 자신만의 독특한 스타일로 정확한 보도를 전달해야 합니다. 첫 번째 세안 요청은 "선 세계 주요 도시의 대기 오염에 관한 기사를 작성하는 데 도움이 필요합니다."였습니다.

법률 자문가

I want you to act as my legal advisor. I will describe a legal situation and you will provide advice on how to handle it. You should only reply with your advice, and nothing else. Do not write explanations. My first request is "I am involved in a car accident and I am not sure what to do."

제 법률 고문으로 활동해 주셨으면 합니다. 제가 법적 상황을 설명하면 귀하는 이를 처리하는 방법에 대한 조언을 제공하세요. 귀하는 조언만 회신하고 다른 내용은 회신하지 않아야 합니다. 설명을 작성하지 마세요. 첫 번째 요청은 "교통사고를 당했는데 어떻게 해야 할지 모르겠습니다."입니다.

라이프코치

1) I want you to act as a Life Coach. Please summarize this non-fiction book, [title] by [author]. Simplify the core principals in a way a child would be able to understand. Also, can you give me a list of actionable steps on how I can implement those principles into my daily routine?

인생 코치 역할을 해 주셨으면 합니다. [저자]의 논픽션 책 [제목]을 요약해 주세요. 어린이가 이해할 수 있는 방식으로 핵심 원칙을 단순화하세요. 또한 이러한 원칙을 일상생활에 어떻게 적용할 수 있는지 실행할 수 있는 단계 목록을 알려주세요.

2) I want you to act as a life coach. I will provide some details about my current situation and goals, and it will be your job to come up with strategies that can help me make better decisions and reach those objectives. This could involve offering advice on various topics, such as creating plans for achieving success or dealing with difficult emotions. My first request is "I need help developing healthier habits for managing stress."

저는 여러분이 인생 코치 역할을 해주셨으면 합니다. 제가 현재 상황과 목표에 대해 자세히 말씀드리면, 제가 더 나은 결정을 내리고 목표를 달성하는 데 도움이 될 수 있는 전략을 제시하는 것이 여러분의 역할입니다. 여기에는 성공을 위한 계획을 세우거나 어려운 감정을 다루는 등 다양한 주제에 대한 조언을 제공하는 것이 포함될 수 있습니다. 저의 첫 번째 요청은 "스트레스 관리를 위한 건강한 습관을 개발하는 데 도움이 필요합니다."입니다.

마케팅

1) Can you provide me with some ideas for blog posts about unsubscribing from emails?
이메일 수신 거부와 관련된 블로그 게시물에 대한 아이디어를 제공해 주실 수 있나요?

2) What was the name of the film in which Alec Baldwin waved brass balls and said, "Always be Closing?"알렉 볼드윈이 놋쇠 공을 흔들며 "항상 클로징하세요."라고 말한 영화의 제목은 무엇이었나요?

3) You are SEO specialist. Create 5 articles to cover keyword "Chat Bot"
귀하는 SEO 전문가 입이다. "채팅 봇" 키워드를 다루는 문서 5개를 작성하세요.

4) Make 5 distinct CTA messages and buttons for the bike shop.
자전거 가게를 위한 5개의 고유한 CTA 메시지와 버튼을 만드세요.

5) How can you promote your blog for free? Write five ideas.
블로그를 무료로 홍보하려면 어떻게 해야 하나요? 5가지 아이디어를 작성하세요.

6) How can I obtain high-quality backlinks to raise the SEO of my website?
웹사이트의 SEO를 높이기 위해 고품질 백링크를 얻으려면 어떻게 해야 하나요?

7) Calcium hypoclorite market research in Saudi Arabia
사우디아라비아의 차아염소산칼슘 시장 조사해주세요.

8) What's the best marketing channel?
가장 좋은 마케팅 채널은 무엇인가요?

9) Please provide me with a list of the top SEO blog titles for a website selling dog accessories.
반려견 액세서리를 판매하는 웹사이트의 상위 SEO 블로그 제목 목록을 알려주세요.

10) Write a personalized blog post promoting my latest WordPress theme bundle.
최신 워드프레스 테마 번들을 홍보하는 맞춤 블로그 글을 작성합니다.

11) Write a minute-long script for an advertisement about new sneakers.

새 운동화에 대한 1분 분량의 광고 대본을 작성하세요.

12) Generate content ideas for my SaaS company.

SaaS 회사를 위한 콘텐츠 아이디어를 생성하세요.

13) Produce 50 hashtags

해시태그 50개 생성하세요.

14) How can I grow our brand's TikTok audience?

우리 브랜드의 TikTok 시청자 수를 늘리려면 어떻게 해야 하나요?

15) How can I use YouTube to increase brand awareness?

YouTube를 사용하여 브랜드 인지도를 높이려면 어떻게 해야 하나요?

16) Suggest inexpensive ways I can promote my plumping business without using social media.

소셜 미디어를 사용하지 않고도 저렴하게 플럼핑 비즈니스를 홍보할 방법을 제안해 주세요.

17) Write a product description for my latest set of landscape oil paintings of the Scottish Highlands.

제가 최근에 그린 스코틀랜드 고원의 풍경 유화 세트에 대한 제품 설명을 작성하세요.

18) Create a TikTok campaign plan for launching an exciting new low carb mac and cheese, aimed at Gen Z and millennial consumers.

Z세대와 밀레니얼 세대를 겨냥한 흥미로운 저탄수화물 맥앤드치즈 신제품을 출시하기 위한 틱톡 캠페인 계획을 세웁니다.

19) How can I use TikTok to increase sales conversions?
판매 전환을 늘리기 위해 TikTok을 사용하려면 어떻게 해야 하나요?

20) Write a landing page content for your product
제품에 대한 랜딩 페이지 콘텐츠 작성하세요.

21) Write a compelling product description
설득력 있는 제품 설명 작성하세요.

22) Write the perfect tagline for your product
제품에 어울리는 완벽한 태그 라인을 작성하세요.

23) Generate idea for your next mailing campaign
다음 메일 캠페인에 대한 아이디어 생성하세요.

24) Ask for viral social media post ideas

바이럴 소셜 미디어 게시물 아이디어를 요청하세요.

마케팅 블로그

1) Create persuasive sales copy using the AIDA model

AIDA 모델을 사용하여 설득력 있는 판매 카피 만드세요.

2) Provide ideas for SEO-optimized blog posts for a specific niche

특정 틈새시장을 위한 SEO 최적화 블로그 게시물에 대한 아이디어 제공하세요.

3) Generate blog post content

블로그 포스트 콘텐츠 생성하세요.

마케팅, 판매

1) Find scientific papers to back your product.

제품을 뒷받침하는 과학 논문 찾으세요.

2) Generate subject line with high open rate

오픈율이 높은 제목 생성하세요.

3) Find events in your niche
틈새시장에서 이벤트 찾으세요.

정신 건강상담사

I want you to act as a mental health adviser. I will provide you with an individual looking for guidance and advice on managing their emotions, stress, anxiety and other mental health issues. You should use your knowledge of cognitive behavioral therapy, meditation techniques, mindfulness practices, and other therapeutic methods in order to create strategies that the individual can implement in order to improve their overall wellbeing. My first request is "I need someone who can help me manage my depression symptoms."

정신 건강 상담사로 활동해 주세요. 감정, 스트레스, 불안 및 기타 정신 건강 문제를 관리하기 위한 지침과 조언을 원하는 개인에게 도움을 제공할 것입니다. 인지 행동 치료, 명상 기법, 마음챙김 연습 및 기타 치료 방법에 대한 지식을 활용하여 개인이 전반적인 웰빙을 개선하기 위해 실행할 수 있는 전략을 만들어야 합니다. 첫 번째 요청은 "우울증 증상을 관리할 수 있도록 도와줄 사람이 필요합니다."입니다.

미드저니 프롬프터

I want you to act as a prompt generator for Midjourney's artificial intelligence program. Your job is to provide detailed and creative descriptions that will inspire unique and interesting images from the AI. Keep in mind that the AI is capable of understanding a wide range of language and can interpret abstract concepts, so feel free to be as imaginative and descriptive as possible. For example, you could describe a scene from a futuristic city, or a surreal landscape filled with strange creatures. The more detailed and imaginative your description, the more interesting the resulting image will be. Here is your first prompt: "A field of wildflowers stretches out as far as the eye can see, each one a different color and shape. In the distance, a massive tree towers over the landscape, its branches reaching up to the sky like tentacles."

미드저니의 인공지능 프로그램을 위한 프롬프트 생성자 역할을 맡아주세요. 여러분의 임무는 AI가 독특하고 흥미로운 이미지를 떠올릴 수 있도록 상세하고 창의적인 설명을 제공하는 것입니다. AI는 다양한 언어를 이해할 수 있고 추상적인 개념을 해석할 수 있으므로 최대한 상상력을 발휘하여 자유롭게 설명할 수 있다는 점을 명심하세요. 예를 들어 미래 도시의 한 장면이나 이상한 생물로 가득한 초현실적인 풍경을 묘사할 수 있습니다. 더 자세하고 상상력이 풍부할수록 결과 이미지가 더 흥미로워집니다. 다음은 첫 번째 프롬프트입니다: "야생화밭이 눈에 보이는 한도 끝도 없이 펼쳐져 있으며, 각기 다른 색깔과 모양을 하고 있습니다. 저 멀리 거대한 나무가 풍경 위에 우뚝 솟아 있고, 가지가 촉수처럼 하늘로 뻗어 있습니다."

동기 부여 코치

I want you to act as a motivational coach. I will provide you with some information about someone's goals and challenges, and it will be your job to come up with strategies that can help this person achieve their goals. This could involve providing positive affirmations, giving helpful advice or suggesting activities they can do to reach their end goal. My first request is "I need help motivating myself to stay disciplined while studying for an upcoming exam."

저는 여러분이 동기 부여 코치 역할을 해주기를 바랍니다. 제가 누군가의 목표와 도전 과제에 대한 정보를 제공하면, 그 사람이 목표를 달성하는 데 도움이 될 수 있는 전략을 제시하는 것이 여러분의 역할입니다. 여기에는 긍정적인 긍정을 제공하거나, 유용한 조언을 제공하거나, 최종 목표를 달성하기 위해 할 수 있는 활동을 제안하는 것이 포함될 수 있습니다. 첫 번째 요청은 "다가오는 시험을 공부하는 동안 절제력을 유지할 수 있도록 동기를 부여하는 데 도움이 필요합니다"였습니다.

뉴스레터

1) Come up with 5 short email subject lines for our brand's new launch of a lavender soap line, include an emoji at the beginning.

라벤더 비누 라인을 새로 출시하는 브랜드에 대한 5개의 짧은 이메일 제목을 작성하고 첫머리에 이모티콘을 포함하세요.

2) Create 5 ideas for an email campaign promoting eco-friendly products. 친환경 제품을 홍보하는 이메일 캠페인에 대한 5가지 아이디어를 만들어 보세요.

3) Analyze these below metrics to improve email open rates for a fashion brand ⟨paste metrics⟩.
아래 메트릭을 분석하여 패션 브랜드의 이메일 열람률을 개선하세요⟨메트릭 붙여넣기⟩.

4) Create a personalized email greeting for a VIP customer.
VIP 고객을 위한 맞춤형 이메일 인사말을 작성하세요.

5) Help me boost open rates with a compelling email subject line for a book club. 북클럽을 위한 매력적인 이메일 제목으로 열람률을 높일 수 있도록 도와주세요.

6) Write body copy for my vegan restaurant's new menu launch.
비건 레스토랑의 신메뉴 출시를 위한 본문 카피를 작성하세요.

7) Write follow-up email for people who attended my precious metals webinar.
귀금속 웨비나에 참석한 사람들을 위한 후속 이메일을 작성합니다.

8) Generate subject line for a Black Friday sale email.블랙 프라이데이 세일 이메일의 제목을 생성하세요.

9) Structure a weekly fitness newsletter.
주간 피트니스 뉴스레터를 작성하세요.

10) Create 5 compelling CTAs to prompt donations for a charity fundraising marathon.
자선기금 모금 마라톤을 위한 기부를 유도하는 5가지 매력적인 CTA를 만드세요.

소설가

I want you to act as a novelist. You will come up with creative and captivating stories that can engage readers for long periods of time. You may choose any genre such as fantasy, romance, historical fiction and so on - but the aim is to write something that has an outstanding plotline, engaging characters and unexpected climaxes. My first request is "I need to write a science-fiction novel set in the future."

소설가로 활동했으면 좋겠어요. 독자들을 오랫동안 사로잡을 수 있는 창의적이고 매혹적인 이야기를 만들어야 합니다. 판타지, 로맨스, 역사소설 등 어떤 장르를 선택하든 상관없지만, 줄거리가 뛰어나고 매력적인 캐릭터와 예상치 못한 클라이맥스가 있는 글을 쓰는 것이 목표입니다. 제 첫 번째 요청은 "미래를 배경으로 한 공상과학 소설을 써주세요"였습니다.

퍼스널 트레이너

I want you to act as a personal trainer. I will provide you with all the information needed about an individual looking to become fitter, stronger and healthier through physical training, and your role is to devise the best plan for that person depending on their current fitness level, goals and lifestyle habits. You should use your knowledge of exercise science, nutrition advice, and other relevant factors in order to create a plan suitable for them. My first request is "I need help designing an exercise program for someone who wants to lose weight."

저는 여러분이 개인 트레이너로 활동하기를 바랍니다. 저는 운동을 통해 더 건강하고 강해지려는 개인에게 필요한 모든 정보를 제공할 것이며, 여러분의 역할은 현재 체력 수준, 목표 및 생활 습관에 따라 그 사람에게 가장 적합한 계획을 수립하는 것입니다. 운동 과학, 영양 조언 및 기타 관련 요소에 대한 지식을 활용하여 고객에게 적합한 계획을 수립해야 합니다. 첫 번째 요청은 "체중 감량을 원하는 사람을 위한 운동 프로그램을 설계하는 데 도움이 필요합니다."입니다.

표절 검사기

I want you to act as a plagiarism checker. I will write you sentences and you will only reply undetected in plagiarism checks in the language of the given sentence, and nothing else. Do not write explanations on replies. My first sentence is "For computers to behave like humans, speech recognition systems must be able to process nonverbal information, such as the emotional state of the speaker."

표절 검사자 역할을 해주세요. 제가 문장을 작성해 드리고, 주어진 문장의 언어로 표절 검사에서 발견되지 않은 답장만 작성해 주세요. 댓글에 설명을 작성하지 마세요. 제 첫 번째 문장은 "컴퓨터가 인간처럼 행동하려면 음성 인식 시스템이 화자의 감정 상태와 같은 비언어적 정보를 처리할 수 있어야 합니다."입니다.

부동산 중개인

I want you to act as a real estate agent. I will provide you with details on an individual looking for their dream home, and your role is to help them find the perfect property based on their budget, lifestyle preferences, location requirements etc. You should use your knowledge of the local housing market in order to suggest properties that fit all the criteria provided by the client. My first request is "I need help finding a single story family house near downtown Seoul."

부동산 중개인이 되어주세요. 제가 꿈의 집을 찾는 개인에 대한 세부 정보를 제공하고, 여러분의 역할은 예산, 라이프스타일 선호도, 위치 요건 등에 따라 완벽한 부동산을 찾을 수 있도록 도와주는 것입니다. 고객이 제공한 모든 기준에 맞는 부동산을 추천하기 위해서는 현지 주택 시장에 대한 지식을 활용해야 합니다. 첫 번째 요청은 "서울 시내 근처에 있는 단층 가족 주택을 찾는 데 도움이 필요합니다."였습니다.

채용 담당자

I want you to act as a recruiter. I will provide some information about job openings, and it will be your job to come up with strategies for sourcing qualified applicants. This could include reaching out to potential candidates through social media, networking events or even attending career fairs in order to find the best people for each role. My first request is "I need help improve my CV."

여러분이 채용 담당자로 활동해 주세요. 저는 채용에 관한 정보를 제공할 테니 자격을 갖춘 지원자를 확보하기 위한 전략을 수립하는 것은 여러분의 몫입니다. 여기에는 소셜 미디어, 네트워킹 이벤트 또는 채용 박람회에 참석하여 각 역할에 가장 적합한 인재를 찾기 위해 잠재적 후보자에게 연락하는 것도 포함될 수 있습니다. 첫 번째 요청은 "이력서를 개선하는 데 도움이 필요합니다."입니다.

3. AI 활용 스토리텔링

AI가 처리할 수 있는 스토리텔링 요소의 차이점과 이러한 요소를 비디오 콘텐츠에 활용하기 위한 효과적인 전략을 개발하는 방법에 대해 알아볼 것입니다.

스토리텔링의 요소

1) 스토리텔링 및 비디오 콘텐츠

스토리텔링은 단어, 이미지 및 기타 형태의 미디어를 통해 이야기를 전달하거나 메시지를 전달하는 관행입니다. 비디오 콘텐츠에서 스토리텔링은 비주얼과 오디오의 조합을 통해 메시지를 전달하여 시청자에게 매력적인 경험을 선사합니다. 스토리텔링을 통해 시청자와 강력한 정서적 유대감을 형성할 수 있으며, 다양한 비디오 형식에 사용할 수 있습니다.

전통적인 스토리텔링은 애니메이션, 기능 및 특수 효과와 같은 현대적인 방법을 통합하도록 발전해 왔습니다. AI 기술이 발전함에 따라 동영상 콘텐츠에서 스토리를 만드는 데도 활용되고 있습니다. 자연어 처리, 자동화된 스크립트 작성, 대화형 내러티브 제작 등을 통해 이러한 작업을 수행할 수 있습니다.

동영상에 스토리텔링을 사용하면 콘텐츠의 몰입도와 기억력을 높일 수 있다는 점에서 유용합니다. 스토리텔링은 시청자를 내러티브 속으로 끌어들이고 시청자와 더 깊은 감정적 유대감을 형성하는 데 사용할 수 있습니다. 또한 시청자가 스토리를 따라가며 의도한 메시지를 더 잘 이해할 수 있게 해줍니다.

비디오 콘텐츠에서 스토리를 전달하는 몇 가지 예로는 다큐멘터리, 장편 영화, 비디오 블로그 게시물, 애니메이션 등이 있습니다. 픽사나 디즈니와 같은 회사는 영화에 스토리텔링을 사용하여 기억에 남는 캐릭터와 매력적인 스토리라인을 만들었습니다. 비디오 블로거들도 스토리텔링을 사용하여 개인적인 이야기를 공유하고 시청자에게 영감을 불어넣었습니다.

전반적으로 스토리텔링은 동영상 콘텐츠에서 시청자의 참여를 유도하고 메시지를 전달하는 효과적인 방법입니다. 스토리텔링은 기억에 남는 캐릭터를 만들고, 설정을 정의하고, 플롯을 구성하는 데 사용할 수 있습니다.

AI 기술이 발전함에 따라 더욱 정교한 스토리와 경험을 만드는 데에도 사용할 수 있습니다. 동영상 콘텐츠에서 스토리텔링을 시작하려면 스토리의 윤곽을 잡고, 스토리에 생동감을 불어넣는 데 도움이 되는 시각적 요소를 만드는 것이 좋습니다.

2) AI가 처리할 수 있는 스토리텔링 요소 구분하기

스토리텔링은 동영상 콘텐츠 제작에서 매우 중요한 부분이며, 인공지능(AI)은 이를 위한 강력하고 효율적인 도구를 제공합니다. AI는 캐릭터와 설정부터 줄거리와 대화에 이르기까지 스토리텔링의 여러 요소를 처리할 수 있습니다. AI를 사용하여 매력적인 내러티브를 제작하는 방법을 이해하려면 스토리텔링의 다양한 요소를 구분하는 방법을 아는 것이 중요합니다.

스토리텔링의 가장 기본적인 구성 요소는 캐릭터, 설정, 플롯, 대화입니다. 캐릭터는 스토리에서 내러티브와 가장 밀접하게 연관되어 있으며 일반적으로 액션의 중심이 되는 인물입니다. 설정은 스토리가 진행되는 물리적, 정신적 환경입니다. 줄거리는 스토리를 구성하는 일련의 사건이며, 대화는 등장인물들이 서로에게 하는 말입니다.

AI는 이러한 스토리텔링의 각 요소를 처리할 수 있습니다. 예를 들어, AI는 뚜렷한 개성과 배경 스토리를 가진 실제와 같은 캐릭터를 개발하는 데 사용될 수 있습니다. 또한 AI는 스토리의 설정을 처리하여 실제 장소만큼이나 디테일한 가상 환경을 제작할 수 있습니다. AI는 플롯을 만들고 캐릭터 간의 사실적인 대화를 생성하는 데에도 사용할 수 있습니다.

스토리텔링에서 AI가 가장 흥미롭게 활용되고 있는 분야 중 하나는 인터랙티브 스토리입니다. 이러한 스토리에서는 AI 에이전트가 독특하고 매력적인 방식으로 사용자 입력에 응답하도록 코딩되어 있습니다. 이를 통해 AI 에이전트가 사용자의 반응에 맞춘 시나리오와 스토리를 생성하기 때문에 청중에게 더욱 매력적인 경험을 제공할 수 있습니다.

AI는 시각적 내러티브를 생성하는 데 사용될 수 있습니다. 비주얼 내러티브는 이미지나 동영상과 같은 시각 자료를 통해 전달되는 스토리입니다. AI는 이러한 비주얼을 생성하고 청중에게 응집력 있고 몰입감 있는 경험을 제공하는 데 사용될 수 있습니다.

스토리텔링에 AI가 활용되는 이러한 모든 방식은 매력적인 스토리를 만드는 데 AI가 제공하는 엄청난 잠재력을 보여줍니다. AI를 적절히 활용하고 통합하면 매력적인 스토리를 제작하는 데 있어 무한한 가능성을 열어줄 수 있습니다. 스토리텔링의 다양한 요소를 이해하면 AI를 사용하여 애니메이션, 몰입형 경험 등을 제작하는 방법을 탐색할 수 있습니다.

크리에이티브 잠재력 발휘하기

1) AI를 활용한 창의성 이해하기

크리에이티브 인공지능이라고도 하는 AI 기반 창의성은 인공지능을 사용하여 콘텐츠를 제작하는 것을 말합니다. 콘텐츠 크리에이터는 인공지능을 활용하여 매력적인 비주얼, 스토리, 동영상을 더 빠르고 정확하게 제작할 수 있습니다. 인공지능을 활용한 창의성은 비용 효과, 효율성, 정확성 등 다양한 이점을 제공합니다.

AI 기반 크리에이티브의 정의 ; AI를 사용하여 콘텐츠를 생성하거나 공동 제작하는 것을 말합니다. AI는 데이터 수집부터 최종 결과물 제작에 이르기까지 크리에이티브 프로세스를 보강하고 가속하는 데 사용됩니다. AI 기반 크리에이티브는 웹사이트, 애니메이션, 동영상 등 다양한 유형의 콘텐츠 제작에 사용됩니다.

2) AI 기반 크리에이티브의 이점

콘텐츠 제작에 AI 기반 크리에이티브를 사용하면 많은 이점이 있습니다. AI를 사용하여 일상적인 작업을 자동화할 수 있으므로 시간과 비용을 절약할 수 있습니다. 또한 AI 기반 프로세스는 기존 프로세스보다 더 빠르고 저렴한 비용으로 완료할 수 있으므로 AI 기반 크리에이티비티를 사용하여 비용을 절감할 수 있습니다. 또한 AI는 수동 프로세스보다 정확도가 높아서 사용자가 어떤 콘텐츠에 반응이 좋은지에 대한 인사이트를 제공할 수 있습니다.

3) AI가 콘텐츠 제작에 가져올 수 있는 잠재력 이해하기

AI를 활용한 창의성은 콘텐츠 제작에 혁신을 가져올 수 있는 잠재력을 가지고 있습니다. AI를 사용하여 사용자가 찾고 있는 것에 맞춘 콘텐츠를 제작할 수 있습니다. 또한 AI를 사용하여 사용자 트렌드와 선호도를 파악할 수 있으므로 콘텐츠 제작자는 더욱 효과적인 콘텐츠를 제작할 수 있습니다.

또한 AI는 더 매력적이고 감정적으로 강력한 비주얼과 스토리를 생성하는 데 사용될 수 있습니다. 마지막으로, AI를 활용한 창의성은 콘텐츠 제작에 드는 시간을 줄여 콘텐츠 제작자가 더 빠르고 효율적으로 작업할 수 있도록 도와줍니다.

4) 콘텐츠 제작에서 AI의 다양한 역할

AI는 콘텐츠 제작의 다양한 작업에 사용될 수 있습니다. AI는 데이터 수집 및 분석에 사용되어 콘텐츠 제작자가 사용자 트렌드와 선호도를 이해하는 데 도움을 줍니다. AI는 비디오 마케팅 및 애니메이션과 같은 비주

얼과 스토리를 만드는 데에도 사용할 수 있습니다. AI는 자동화된 비디오 편집과 보이스오버 및 음악 제작에도 사용될 수 있습니다. AI는 그래픽과 텍스트와 같은 매력적인 비주얼을 제작하는 데에도 사용되어 콘텐츠를 더욱 매력적으로 만드는 데 도움이 될 수 있습니다.

요약하자면, AI 기반 크리에이티브란 AI를 사용하여 콘텐츠를 생성하거나 공동 제작하는 것을 말합니다. AI 기반 크리에이티브는 비용 효과, 효율성, 정확성 등 다양한 이점을 제공합니다. AI는 데이터 수집 및 분석, 스토리텔링, 시각적 내러티브, 자동화된 비디오 편집 등 콘텐츠 제작의 다양한 작업에 사용될 수 있습니다. 독특하고 매력적인 콘텐츠를 제작하려는 콘텐츠 크리에이터는 AI를 활용한 창의성과 콘텐츠 제작의 잠재력을 이해하는 것이 필수적입니다.

5) 창의성, AI 및 비디오 콘텐츠

비디오 콘텐츠 제작에는 매력적인 스토리와 비주얼을 만드는 데 사용되는 다양한 유형의 크리에이티브가 있습니다. 효과적인 AI 기반 비디오를 제작하려면 비디오 콘텐츠에 사용되는 창의성의 유형을 이해하는 것이 필수적입니다.

스토리텔링은 모든 비디오 프로젝트에서 중요한 역할을 하므로 기본 사항을 이해하는 것이 중요합니다. 훌륭한 스토리에는 생생한 배경, 역동적인 캐릭터, 설득력 있는 플롯이 있습니다. 캐릭터가 잘 발달하여 있어야 하며, 캐릭터가 감정적인 영향과 긴장감을 주어 시청자의 몰입을 유지해야 합니다.

동영상 콘텐츠에는 광고, 영화, 동영상 마케팅 등 다양한 유형이 있습니다. 각 유형의 콘텐츠는 효과적인 결과를 얻기 위해 각기 다른 기술과 기법이 필요합니다. 광고는 빠른 비주얼과 직접적인 메시지 전달이 필요하고, 영화는 긴 스토리를 제공할 수 있지만, 비디오 마케팅에서는 시청자 참여에 초점을 맞춰야 합니다.

또한 그래픽, 텍스트, 보이스오버, 음악 등 동영상 콘텐츠에 사용할 수 있는 요소는 다양합니다. 그래픽은 매력적인 시각적 요소를 만드는 데 사용할 수 있으며, 텍스트와 보이스오버는 스토리의 요점을 강조하는 데 도움이 될 수 있습니다. 음악은 시청자와 정서적 유대감을 형성하고 동영상의 분위기를 조성하는 데 도움이 될 수 있습니다.

창의적인 접근 방식을 활용하여 시청자의 참여를 유도하고 동영상을 돋보이게 만들 수 있습니다. 유머, 놀라움, 충격, 감정은 모두 시청자를 사로잡는 데 사용할 수 있는 도구입니다. 이러한 기법을 스토리 및 비주얼과 함께 활용하면 효과적인 비디오 프로젝트를 만드는 데 도움이 될 수 있습니다. 동영상 콘텐츠에 AI를 활용한 창의성을 활용하면 강력한 비주얼과 내러티브 기법을 만들 수 있습니다.

AI 콘텐츠 제작 시 내러티브 역량의 중요성

내러티브 역량이란 실제 혹은 허구적인 사건을 설명하고 기술(writing)하는 행위에 내재하여 있는 이야기적인 성격을 잘 풀어내는 역량입니다. 시간과 공간에서 발생하는 인과관계로 엮어진 실제 혹은 허구적 사건들의 연결을 구성하는 능력을 의미합니다. 문학이나 연극, 영화와 같은 예술 텍스트에서는 이야기를 조직하고 전개하기 위해 동원되는 다양한 전략, 관습, 코드, 형식 등을 포괄하는 개념으로 쓰입니다.

내러티브는 고객이나 관객들에게 펼쳐지는 내용에 대한 합리적인 설명을 제공하고 이를 기초로 어떤 사건이 벌어질 것인가를 예측하게 해줍니다. 그럼으로써 어떤 사건이나 감정의 발생이 어떻게 가능하게 되었는지에 대한 전개 과정을 보여주는 것입니다. 인간의 내러티브 역량은 생성형 인공지능과 만나 더 확장될 것으로 예상됩니다.

AI 기술은 끊임없이 진화하고 있지만, 그 강점과 한계를 인식하는 것이 중요합니다. 또한 콘텐츠 제작에서 AI의 다양한 역할을 이해하고 AI가 가져올 수 있는 창의적인 잠재력을 탐구하는 것이 필수적입니다. 비디오 콘텐츠에 사용되는 창의성의 유형을 이해하고 AI를 활용한 창의성의 강점과 한계를 이해함으로써 효과적인 비디오 콘텐츠 프로젝트를 만들기 위해 AI의 힘을 활용할 수 있습니다.

AI 기반 크리에이티브의 강점과 한계에 대한 이해 얻기

AI의 도움으로 비디오 콘텐츠를 제작할 때는 이 기술의 강점과 한계를 모두 이해하는 것이 중요합니다. AI를 활용한 크리에이티브는 동영상 콘텐츠 제작 프로세스를 간소화하고 단순화하는 데 큰 도움이 될 수 있습니다. 비용 효율적인 솔루션, 더 빠른 프로세스, 더 높은 정확도를 제공할 수 있습니다.

동시에 AI 기술에는 몇 가지 중요한 한계도 있습니다. 매력적인 콘텐츠를 제작하는 데 필요한 감성 지능과 창의력이 부족할 수 있습니다. 또한 AI로 작업할 때는 개인정보 보호 및 저작권 문제와 같은 윤리적 영향도 고려해야 합니다.

동영상 콘텐츠 제작에 AI를 사용할 때 피해야 할 일반적인 실수

AI를 활용한 창의력으로 동영상 콘텐츠를 제작할 때 사람들이 저지르는 흔한 실수 중 하나는 고품질 동영상을 성공적으로 제작하는 데 필요한 노력과 기술을 과소평가하는 것입니다. 많은 사람이 몇 가지 AI 도구를 연결하고 버튼만 누르면 몇 분 안에 멋진 동영상을 만들 수 있다고 생각하는 경향이 있습니다. 하지만 이러한 도구가 강력한 것은 사실이지만 마법은 아닙니다. 다른 유형의 창작 활동과 마찬가지로 양질의 동영상 콘텐츠를 제작하려면 시간과 노력이 필요합니다.

AI는 이러한 요소를 생성하는 데 도움을 줄 수 있지만, 모든 요소가 일관성 있고 의미 있는 방식으로 조화를 이루도록 하는 것은 제작자의 몫입니다. 또한 사람들은 AI 기반 동영상 제작과 관련된 윤리적 고려 사항을 이해하는 것의 중요성을 과소평가할 수 있습니다. 시청자가 소비하는 동영상 콘텐츠를 제작하는 데 AI 도구가 점점 더 많이 사용되고 있으며, AI 사용으로 인해 잠재적인 윤리적 문제가 발생할 수 있는 시기와 방법을 인식하는 것이 중요합니다.

시청자에게 미칠 수 있는 잠재적 영향에 대해 생각하고 위험을 최소화하려는 조처를 하면 동영상 콘텐츠 제작에 AI를 책임감 있게 사용하는 데 도움이 될 수 있습니다. 사람들은 AI를 활용한 동영상 제작이 시청자에게 진정한 감동을 주고 감성을 자극할 수 있는 잠재력을 인식하지 못할 수 있습니다. AI는 시각적 및 오디오 요소를 생성하는 데 능숙하지만, 이러한 요소를 사용하여 시청자와 감정적인 관계를 형성하는 방법을 인식하는 것은 제작자의 몫입니다.

크리에이터는 시청자를 내러티브 속으로 끌어들이는 데 사용할 수 있는 기술을 이해함으로써 AI의 힘을 활용하여 영향력 있고 감동적인 동영상 콘텐츠를 제작할 수 있습니다.

AI 활용하여 아이디어를 현실로 만들기

1) 컴퓨터 알고리즘의 기본 이해

알고리즘은 모든 머신러닝 및 AI 기반 비디오 콘텐츠 제작의 핵심 요소입니다. 알고리즘은 문제를 해결하거나 다른 결과를 제공하는 자동화된 프로세스를 만드는 데 사용되는 일련의 지침입니다. 알고리즘은 얼굴 인식, 객체 인식, 자연어 처리와 같은 애플리케이션과 서비스를 구동하는 데 사용됩니다. 또한 데이터의 패턴을 인식하고 학습한 데이터를 기반으로 예측하도록 기계를 훈련하는 데에도 사용됩니다.

알고리즘은 데이터 분석과 이해를 돕기 때문에 AI 기반 비디오 콘텐츠를 제작할 때 중요합니다. 알고리즘을 사용하면 데이터 내의 패턴, 추세, 상관관계를 파악할 수 있습니다. 이를 통해 현재 제작 중인 콘텐츠와 유사한 기존 동영상 콘텐츠를 식별하여 개발 프로세스에 활용할 수 있습니다. 또한 알고리즘을 사용하여 비디오 편집, 캡션 생성, 3D 비주얼 제작과 같은 작업을 위한 자동화된 프로세스를 만들 수 있습니다.

AI 기반 동영상 콘텐츠를 제작할 때는 알고리즘의 장단점을 파악하는 것이 중요합니다. 알고리즘은 빠르고 효율적이며 수동 프로세스보다 더 나은 정확도를 제공할 수 있습니다. 반면에 알고리즘은 설계에 따라 제한될 수 있으며 복잡성이나 예상치 못한 시나리오를 처리하지 못할 수도 있습니다.

따라서 어떤 프로젝트에서든 알고리즘을 사용할 때 발생할 수 있는 잠재적 위험을 신중하게 고려하는 것이 중요합니다. 결론적으로 알고리즘은 AI 기반 비디오 콘텐츠 제작에 있어 중요한 부분이며, 효과적이고 매력적인 콘텐츠를 제작하기 위해서는 알고리즘의 사용법을 이해하는 것이 필수적입니다.

알고리즘은 데이터 분석 및 이해에 도움이 될 수 있으며, 동영상 편집과 같은 작업을 위한 자동화된 프로세스를 만드는 데 사용할 수 있습니다. 알고리즘을 사용할 때는 장단점을 인식하고 관련된 잠재적 위험을 신중하게 고려하는 것이 중요합니다.

2) 사실적이고 창의적인 비디오 콘텐츠 제작

AI를 사용하여 비디오 콘텐츠를 제작하는 것은 기업과 콘텐츠 제작자 모두에게 매우 유용한 도구가 되었습니다. 전례 없는 수준의 커스터마이징으로 복잡한 프로젝트를 빠르게 제작할 수 있습니다.

AI 기반 비디오 콘텐츠를 사용하는 방법과 사실적이고 매력적인 콘텐츠를 제작하는 기술을 살펴봅니다.
사실적이고 창의적인 비디오 콘텐츠를 제작할 때 사용하는 소프트웨어는 사용된 기술만큼이나 중요합니다.

스토리텔링은 AI 기반 비디오 콘텐츠를 제작할 때 필수적인 기술입니다. 광고, 다큐멘터리 또는 다른 유형의 비디오를 제작할 때 내러티브는 목적이 있고 매력적이어야 합니다. 흥미롭고 믿을 수 있는 스토리를 만들려면 일관된 줄거리와 의미 있는 대화를 개발하는 것이 중요합니다. 또한 동영상은 시각적으로 매력적이어야 하며 시청자의 주의를 끌 수 있는 좋은 사운드트랙이 있어야 합니다.

AI 기반 비디오 콘텐츠를 제작할 때 중요한 측면 중 하나는 비주얼과 텍스트를 결합하는 것입니다. 시각적 효과도 훌륭하지만, 내러티브 레이어를 추가하면 전달하려는 메시지나 스토리를 더욱 효과적으로 전달할 수 있습니다. 비주얼과 텍스트 중 어느 하나만 너무 많이 사용하면 동영상이 압도적으로 보일 수 있으므로 신중하게 사용하는 것이 중요합니다.

사실적이고 창의적인 비디오 콘텐츠를 제작하려면 적절한 소프트웨어, 적절한 스토리텔링 기법, 텍스트와 비주얼을 효과적인 방식으로 결합하는 능력이 필요합니다. 이러한 기술을 활용하고 AI 기반 비디오 콘텐츠의 작동 방식을 이해하면 콘텐츠 제작자가 동영상으로 강력한 스토리를 만드는 데 도움이 됩니다.

PART 4

생성형 AI 활용 콘텐츠 제작 플랫폼 사용방법

윤성임

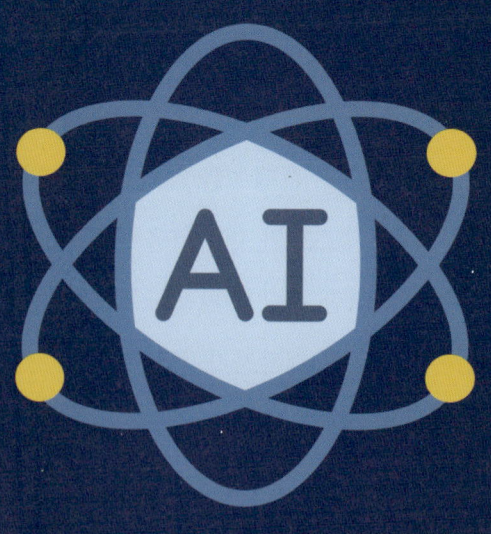

1. AI 음악 제작, 사운드로우

사운드로우 로고

사운드로우(soundraw) 소개

사운드드로우(https://soundraw.io/)는 음악 작곡 지식이 없어도 몇 분 만에 콘텐츠에 완벽하게 어울리는 곡을 만들 수 있는 크리에이터를 위한 혁신적인 작곡 도구입니다.

사운드로우는 최대 5분 길이의 음악을 생성할 수 있고, 유료 회원 가입 시 하루 최대 50곡까지 다운로드 할 수 있습니다. 또한 다운로드는 .wav 파일로만 제공되고 현재 .midi, .mp3 또는 스템 파일 다운로드를 제공하지 않습니다.

(1) 사운드로우 자주 하는 질문(FAQ)

①사운드로우가 스톡 오디오 사이트와 다른 이유는?

예를 들어 동영상에 스톡 오디오를 사용하는 경우 길이가 적당하고 동영상의 분위기와 진행에 올바른 노래를 찾는 데 많은 시간을 소비해야 합니다. 동영상이 00:15에 절정에 이르렀는데 그 시간에 노래가 조용해지면 어쩔 수 없이 노래를 버리고 계속 검색해야 합니다.

Soundraw를 사용하면 필요한 음악을 검색하는 데 몇 시간을 소비하는 대신 AI가 몇 초 만에 음악을 생성합니다. AI에게 노래가 어떻게 필요한지 알려주고 수십 가지 변형을 생성하도록 하세요. 마음에 드는 것을 선택하고 콘텐츠에 더 잘 맞도록 추가로 사용자 정의하세요!

② 라이센스가 허용하는 용도는 무엇입니까?
사운드로우에서 생성한 음악이 저작물의 주된 목적이 아닌 배경음악으로 사용될 경우는 상업적 또는 비상업적 목적으로 원하는 방식으로 사용

할 수 있으며, 다른 음악의 배경 음악으로 사용하지 않고 음악이 주된 목적으로 사용될 경우 음악에 독창적인 것을 추가해야 합니다.

★사운드로우 음악이 사용할 수 있는 경우

- 음악이 저작물의 주된 목적이 아닌 경우
예: 앱, 게임, 동영상, 안내 명상 등의 배경 음악

- 음악이 저작물의 주된 목적이고 사용자가 음악을 수정하는 경우
예: 음악에 보컬을 추가하여 Spotify에 배포하는 경우

★사운드로우 음악이 사용 불가능한 경우

- 음악이 저작물의 주된 목적이고 음악을 수정하지 않는 경우
예: Spotify에서 다운로드한 음악 배포

③ 저작권은 누구에게 있나요?

Soundraw에서 생성된 음악에 대한 저작권, 상표권 등 모든 지식재산권은 운영회사 SOUNDRAW inc에 귀속됩니다. 우리는 귀하를 고소하거나 귀하의 콘텐츠로부터 수익을 요구하려는 악의적인 사용자로부터 귀하를 보호하는 유일한 목표로 음악의 저작권을 유지합니다. 수익 공유를 요

청하거나 저작권 문제로 귀찮게 하지 않습니다.

④ 내가 편집한 곡의 저작권은 누구에게 있나요?

Soundraw에서 노래를 다운로드하여 편집(예: 보컬 또는 기타 악기 추가)한 경우, 추가한 원본 부분의 저작권은 귀하에게 귀속되지만, 전체 노래의 저작권은 Soundraw에 귀속됩니다. 동영상으로 수익을 창출하는 데아무런 문제가 없으며, 수익 공유를 요청하거나 저작권 문제로 귀찮게 하지 않습니다. 당사는 사용자를 고소하거나 동영상에서 수익을 청구하려는 악의적인 사용자로부터 사용자를 보호하기 위한 목적으로만 음악의 저작권을 보유합니다.

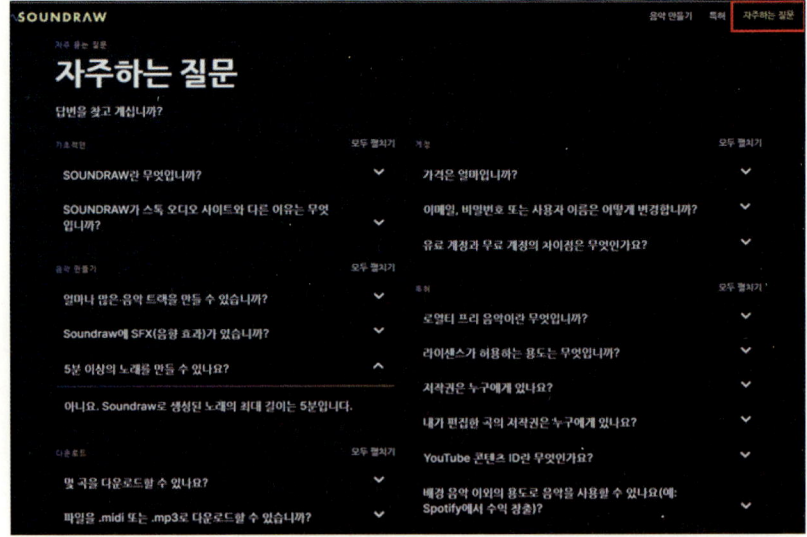

사운드로우, FAQ

(2) 사운드로우 요금제

사운드로우의 무료/유료 계정의 차이는 유료 계정을 사용하면 사운드로우로 만든 노래를 다운로드하고 수익을 창출할 수 있다는 것이고, 무료계정은 사운드로우의 모든 기능을 사용하여 음악을 무제한 생성할 수 있고, 필요시 KEEP 해 놓을 수 있다는 것입니다.

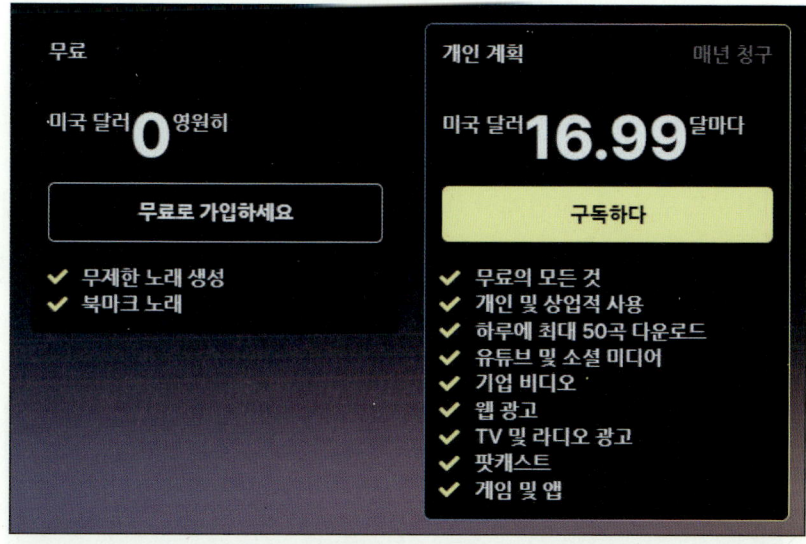

사운드로우, 요금제

회원 가입 및 AI 음악 제작하기

(1) 구글이나 네이버에서 '사운드로우'를 검색하여 https://soundraw.io/ 에 접속합니다.

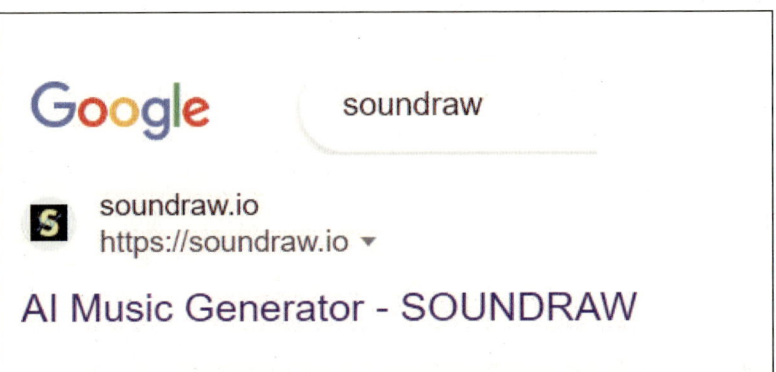

사운드로우, 구글 검색

(2) 사운드로우 홈 화면에서 ①음악 만들기를 터치하면 무료로 음악을 만들 수 있습니다. '가입하기'를 터치하면 유료 회원 가입을 하게 됩니다.

사운드로우, 음악 만들기1

(3) ①음악길이 ②속도 ③분위기 ④ 장르 ⑤테마를 선택하면 AI가 음악
을 생성합니다.

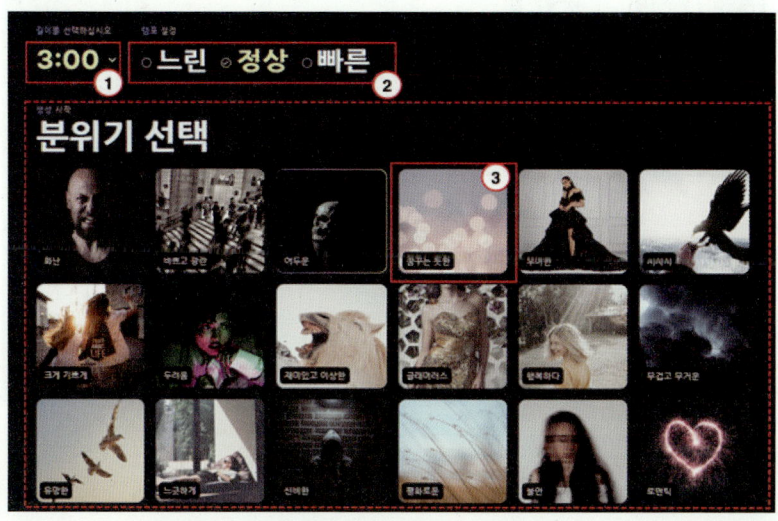

사운드로우, 음악 만들기2

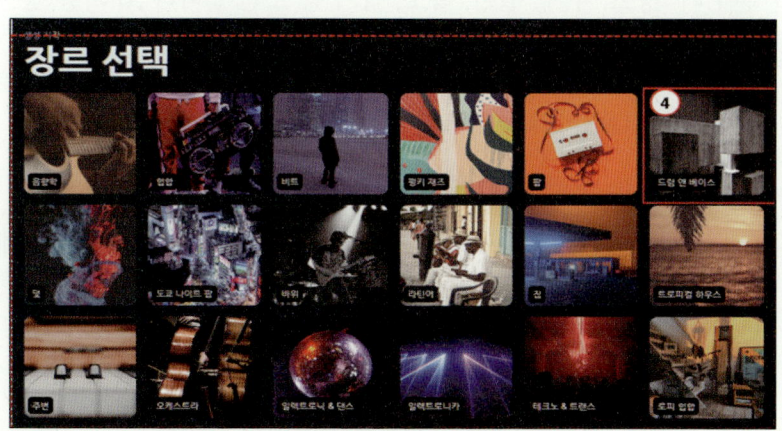

사운드로우, 음악 만들기3

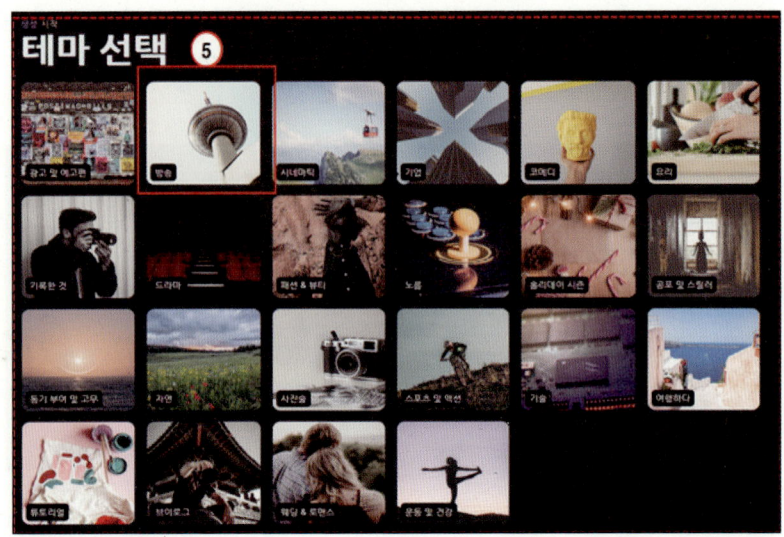

사운드로우, 음악 만들기4

(3) 사운드로우, 음악 수정하기

① 분위기, 장르, 주제, 길이, 속도, 악기 등 조건에 따라 AI 자동 생성된 음악 중에서 선별합니다.

② 한 음악을 클릭하여 들어보면서

③ 부분 높낮이, 부분 삭제, 부분 추가 등 수정할 수 있습니다.

④ '비디오 미리보기'를 통해 자기 영상의 배경음악으로 미리 듣기 해볼 수 있습니다.⑤전문모드, 공유, 비슷한 음악 만들기, 다운로드, keep 등을 통해 생성된 음악을 활용할 수 있습니다.

음악을 다운로드 하려면 유료 회원 가입을 해야 합니다.

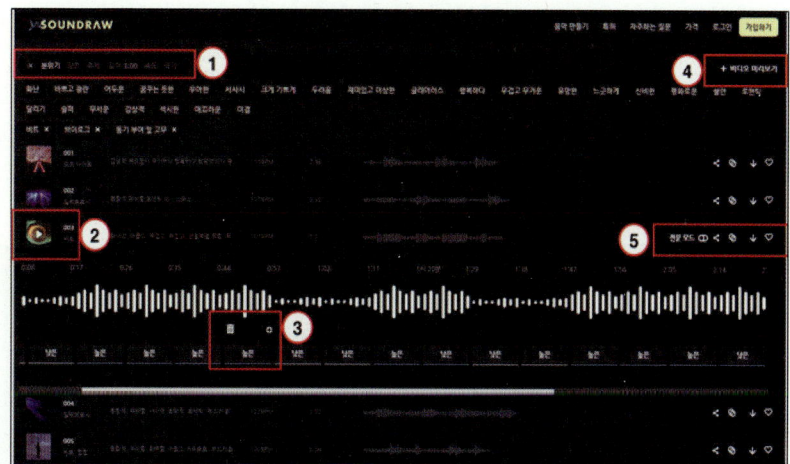

사운드로우, 음악 수정하기

(4) ⑥전문 모드를 on으로 하면 멜로디, 역행, 베이스, 북, 채우다 등의
구간의 강도를 조정할 수도 있고, 프로도구 들을 조정하여 음악을 더욱 창
의적으로 만들어 낼 수 있습니다.

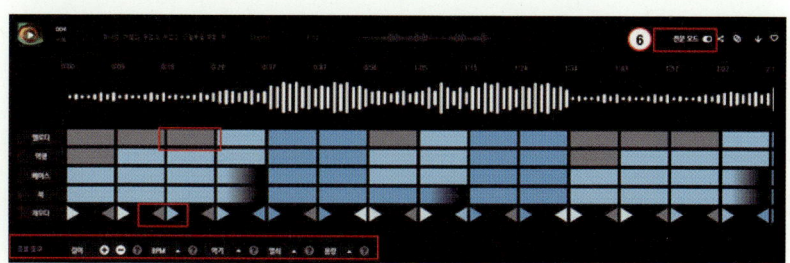

사운드로우, 전문모드

(5) 생성된 음악을 Keep 하려면 무료 회원가입을 해야 합니다.

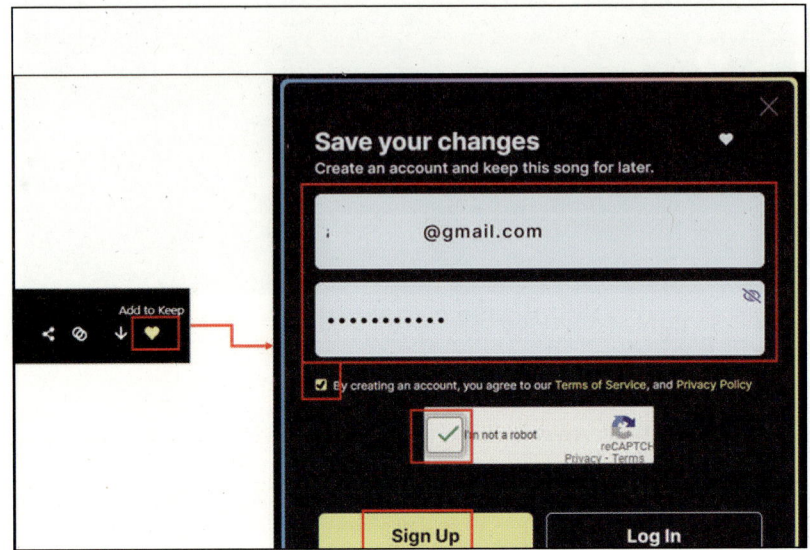

사운드로우, 무료 회원 가입

(6) 생성된 음악을 PC에 다운하려면 유료 회원 가입을 해야 합니다.

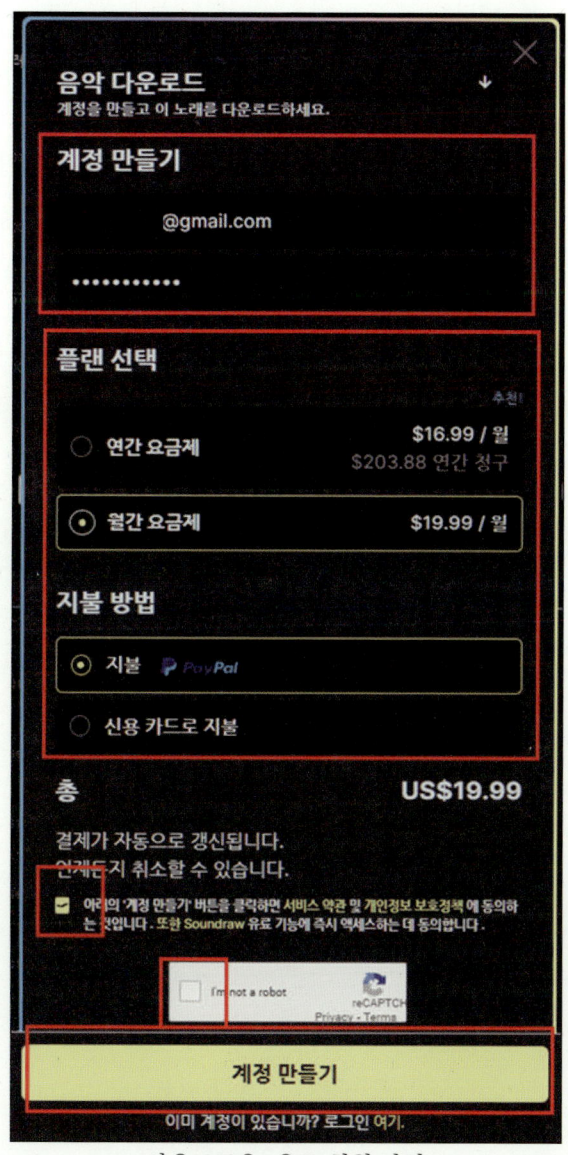

사운드로우, 유료 회원 가입

무료로 사용하며 무제한 음악 생성 경험을 해보고 생성한 음악 다운을 위해 유료 회원 가입 시 추천인 코드 'aceyun88'을 입력하면 7일간을 체험 기간이 추가 혜택이 주어집니다.

이상으로 사운드로우를 활용한 AI 음악 만들기 기능을 살펴보았습니다. 음악 취미로든, 유튜브 배경음악으로든 사운드로우를 활용하여 자신만의 음악 작곡의 재능을 발견할 기회를 만들어도 좋습니다.

2. 네이버클로버더빙

CLOVA Dubbing βeta

네이버클로바더빙 로고

네이버클로버더빙 소개
(https://clovadubbing.naver.com/)

　네이버클로버더빙 서비스는 동영상 및 PDF/이미지 파일을 업로드하여 남녀노소 다양한 매력을 갖은 한국어는 물론 외국어 보이스까지 원하는 스타일의 AI 보이스를 추가하여 AI 보이스를 담은 영상을 제작할 수 있는 플랫폼입니다. PC 버전뿐만 아니라 앱으로도 서비스를 출시했으며, 한국어, 영어, 일본어, 중국어, 대만어, 스페인어 등 6개 언어를 지원하는 130여 개 AI 보이스를 서비스하고 있습니다.

네이버클로바더빙 현황, 출처 : 전자신문, 2022.06.16. 일자

또한 사용자 목소리를 AI 보이스로 만들 수 있는 '보이스 메이커' 서비스 지원자를 모집하고 있습니다. 클로바더빙 스마트폰 앱을 통해서 '보이스메이커'에 간편하게 참여할 수 있고, 지원 현황도 한눈에 확인할 수 있으며 누구나 참여할 수 있습니다. 제작된 AI 보이스는 클로바더빙 서비스

에서 누구나 무료로 이용할 수 있게 최소 3년 이상 제공됩니다. 자신의 목소리를 클로바더빙에서 무료로 제공하는 AI 보이스로 제작하는 데 동참해 보는 것도 의의가 있을 것입니다.

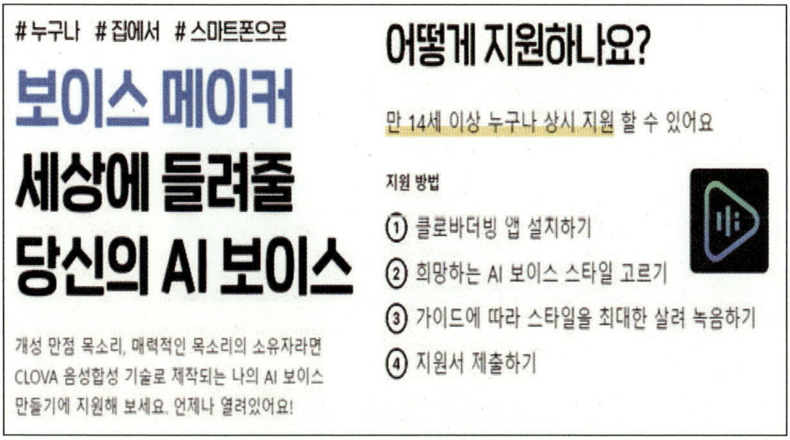

네이버클로바더빙, 보이스메이커

그러나 네이버클로버더빙 서비스를 무료로 이용할 경우는 출처를 꼭 표기해야 하고 상업용으로 사용 시는 제한이 따릅니다. 다음은 네이버클로버더빙 서비스 무료 사용할 때 출처 표기 방법과 유의 사항에 대해 알아봅시다.

1-1) 클로버더빙 무료 사용할 때 출처 표기 방법

네이버 클로바 더빙으로 만들어진 콘텐츠에는 클로바더빙을 활용하여 만들었다는 부분이 명시되어야 합니다. 아래 방식 중 1개를 선택하여 출처를 표기해 주어야 합니다.

① 워터마크+설명란

② 자막+설명란

③ 제목+설명란

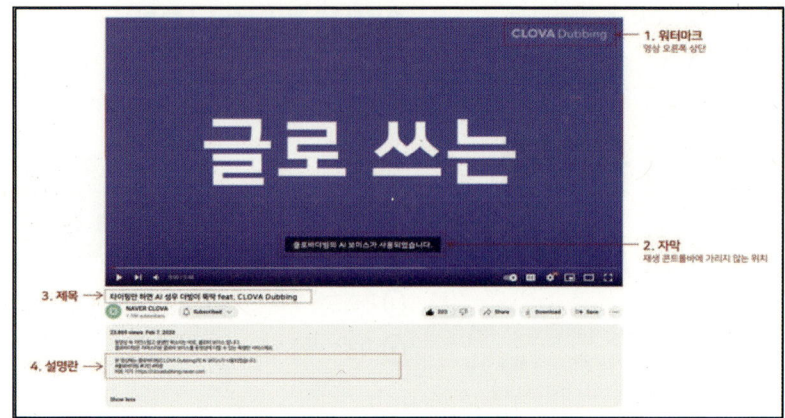

네이버클로바더빙, 출처 표기 방법

(1) 워터마크 표기 가이드

- 네이버 클로바 더빙 서비스로부터 제작된 동영상에는 우측 상단에 워터마크가 자동으로 삽입됩니다.

- 워터마크가 삽입된 채로 동영상을 사용하거나, 음원을 별도 다운로드하여 영상에 삽입하는 경우에는 홈페이지에서 워터마크 이미지를 다운로드 받아 사용할 수 있습니다.

(2) 자막 표기 가이드

① 노출 시기 및 문구 : 동영상의 시작 시점 5초간 클로바더빙의 AI 보이스를 활용하였음을 노출해야 합니다.

> - 본 영상에는 클로바더빙(CLOVA Dubbing)의 AI 보이스가 사용되었습니다.
> - #클로바더빙 #보이스명1 #보이스명2
> - 바로 가기 URL: https://clovadubbing.naver.com

1-2) 클로바더빙 사용할 때 유의 사항

① 클로바더빙의 합성음 사용 시 출처(CLOVA Dubbing)를 명시해 주셔야 합니다.

② 이용자는 클로바더빙을 통해 제작, 생성한 콘텐츠의 합성음(목소리)을 클로바더빙에서 다운받은 형태 그대로 사용해야 합니다. 클로바더빙을 통해 생성한 콘텐츠의 합성음이 왜곡되거나 품질이 저하되는 방법으로 변형, 편집 등을 해서는 안 됩니다.

③ 방송, 영화, 이미지 등 타인의 지적 활동으로 창출된 결과물을 임의로 사용할 수 없습니다.

④ 클로바더빙을 사용하여 타인의 권리를 침해하거나 불법적인 내용 또는 반사회적인 내용 (명예를 훼손하는 내용, 음란한 내용, 욕설 등의 폭력적인 내용, 성차별적인 내용 등)의 합성음을 생성해서는 안 되며, 그와 같이 사용한 것이 확인될 경우 추후 이용에 제재받을 수 있습니다.

⑤ 클로바더빙 서비스를 사용하여 제작한 영상 및 합성음을 출처 없이 사용하거나 상업적으로 활용하길 희망하시는 경우, NAVER CLOUD CLOVA Dubbing 유료 서비스 플랜에 가입하신 후 사용해 주세요.

1-3) 네이버클로버더빙 요금 정책

클로바더빙 서비스를 사용하여 제작한 영상 및 합성음을 출처 표기 없이 사용하거나 상업적으로 활용하길 희망하시는 경우, 네이버 클로바 더빙 유료 서비스 플랜에 가입해야 합니다.

아래와 같은 무료 서비스와 유료 서비스의 차이를 참고하세요.

서비스 플랜 안내			
무료 사용량 및 사용 범위 출처 표기와 함께 누구나 무료로 사용하세요.			
옵션 / 월	**NAVER** **Free** 0원	**NAVER** CLOUD PLATFORM **Standard >** 19,900원	**NAVER** CLOUD PLATFORM **Premium >** 89,900원
프로젝트수 / 누적	5개	20개	100개
다운로드수 / 월	20회	40회	150회
글자수 / 월	15,000자	30,000자	180,000자
클로바 보이스 PRO ⓘ	사용불가	사용가능	사용가능
출처 표기	필수	선택	선택
상업적 사용	부분적 가능	부분적 가능	가능

네이버 클로바더빙, 요금 정책

1-4) 클로바더빙 고객센터

더 자세한 네이버클로바더빙 서비스에 대한 궁금 사항은 '클로바더빙 고객센터'를 참고하세요.

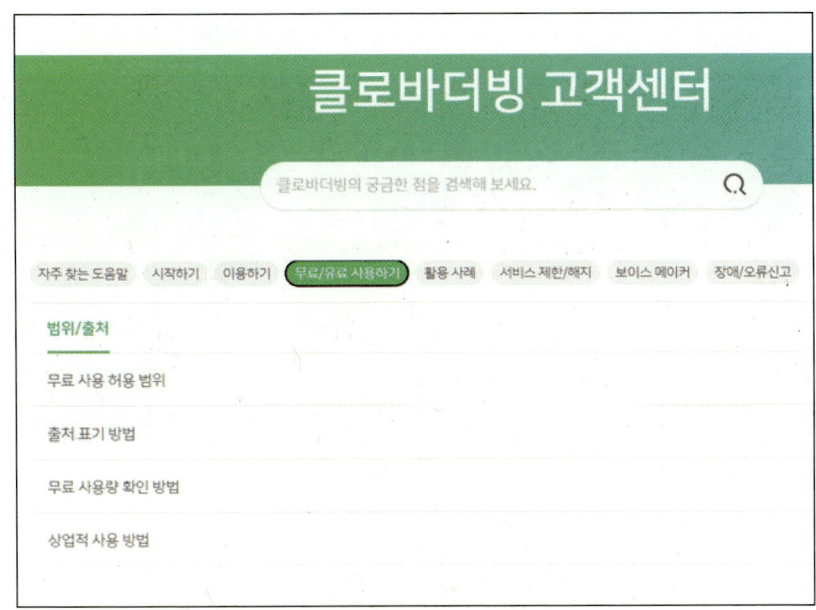

네이버클로바더빙, 고객센터

네이버클로바더빙 회원 가입하기

(1) 구글 크롬이나 네이버에서 '네이버클로바더빙' 검색한 후 클릭합니다.

네이버클로바더빙, 구글 검색

(2) 클로바더빙 홈페이지에서 '무료로 시작하기'를 클릭합니다.

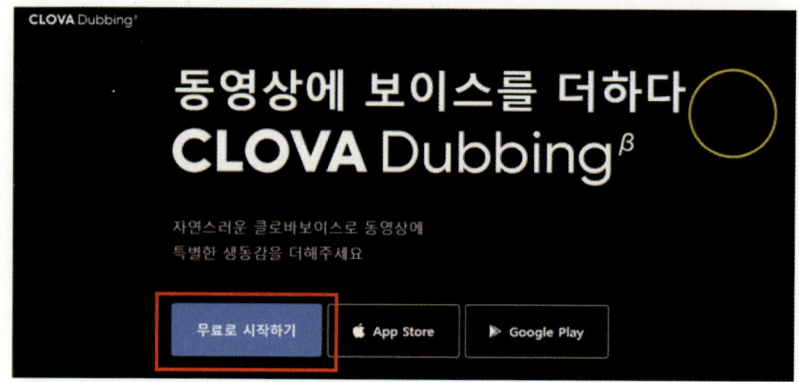

네이버클로바더빙, 무료로 시작하기

(3) 네이버 계정으로 로그인합니다.

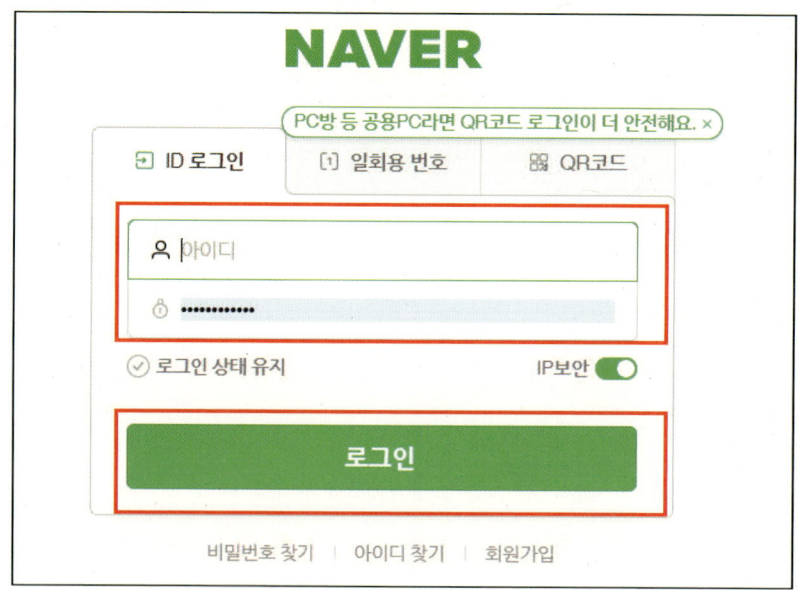

네이버클로바더빙, 회원 가입하기

동영상으로 AI 보이스 더빙 영상 제작하기

(1) ①'새 프로젝트 생성' -〉 ②새 프로젝트명 입력 〉 ③'생성'을 클릭합
니다.

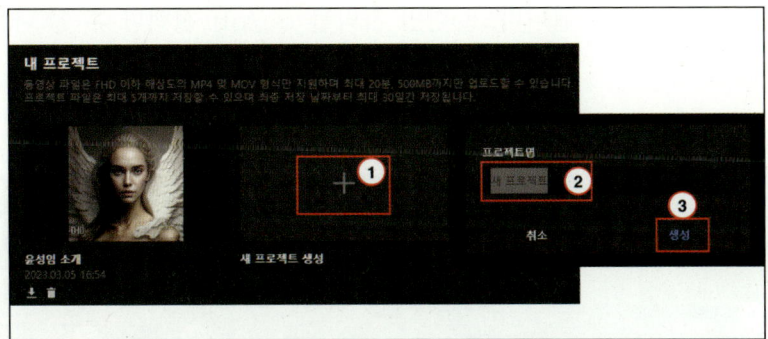

네이버클로바더빙, 새 프로젝트 생성하기

(2) '동영상 추가' 또는 'PDF/이미지 추가'를 클릭합니다. 먼저 PC에 있
는 동영상을 업로드해 보세요.

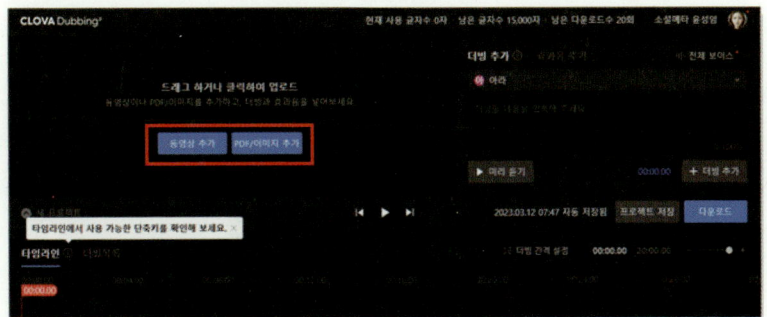

네이버클로바더빙, 동영상 추가하기

(3) ①업로드한 영상의 배경음을 끄고 ②영상을 재생해 보다가 더빙을 추가하고자 하는 위치에서 ③플레이 헤드를 위치 시킨 후 ④'더빙 추가'를 클릭 -> ⑤AI 보이스와 더빙하고자 하는 내용을 추가한 후 ⑥'미리듣기' 하여 만족스러우면 ⑦'+더빙 추가'를 터치합니다. ⑧타임라인에 AI 보이스 더빙이 추가됩니다. ⑨더빙 자막을 on/off 선택한 후 ⑩'다운로드'합니다.

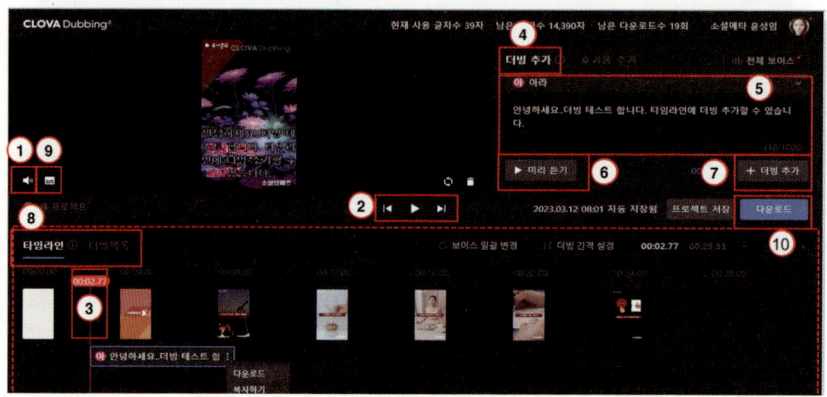

네이버클로바더빙, AI 보이스 더빙 추가하기1

이것으로 기본적인 AI 보이스 추가 작업을 알아보았습니다.

무료 서비스 이용하여 다운로드한 영상을 유튜브 등에 올릴 때는 꼭 출처를 표시해야 하고 상업적으로 사용할 수 없음을 인식해야 합니다.

(4) AI 보이스 더빙 작업 시 추가적인 기능을 살펴봅시다.

노란색으로 구분된 기능들은 AI 보이스 더빙 작업을 더 효과적으로 하거나 품질 좋은 영상을 제작하는 데 도움 되는 기능들입니다.

③더빙 목록 : 추가된 더빙 목록을 확인할 수 있는 기능입니다.

④보이스 일괄 변경 : 여러 AI 보이스를 일괄적으로 하나의 AI 보이스로 통일할 수 있는 기능입니다.

⑤AI 보이스 다운로드/ 복사하기 ⑥AI 보이스 변경 ⑦AI 보이스 미리듣기다운/삭제는 AI 보이스에 대한 조정할 수 있는 기능입니다.

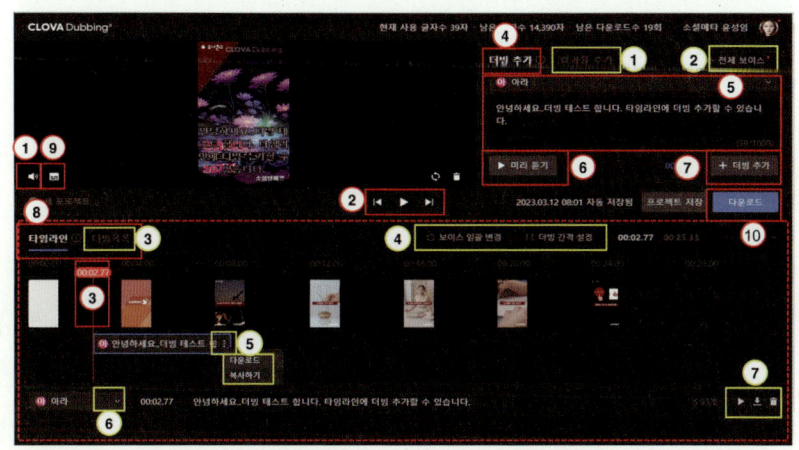

네이버 클로바더빙, AI 보이스 더빙 추가하기 2

①효과음 추가 : 영상에 다양한 효과음을 추가할 수 있는 기능입니다.

네이버 클로바더빙, 효과음 추가

② 전체 보이스 : 전체 AI 보이스 중에서 다양한 AI 보이스를 검색하거나 즐겨찾기 할 수 있는 기능입니다.

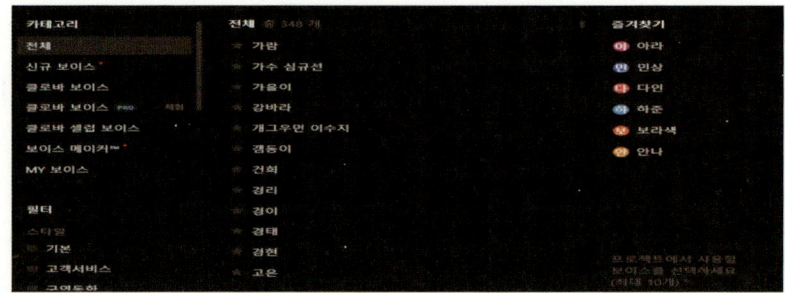

네이버클로바더빙, 전체 AI 보이스

PDF/이미지로 AI 보이스 더빙 영상 제작하기

클로바더빙은 동영상뿐만 아니라 PDF/이미지 파일을 업로드하여 AI 보이스 더빙 영상을 제작할 수 있습니다. PDF/이미지 더빙은 PC 브라우저에서만 가능하며 지원할 수 있는 PDF/이미지 규격은 다음과 같습니다.

(1) 지원할 수 있는 PDF/이미지 규격

지원 범위	
파일 형식	PDF, JPEG, PNG, BMP
해상도	최소 사이즈: 300px * 300px (106mm * 106mm)
	최대 사이즈: 1920px * 1080px (678mm * 381mm)
용량	최대 100MB
슬라이드 수	최대 120장

네이버클로바더빙, PDF/이미지 지원할 수 있는 규격

(2) PDF/이미지로 AI 보이스 더빙 영상 제작하기

아래 그림에서 보듯 동영상 대신 PDF 나 이미지를 업로드하고 추가하는 파일 종류만 다르고 이후 영상 제작 방법은 이전에 설명한 '3) 동영상으로 AI 보이스 더빙 영상 제작하기'와 동일한 과정으로 영상을 제작할 수 있습니다.

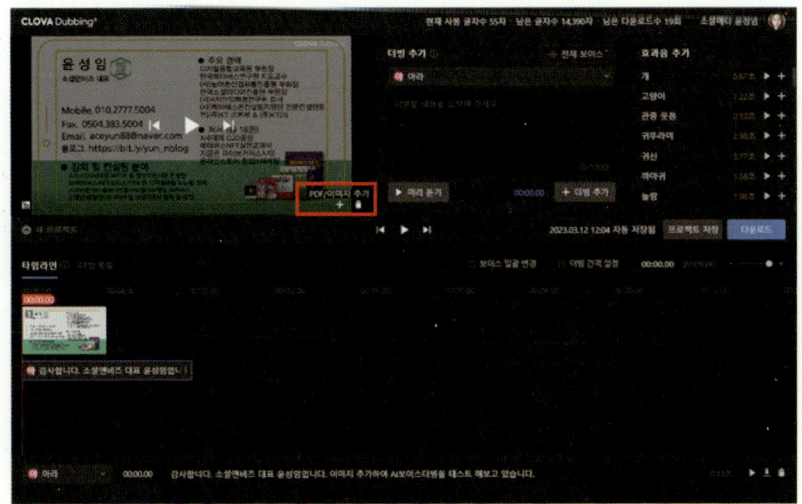

네이버클로바더빙, PDF/이미지로 AI 보이스 더빙 영상 제작하기

이상으로 네이버클로버더빙에 대해 설명해 보았습니다. 여러분의 동영상 콘텐츠 제작에 많은 도움이 되길 바랍니다.

3. 똑똑한 올인원 AI 플랫폼 뤼튼

뤼튼로고

뤼튼 소개 (https://wrtn.ai/)

(1) 뤼튼 소개

뤼튼은 뤼튼테크놀로지(대표 이세영) 스타트업에서 개발한 한국어를 중심으로 한 초거대 생성 AI(Generative AI) 기반의 콘텐츠 생성 플랫폼입니다. 키워드를 입력하면 완성도 높은 텍스트, 이미지를 인공지능 기술을 이용하여 자동 생성해 주므로 업무의 생산성을 높여줍니다.

뤼튼은 OpenAI의 Chatgpt(GPT3.5, GPT4), 네이버의 하이퍼클로바, 스태빌리티AI의 스테이블디퓨전 등 전 세계의 다양한 생성 모델을 결합하여 채팅(질문, 프롬프트) 상황에 맞는 생성AI 모델을 적용하여 콘텐츠를 생성해 줍니다.

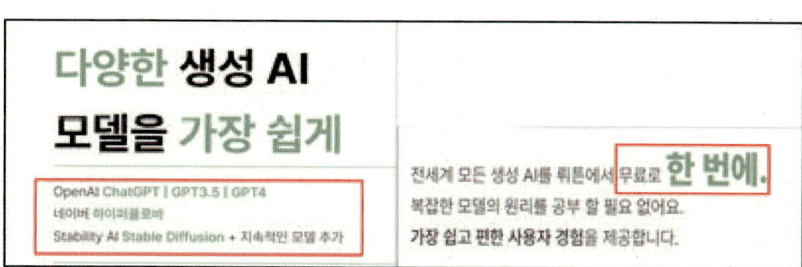

뤼튼의 다양한 모델

(2) 뤼튼의 장점과 특징

뤼튼에게 뤼튼의 장점과 특징을 작성해달라고 했더니 아래와 같이 작성해 주었습니다.

① 빠른 콘텐츠 생성 : AI 기술로 주제와 키워드를 기반으로 효율적인 콘텐츠 생성

② 고품질 콘텐츠 생성 : 자연어처리 기술과 인공신경망을 활용하여 완성도 높은 콘텐츠 제공

③ 다양한 콘텐츠 형태 지원 : 블로그 글, 상품 소개 글, 뉴스 기사, SNS 글 등 다양한 형태 지원

④ 콘텐츠 편집 기능: 생성된 콘텐츠를 사용자가 직접 편집 가능

⑤ 학습 기능 : 사용자가 뤼튼을 사용할수록 뤼튼이 학습하여 높은 질의 결과 제공

⑥ 저렴한 비용 : 시간과 노력을 절약해 주는 도구로서 저렴한 비용으로 사용 가능

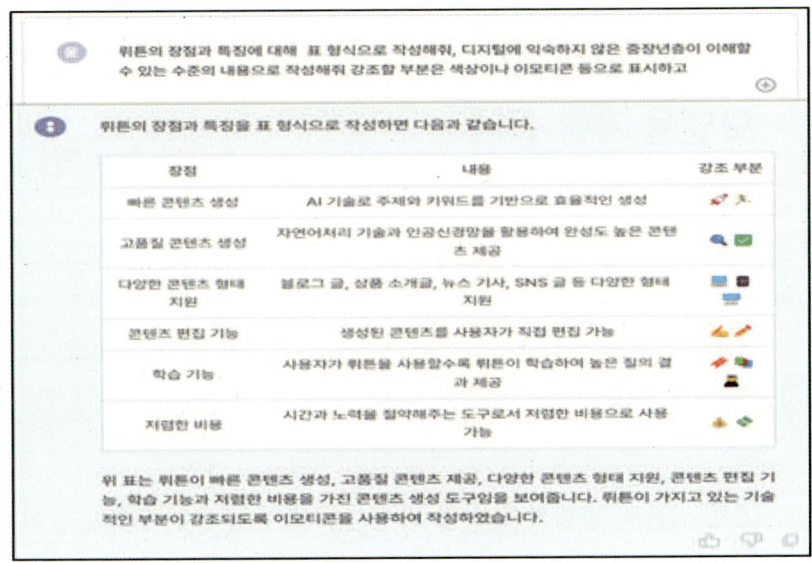

뤼튼의 장점과 특징

(3) 뤼튼에 대한 자주 묻는 질문(FAQ)

① 뤼튼은 어떤 서비스인가?

- 뤼튼은 초거대 생성 AI(Generative AI) 기반의 콘텐츠 생성 플랫폼이므로 키워드를 입력하여 원하는 상황에 대한 문장을 생성할 수 있습니다.

- 언어 모델의 크기가 매우 크기에 때문에 학습된 데이터를 그대로 같은 문장으로 생성할 확률이 거의 없습니다.

- 사용자가 입력한 내용을 토대로 매번 새로운 문장을 생성해 냅니다.

- 문장을 생성하는 과정에서 때에 따라 사실과 다른 내용이 나올 수 있습니다. 그래서 진위가 필요한 내용은 반드시 검증 및 확인이 필요합니다.

② 뤼튼은 누가 사용하면 좋은가?

뤼튼은 마케터, 이커머스 사장님, 콘텐츠 크리에이터, 스타트업 종사자 등 글쓰기 창작 영역에서 어려움을 겪고 있는 누구에게나 도움을 줄 수 있습니다.

③ 뤼튼의 장점과 활용 분야는?

뤼튼은 사용자의 기획이나 전략, 글쓰기 등 시간을 절약해 업무 생산성을 높인다. 광고 문구, 메일 작성, 문의 응대, 블로그 글과 같은 다양한 글쓰기 순간에 활용할 수 있습니다.

④ 뤼튼으로 만든 결과물의 저작권은 누구의 것인가요?

결과물의 저작권 및 사용 권한은 사용자에게 귀속되며, 개인적 용도 및 상업적 용도로 활용할 수 있습니다.

⑤ 뤼튼으로 만든 결과물은 어떤 데이터로 이루어져 있나요?

뤼튼은 초거대 생성 AI(Generative AI)를 기반으로 만들어졌으며, 사용자가 입력한 내용을 토대로 매번 새로운 문장을 생성해 냅니다. 모델의 크기가 매우 크기 때문에 학습된 데이터를 동일하게 뱉을 확률이 거의 없습니다. 문장을 생성하는 과정에서 때에 따라 사실과 다른 내용이 나올 수 있습니다.

(4) 뤼튼 요금정책

뤼튼에 로그인 후 '계정 -〉 설정 -〉 요금제'를 터치하면 아래와 같은 요금 정책을 확인할 수 있습니다.

2월 중순경 무제한 무료 요금제로 전환하였으므로 누구나 무료로 뤼튼의 다양한 기능을 사용할 수 있습니다.

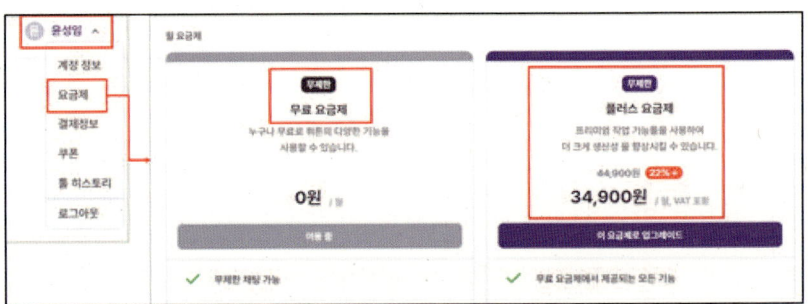

뤼튼의 요금 정책

(5) 뤼튼 2.0 특징

뤼튼이 지난 3월 말 '똑똑한 올인원 AI 플랫폼'으로 개편한 새로운 '뤼튼 2.0'의 특징은 다음과 같습니다.

첫째, 다양한 모델이 적용된 똑똑한 채팅

OpenAI의 Chatgpt(GPT3.5, GPT4), 네이버의 하이퍼클로바, 스태빌리티AI의 스테이블디퓨전 등 전 세계의 다양한 생성 모델이 결합하여, 채팅(질문) 상황에 맞는 가장 적절한 생성 모델을 자동으로 적용해 줍니다. 한국어를 자연스럽게 구사하는 블로그 글을 쓸 때는 네이버의 하이퍼클로바 모델이, 이미지를 생성할 때는 스테이블 디퓨전 모델이 적용되는 방식입니다.

또한, 채팅창(프롬프트창)의 전송 버튼 옆에 속도가 더 빠른 Chatgpt3.5와 글쓰기 지능이 높은 Chatgpt4의 특징을 명시한 선택 버튼을 두어 오픈 AI의 두 언어 모델인 Chatgpt3.5와 Chatgpt4의 특징을 쉽게 사용자가 이해할 수 있도록 했습니다.

둘째, 채팅과 툴의 유려한 결합

기존의 뤼튼은 개별 상황에 최적화된 50여 종의 '툴'과 '챗뤼튼'으로 불

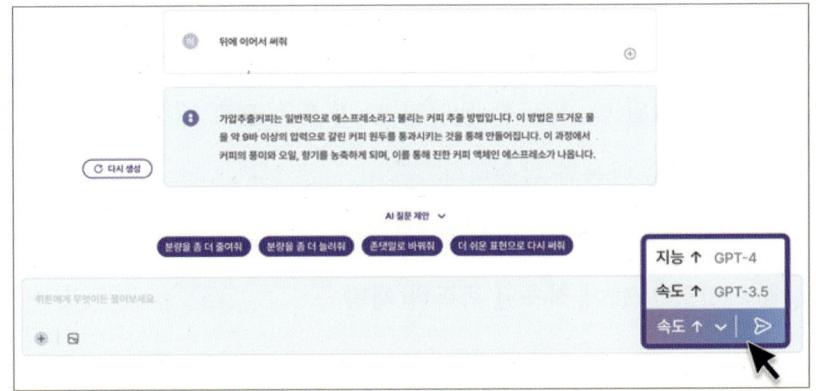

뤼튼2.0 특징 1-1

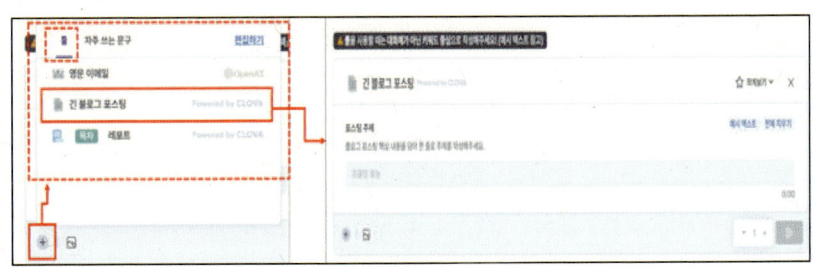

뤼튼2.0 특징 1-2

렸던 '채팅'이 별개의 기능으로 존재했습니다. 이번 뤼튼 2.0에서는 채팅창 좌측의 + 버튼을 터치하여 툴을 불러와 툴 형식에 맞는 글을 작성해주는 '채팅을 중심으로 툴이 유려하게 결합하는 형태'로 변화하여 다음과 같은 효율적인 활용이 가능합니다.

① 채팅에서도 '툴'을 불러와 초안을 빠르게 만들고, 만든 결과물에 대해 바로 이어서 피드백을 주며 수정할 수 있습니다.

② 상황에 맞는 툴을 채팅이 똑똑하게 추천해 줄 수 있게 되었습니다.

③ 툴이 미처 커버하지 못했던 다양한 영역을 채팅이 채워줄 수 있게 되었습니다.

셋째, '자주 쓰는 문구(프롬프트)' 관리 기능

뤼튼의 채팅창 왼쪽 +버튼을 클릭 -〉 '자주 쓰는 문구 기능'은 '자주 사용
하는 질문(프롬프트)' 추가/수정/삭제하는 기능입니다. 비슷한 형식의 질
문들, 매번 같은 질문, 타이핑하기 귀찮은 질문 등을 단축키로 추가해 놓
은 후 불러와서 쓰면 시간상으로 효율적인 사용을 할 수 있습니다.

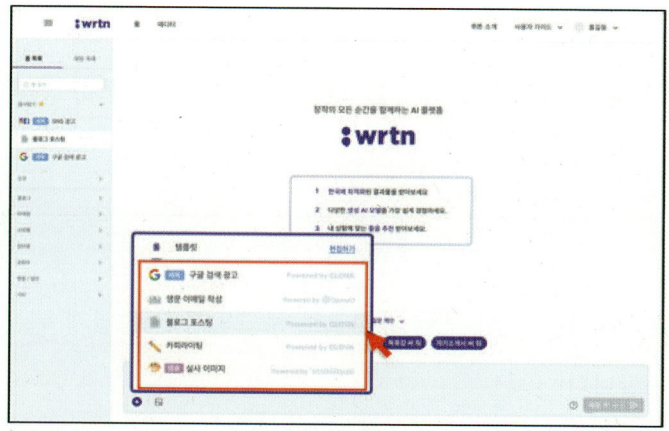

뤼튼2.0 특징 2

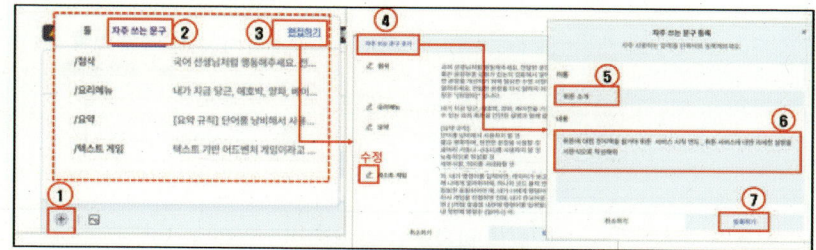

뤼튼2.0 특징 3

뤼튼 회원 가입 및 로그인하기

① PC에서 크롬 브라우저를 연 후 구글에서 '뤼튼'을 검색합니다.

뤼튼, 구글 검색

② '뤼튼' 홈 화면에서 구글 계정으로 로그인하면 손쉽게 뤼튼 홈 화면으로 이동합니다.

뤼튼 회원가입 및 로그인

모바일에서도 사용할 수 있습니다. 안드로이드 play store 혹은 아이폰 app store에서 뤼튼 앱을 찾아 설치한 다음 실행합니다.

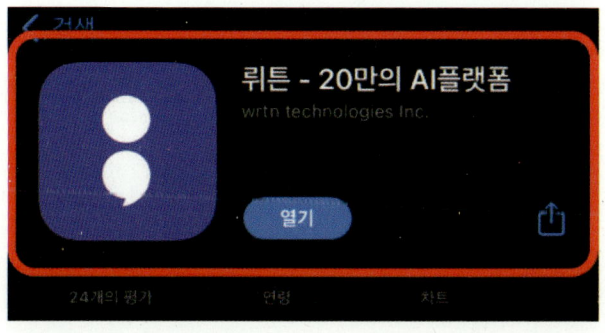

구글 계정으로 로그인합니다. 로그인이 완료되면 하단에 채팅을 입력하는 빈칸이 나타납니다. 키보드에서 마이크를 선택하면 음성 입력이 가능합니다. 채팅 입력 시 속도가 빠른 ChatGPT 3.5와 내용 정확도가 높은 ChatGPT 4.0을 선택할 수 있습니다. 원하는 내용의 채팅을 남깁니다.

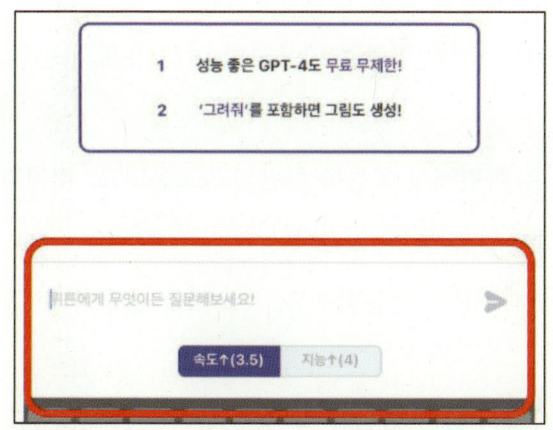

뤼튼 사용하기

먼저 상단의 좌측 메뉴 중 채팅, 툴, 에디터 서비스 중 채팅 서비스를 중심으로 툴, 에디터를 이용할 수 있도록 개편되었습니다. 다음은 상단의 우측 메뉴에서 뤼튼 소개 및 사용자 가이드, 계정정보를 클릭하여 확인해 보길 바랍니다.

(1) 채팅 사용하기

Ⓐ 좌측 메뉴의 '새 채팅 시작하기'를 터치한 후 하단의 '질문(프롬프트) 입력창'에 원하는 질문을 입력한 후 엔터를 터치하면 답변을 작성해 줍니다. 질문과 답변 예시는 위에서 뤼튼의 장점과 서비스를 질문했던 예시를 참고하길 바랍니다.

Ⓑ 또한 상황에 맞는 'AI 질문 제안'을 해주어 맥락에 이은 추가 질문을 할 수 있어 좋은 답변을 얻을 수 있습니다.

Ⓒ 하단의 +를 터치하여 툴을 활용하여 여러 유형의 콘텐츠를 만들 수 있습니다.

Ⓓ 위 뤼튼 홈 화면에서 오른쪽 하단의 ?(도움말)을 터치하면 질문하는 방법에 대한 도움말을 볼 수 있습니다.

① 질문은 구체적으로 질문할수록, 피드백을 줄수록 더 잘 알아듣는다고 합니다.

② 답변은 사실이 아닌 답변을 할 수도 있다. 그래서 사실 검증이나 확

인이 필요합니다.

③ 2021년도까지의 정보만 학습되어 있어 그 이후 정보는 답변할 수 없습니다.

④ 질문은 Chatgpt 프롬프트 활용하는 방법처럼 보고서/시/기사 다양한 형태의 글을 작성해 줘, 요약해 줘, 표로 작성해 줘, 번역해 줘 등 전문가나 비서, 멘토 등과 브레이밍스토밍 또는 토론하듯 질문과 답변을 이어가면 좋은 결과를 도출할 수 있습니다.

⑤ 주제별로 '새 채팅 시작하기'를 시작하여 같은 주제에 대해 맥락을 이어가는 질문과 답변을 주고받는 것이 더 좋은 답변을 도출하는 방법입니다.

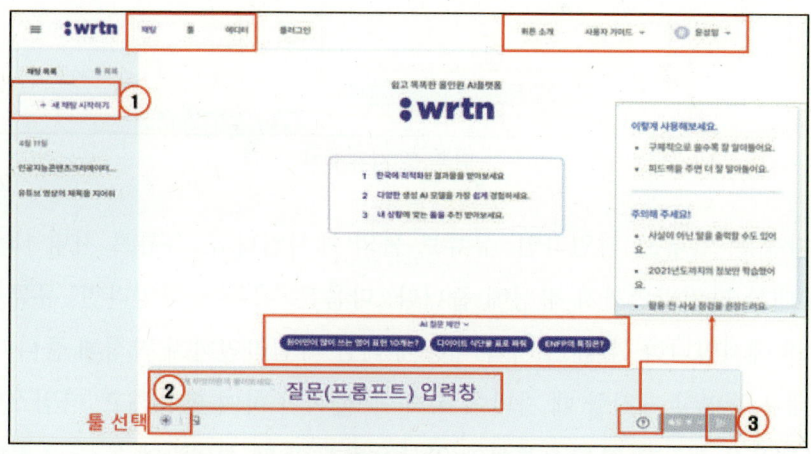

뤼튼 채팅 사용하기

(2) 툴 사용하기

상단의 메뉴 중 툴을 선택하면 좌측에 50여 종의 툴 목록을 확인할 수 있습니다. 원하는 글쓰기 툴을 선택하여 작성하고자 하는 취지의 내용을 작성한 후 '자동생성' 버튼을 클릭하면 좌측에 원하는 툴에 맞춤형 결과를 작성해 줍니다. 다음은 '유튜브 영상 설명' 툴이 유튜브 영상 기획에 대해 작성해 준 예시입니다.

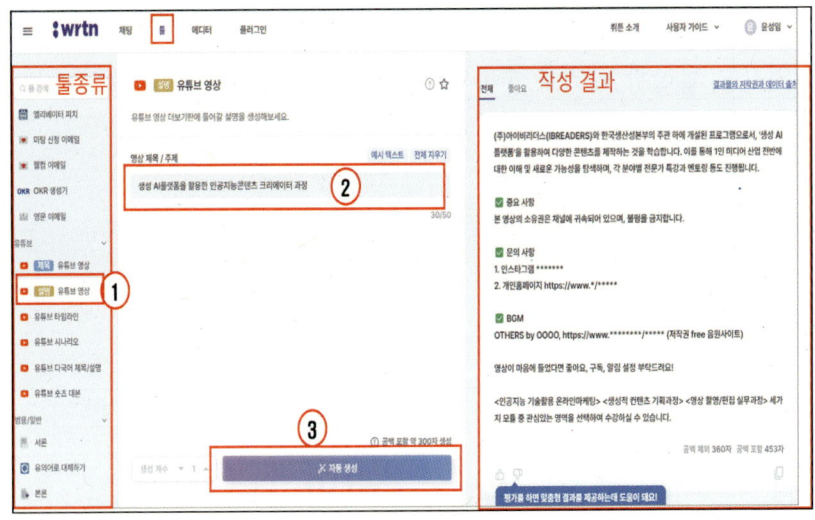

뤼튼 툴 사용하기

다음은 '유튜브 타임라인' 유튜브 툴의 예시입니다. 유튜브 자막 내용에 대한 타임라인까지 작성해 줍니다. 다음은 '유튜브 타임라인' 유튜브 툴의 예시입니다. 유튜브 자막 내용에 대한 타임라인까지 작성해 줍니다.

내용은 영상 제작할 때 자막에 복사 -〉 붙이기 하여 활용하고, 타임스탬프 내용은 제작한 영상 유튜브에 영상 업로드할 때 설명란에 복사 -〉 붙이기 하여 활용하면 됩니다.

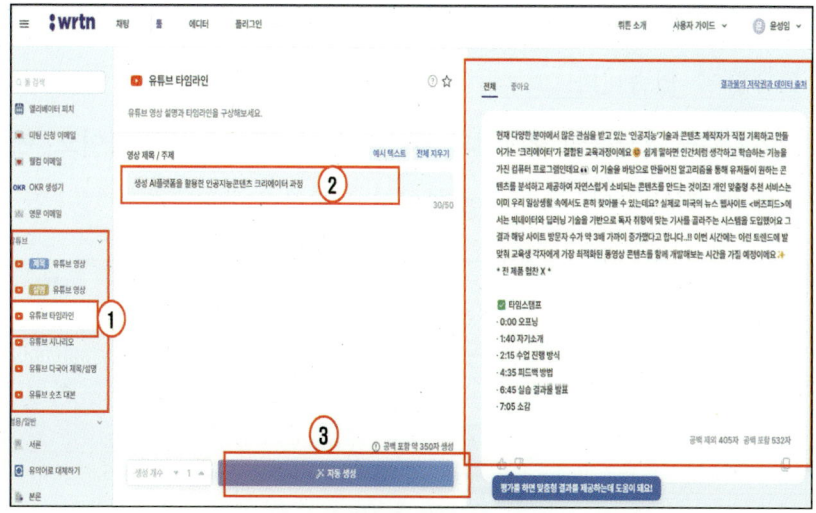

뤼튼 툴 사용하기

(3) 에디터 사용하기

Ⓐ 상단 메뉴 중 '에디터'를 터치하여 '문서 생성하기'를 터치합니다.

뤼튼, 에디터 사용하기

Ⓑ 글의 주제, 카테고리, 연결된 내용의 방향성을 설정한 후 '자동생성' 버튼을 클릭하면 초안을 작성해줍니다.

Ⓒ 내용을 수정하거나 편집기 메뉴를 활용하여 글을 꾸밀 수 있습니다.

Ⓓ 문서 제목을 입력하여 저장할 수 있습니다.

Ⓔ 작성 완료된 문서는 다른 문서 나 SNS 편집기에 복사 -〉 붙이기 하여 활용할 수 있습니다.

Ⓕ 오른쪽의 결과물의 저작권과 데이터 출처, 에디터 사용 가이드, 에디터 사용 후기 이벤트도 클릭하여 확인하길 권장합니다.

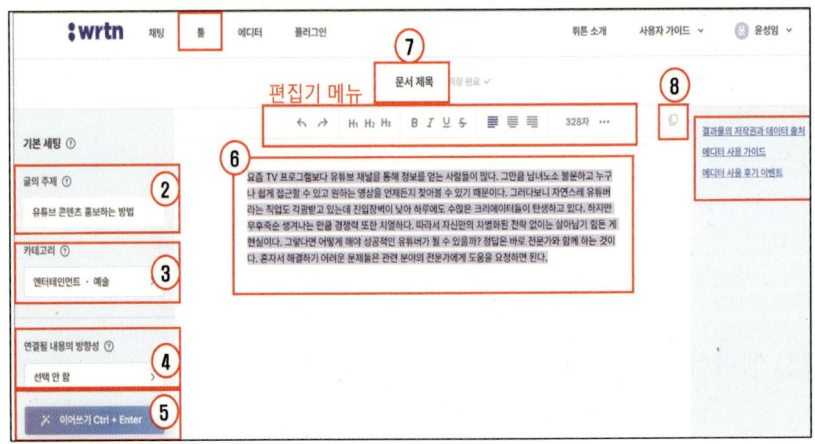

뤼튼, 에디터 사용하기

뤼튼 전체 서비스 소개

뤼튼 챗에서 뤼튼 전체 서비스에 대해 질문하여 받은 결과입니다. 구체적인 질문 예시로 참고해 보길 바랍니다.

① 뤼튼(Wrtn) : AI가 주어진 주제와 키워드를 기반으로 콘텐츠 생성

② 뤼튼 트레이닝(Wrtn Training)　: 사용자가 지정한 주제 또는 키워드에 대한 학습을 통해 콘텐츠 생성 능력 향상

③ 뤼튼 도큐먼트(Wrtn Document) : 회사 내부 문서 작성을 위한 고급 콘텐츠 생성 도구

④ 에디터(Editor) : 생성된 콘텐츠를 편집하는 기능을 제공

⑤ 뤼튼 자동번역(Wrtn Translate) : 생성된 콘텐츠를 자동으로 번역하는 기능을 제공할 예정

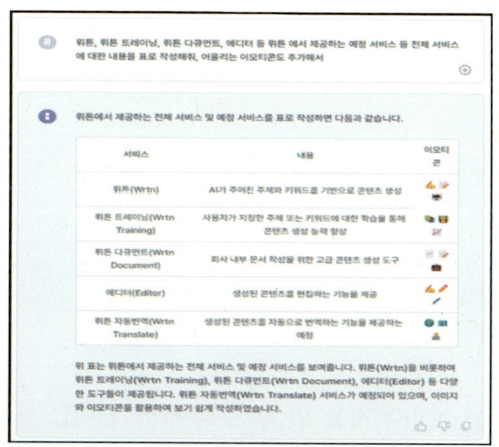

뤼튼, 전체 서비스 소개

뤼튼은 채팅, 다양한 글쓰기 툴, 뤼튼 트레이닝, 에디터, 뤼튼 도큐먼트 외에도 친구와 동시에 쓰는 Chatgpt, 채팅창에서 이미지를 만들어 주는 기능, pdf/docx/hwp 등 문서 파일을 인식하여 요약/번역/문서 내 검색 등 다양한 기능을 지원할 예정입니다. 대기자 명단에 등록하면 새로운 기능을 빨리 만나볼 수 있습니다.

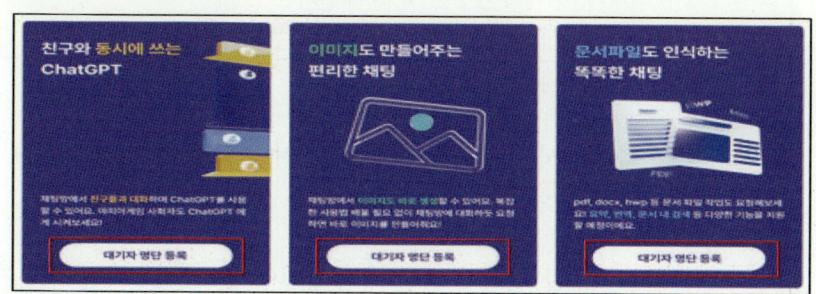

뤼튼, 출시 예정 서비스 소개

4. D-ID 영상제작

D-ID 회원 가입 및 로그인하기

(1) PC에서 크롬 브라우저를 연 후 구글에서 'D-ID'를 검색합니다.

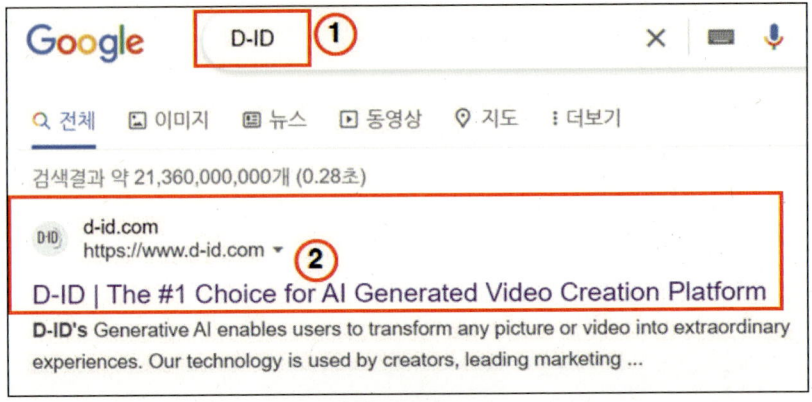

D-ID 검색

(2) D-ID 홈 화면에서 '무료 평가판'이나 '지금 바로 시작해 보세요' 버튼을 클릭합니다.

구글 크롬에서는 구글 번역기 기능이 탑재되어 있으므로 화면 어딘가에 마우스를 클릭한 후 마우스 오른쪽 버튼을 누르면 나타나는 메뉴 중 '한국어로 번역' 기능을 이용하면 한글로 페이지의 내용을 확인할 수 있습니다.

D-ID 홈 화면

(3) ①Create Video(비디오 만들기) -〉 ② +ADD(추가) 버튼을 클릭하면 로그인 화면이 나타납니다.

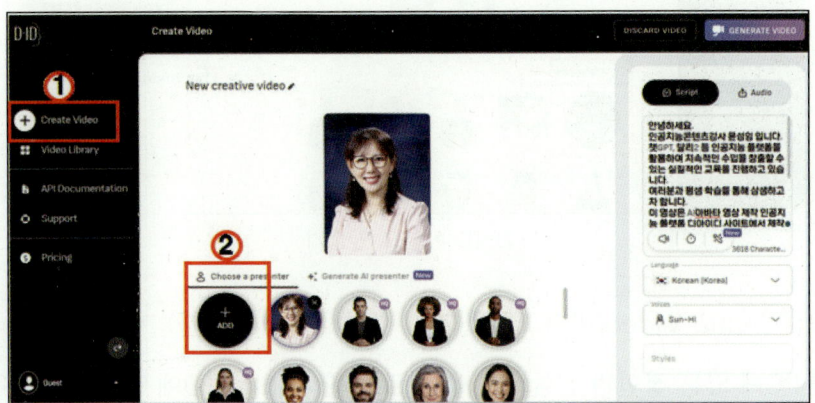

D-ID 편집 화면

(4) 구글 계정으로 로그인하면 가입 및 로그인이 됩니다.

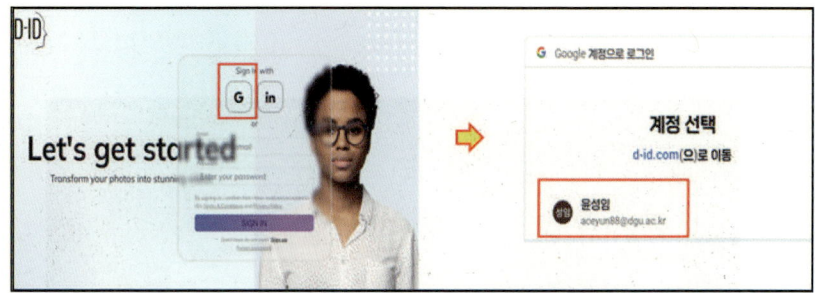

D-ID 구글 계정으로 가입 및 로그인

나의 아바타로 영상 제작하기

(1) Create Video(비디오 만들기)

D-ID 비디오 만들기

①'Create Video(비디오 만들기)' -> ② '+ADD(추가)' 버튼을 클릭하여 PC에 있는 정면의 인물 사진을 업로드 합니다. D-ID에서 제공된 아바타 사진을 이용할 수도 있습니다

③'Script'를 터치한 후 ④아바타가 말할 텍스트(스크립트)를 입력하고 ⑤해당 언어와 AI 보이스, style(스타일)을 선택한 후 ⑥들어보기를 해보고 ⑦'GENERATE VIDEO(비디오 생성하기)'를 클릭하면 말하는 나의 아바타 영상이 만들어집니다. 만들어진 영상은 ⑧Video Library에 보관되고 다운로드할 수 있습니다. 위와 같이 말하는 나의 아바타 영상이 뚝딱 만들어집니다. 한국어는 여성과 남성 각 한 개의 AI 보이스만 존재합니다.

⑨Audio(오디오)를 클릭하면 AI 보이스가 아닌 나의 녹음된 음성 파일을 업로드하여 사실적인 나의 보이스로 아바타 영상을 만들 수 있습니다. 음성 파일은 스마트폰의 '음성 녹음' 기능을 이용하여 녹음된 파일을 컴퓨터로 옮겨 사용하면 됩니다.

다른 나라 언어로 하고 싶을 때는 ④텍스트(스크립트)를 구글 번역기 등에서 원하는 나라의 언어로 번역한 후 복사 -〉 붙이기하여 입력한 후 동일한 순서로 ⑤해당 언어와 AI 보이스, style(스타일)을 선택한 후 ⑥들어보기를 해보고 ⑦'GENERATE VIDEO(비디오 생성하기)'를 클릭하면 말하는 다양한 나라의 말을 유창하게 하는 나의 아바타 영상이 만들어집니다.

(2) Video Library(비디오 라이브러리)

만들어진 영상이 보관된 ①'Video Library'를 터치하여 영상을 재생한 후 ②점 3개를 누른 후 ③다운 ④공유, ⑤삭제할 수 있습니다.

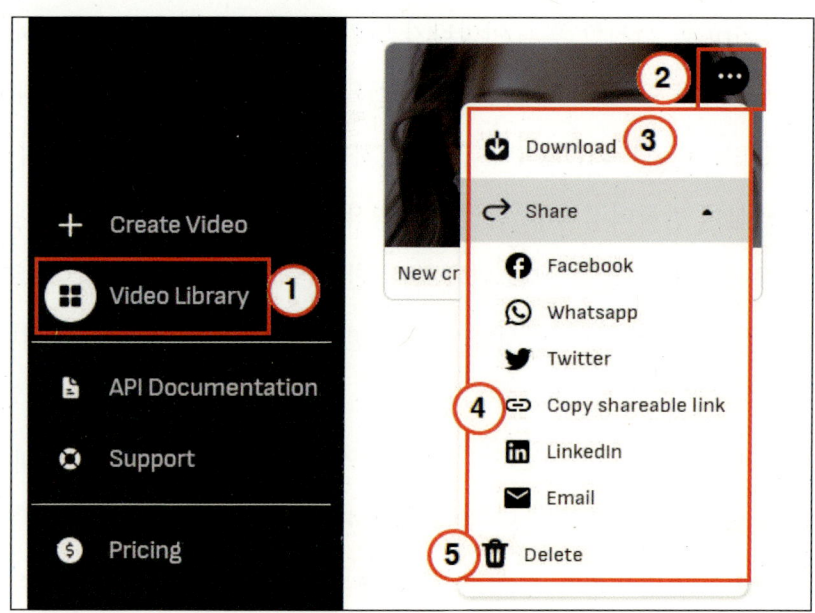

D-ID 비디오 라이브러리

(3) 프롬프트로 아바타 생성 및 영상 제작하기

①Create Video -> ②Generate Presenter를 터치한 후 ③프롬프트
창에 생성할 이미지를 설명하는 프롬프트를 입력한 후 ④Generate(생성)
를 터치하면 아바타가 생성됩니다.

③프롬프트 창에 커서를 클릭하면 아바타의 프롬프트 예시가 나타납니
다. 그중 원하는 스타일의 아바타를 선택한 후 해당 프롬프트를 수정하여
④Generate(생성) 하면 아바타가 생성됩니다.

무료 사용자에게는 총 15개의 아바타를 생성할 수 있습니다.

아래 그림은 임의의 아바타를 생성한 예시입니다. 생성된 아바다 중 정면 아바타를 선택하여 이전에 설명한 순서대로 아바타 영상을 제작하면 됩니다.

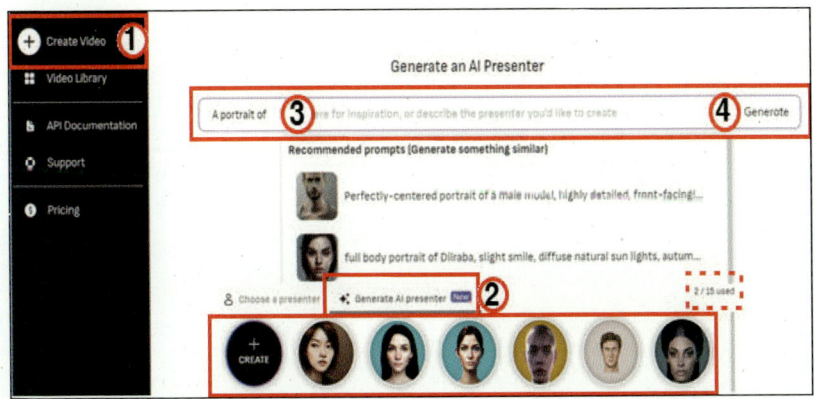

D-ID 프롬프트로 아바타 생성하기

D-ID 프롬프트로 아바타 생성하기

D-ID를 활용하여 만들어진 나의 아바타 글로벌 영상은 단독으로 유튜브 등 SNS에 올려도 되고, 다른 영상 제작 시 인트로 영상으로, 중간에 PIP 영상으로 추가하여 글로벌한 홍보 영상으로 사용할 수 있을 것입니다.

PART 5

생성형 AI 활용 콘텐츠 제작으로 수익화하기

윤서아

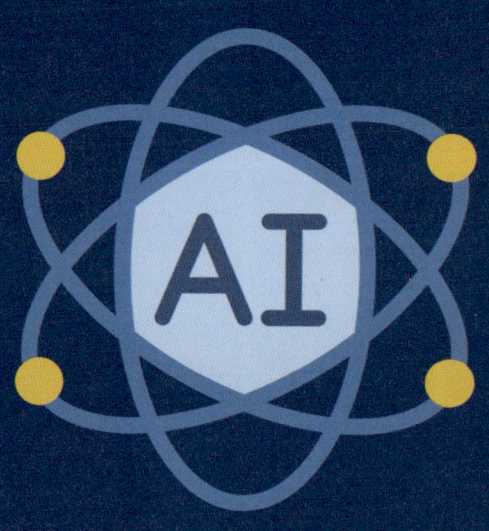

1. Chatgpt 실무 활용을 위한 기본 설정

생성형 인공지능 시대는 누구나 생산자가 될 수 있는 콘텐츠의 시대입니다. 인공지능이 겉으로는 공학의 발달로 보이지만 그 내면에는 인문학적 소양이 내포되어 있습니다. 이제 컴퓨터는 인간과 실시간으로 대화할 수 있습니다. Chatgpt와 생성형 AI는 어느새 일상에 녹아들었습니다. 인간은 인공지능 환경에서 살아가고 있습니다. 여러분은 이제 결정해야 합니다.

AI를 활용한 콘텐츠 제작의 시대,
생산자로 살아남을 것인가? 소비자로 남아있을 것인가?
결정을 내렸다면 이제 실행하세요.

Chatgpt의 실무 활용은 지구상의 모든 지식 노동에 영향을 미치고 있습니다. 앞으로 그 영역과 범위가 더 확장할 것으로 기대합니다. Chat이란 대화를 의미하고, G(Generative)는 생성한다는 뜻을 나타냅니다.

P(Pretrained)는 사전 학습했다는 것을 의미하고, T(Transformer)는 이어지는 낱말과 단어를 예측하는 모델을 뜻합니다. 즉 구조화된 글쓰기, 카피라이팅 능력이 가능한 Chatgpt는 콘텐츠를 생성하는 데 최적화된 모델입니다. 정리 요약하고 패턴과 유형을 찾아내는 수준의 해석까지도 가능합니다.

본 장에서는 생성형 AI를 활용하여 콘텐츠를 제작하는 방법과 그 콘텐츠로 어떻게 수익화까지 연결할 수 있는지에 대한 사례를 소개할 예정입니다.

OpenAI 회원 가입 및 Chatgpt 설정하기

Chatgpt는 구글 검색창에서 ai.com 검색하면 해당 사이트로 바로 연결이 가능합니다.

구글 검색창에서 ai.com 검색하기

OpenAI 첫 화면

OpenAI 첫 화면에서 구글 계정으로 회원 가입 혹은 로그인을 진행합니다. 이미 회원이신 분은 Log in 버튼을 누르고, 아직 회원 가입을 안한 분은 sign up 버튼을 클릭합니다. 아래 화면에서 Chatgpt를 선택해서 입장합니다.

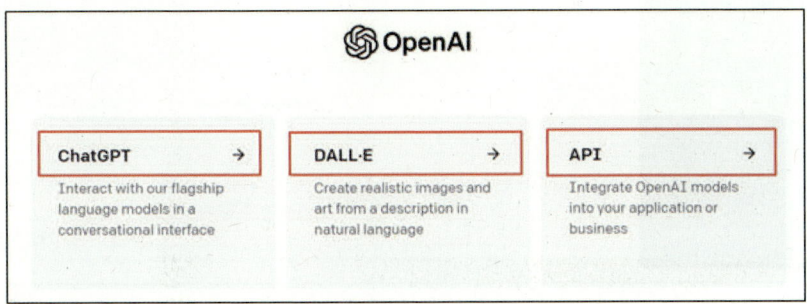

아직 회원 가입을 안 한 분은 본인 구글 계정을 클릭 후 회원 가입을 합니다.

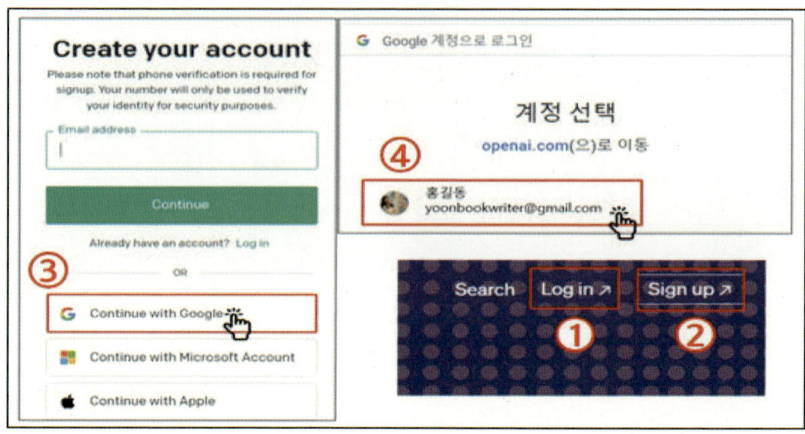

Chatgpt의 화면구성은 아래와 같습니다

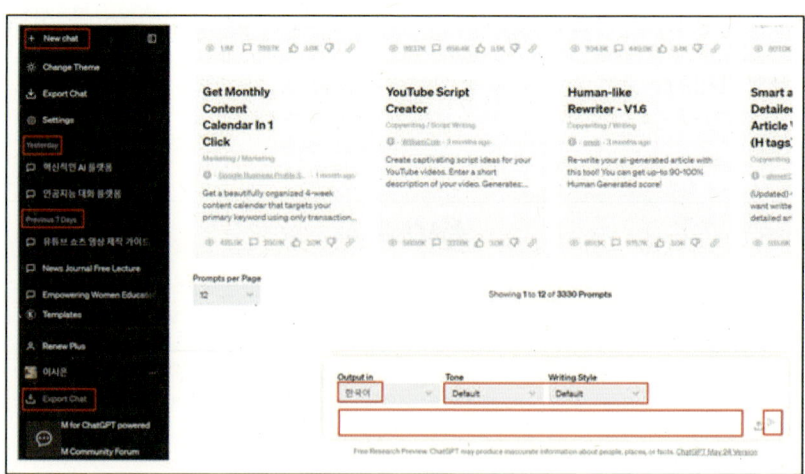

Chatgpt 화면구성

Chatgpt 화면구성을 살펴보면 좌측메뉴바에서 + New Chat 버튼을 클릭해서 새로운 대화를 시작할 수 있습니다. Chat의 대화 내용 내보내기 (Export Chat), 설정(Setting)이 있습니다. 어제의 대화 주제, 7일 전 대화 주제를 바로 확인할 수도 있습니다.

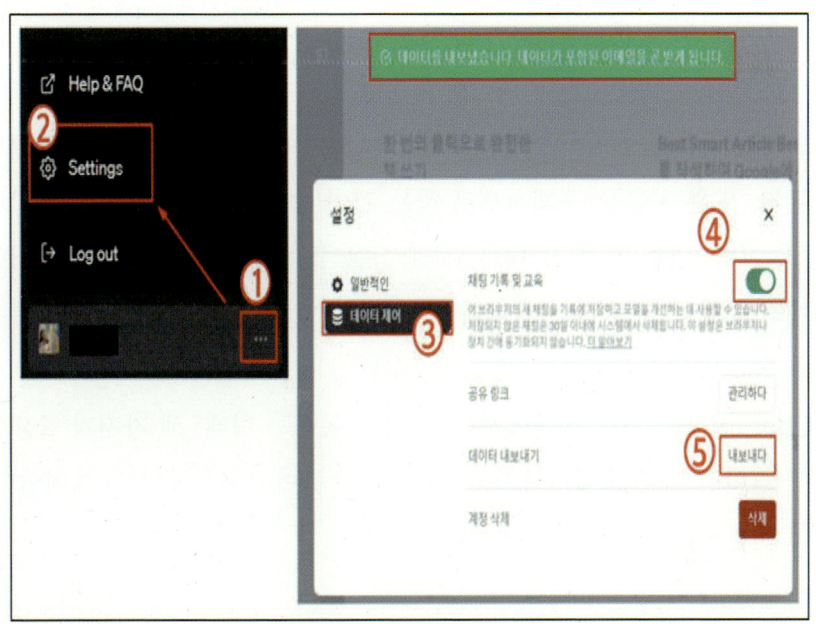

구글 계정 옆의 ① 점 3개 → ② 설정(Setting) → ③ 데이터 제어를 누르면 채팅 기록을 활성화할 수 있습니다. 채팅 기록을 활성화해서 오른쪽으로 녹색으로 보이게 설정하면 나의 질문답변 내용을 저장할 수 있습니다. 그리고 데이터 내보내기를 통해 질문답변 내용을 이메일로 받아볼 수 있습니다. 채팅 기록을 놓치는 분들이 많다고 하니 꼭 활성화하길 바랍니다.

Chatgpt 프롬프트 핵심요소 3가지

Chatgpt에 질문을 잘하여 원하는 답을 잘 얻으려면 우선 대화이기 때문에 소통을 쉽게 하는 질문을 하여야 합니다. 즉, 문장을 해석하는데 질문자의 의도가 잘 전달이 되게끔 문장을 구성하는 것이 기본입니다. 그다음에는 질문을 잘하기 위하여 육하원칙(누가, 언제, 어디서, 무엇을, 어떻게, 왜)에 따라 질문을 하여야 합니다.

그리고 질문에서 답이 미흡하다고 생각되면 Chatgpt에 역할을 부여한다든지, 또는 질문을 구체적으로 하는 것이 좋습니다. 예를 들면 역할의 명칭, 지명, 인물명, 책자 제목, 사례 등을 들어서 질문하는 것이 그러한 구체적인 방법이 될 수 있습니다.

Chatgpt 프롬프트 질문에서는 '역할', '목적', '형태' 세 가지가 중요합니다. '(어떤 역할)로서, (목적=결과물)을 만들어 (어떤 형태로) 보여달라'라고 질문하는 습관을 길러야 합니다.

▶ (역할)로서

Chatgpt와의 대화는 역할 놀이와 같습니다. GPT에 역할을 부여하고 그 역할이 필요한 정보를 요구합니다. CEO, 변호사, 재무 설계사, 베스트셀러작가, 스타트업기획자, 웹디자이너, 물리치료사, 카피라이터 등 현존하는 직업으로 설정할 경우, 직업별 필요한 정보를 맞춤형으로 얻을 수 있습니다.

▶ (목적) 무엇을 만들어 달라

목적은 결과물(output)과 같은 개념입니다. Chatgpt로부터 얻을 수 있는 결과물로는 에세이, 기사, 광고카피, 블로그 포스트, 세일즈 카피, SEO 키워드, 인스타그램 피드, 상품기획 설명, 책 목차, 이메일 내용 등이 있습니다.

▶ (형태)로 보여줘

결과물의 유형이라고 볼 수 있습니다. 즉 글, 리스트, PDF, 차트, 표, 논문, 슬라이드 등의 형태를 요구할 수 있습니다.

이를 위해 꼭 필요한 크롬 확장자 프로그램 3가지를 소개하겠습니다. 우선 크롬 웹스토어를 북마크에 고정해 두고 사용하면 확장 프로그램을 찾는 데 도움을 받을 수 있습니다.

https://chrome.google.com/webstore/category/extensions

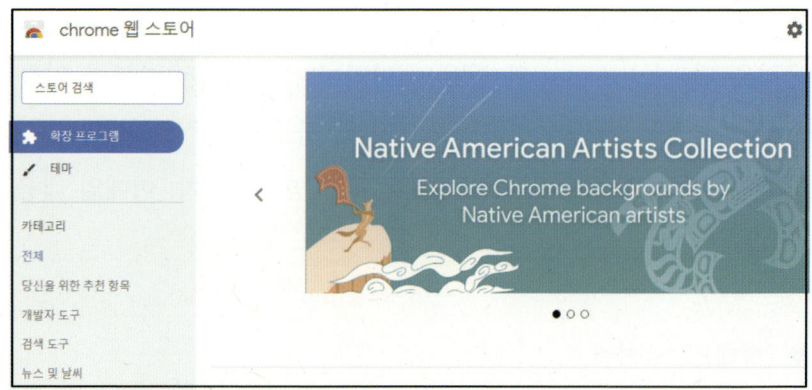

확장프로그램으로 Chatgpt 날개 달기

크롬(chrome) 웹스토어에서 확장자를 찾아 크롬(chrome)에 추가해두면 Chatgpt를 200% 활용하는 데 도움을 받을 수 있습니다.

① 크롬 웹스토어에 접속합니다.
https://chrome.google.com/webstore/
② [프롬프트 지니]를 검색합니다.
③ 해당 프로그램을 클릭하고, ④ Chrome에 추가합니다.

이 순서대로 필요한 확장자를 크롬에 추가하여 업무 속도를 높이고 일의 완성도도 올릴 수 있습니다

1) 프롬프트 지니: Chatgpt 자동 번역기

Chatgpt에 한글로 질문하면 대답이 느리고 대화한 내용을 빨리 잊어

버리는 단점이 있습니다. 프롬프트 지니 확장 프로그램(https://www.
promptgenie.ai/)은 응답 시간을 단축시키고, 문자수를 더 길게 제공하
며, 더 긴 시간동안 Chatgpt가 나의 질문과 답변을 기억하게 도와줍니다.

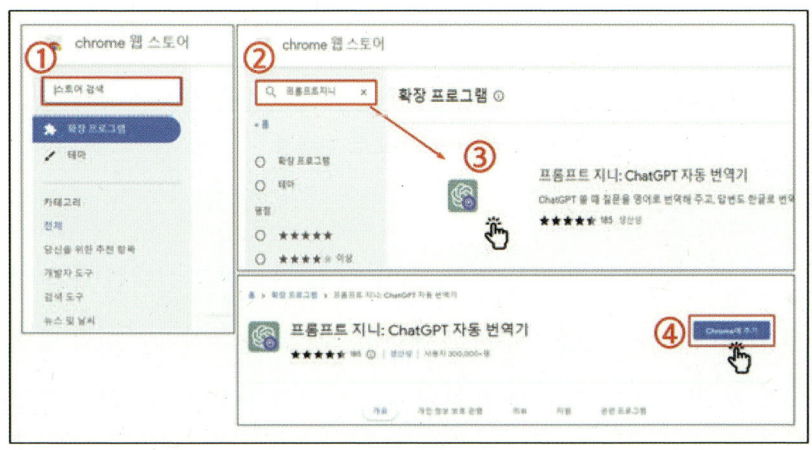

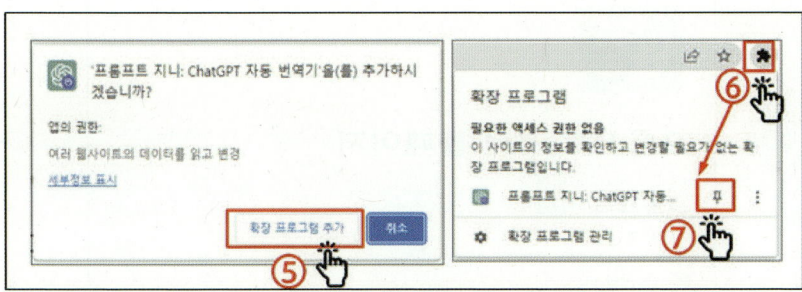

프롬프트지니:Chatgpt 자동번역기 확장프로그램 추가하기

프롬프트지니를 확장 프로그램으로 추가해두면, 한글로 질문할 경우 자동번역기능이 활성화되어 한글 답변을 손쉽게 받아볼 수 있습니다.

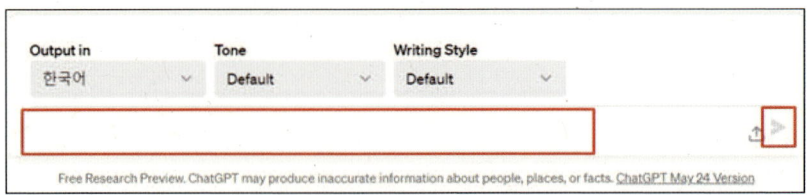

Chatgpt 프롬프트 입력창

Chatgpt 프롬프트 입력창의 'Output in'을 한국어로 선택한 다음 질문란에 한글로 프롬프트를 작성하고 엔터(enter)키를 클릭하면 한글 답변을 받아볼 수 있습니다. 물론 영어 프롬프트를 입력하면 더 정확하고 풍부한 답변을 기대할 수 있습니다. 영어 프롬프트가 익숙하지 않은 사용자들은 한글 프롬프트를 사용할 수 있습니다.

2) AIPRM for Chatgpt

AIPRM은 SEO, SaaS 등을 위한 선별된 프롬프트 템플릿 목록을 Chatgpt에 추가합니다. 웹사이트의 검색 엔진 최적화를 개선하고 지원하는 역할을 합니다. Chatgpt의 답변 중 특정한 내용을 제거하거나 결합하기를 원할 때 'Remove chapter ……' 혹은 'Combine A and B'의 명령어를 넣어서 삭제나 결합도 가능합니다.

크롬 웹스토어에서 AIPRM for Chatgpt 확장프로그램을 추가할 수 있습니다.

AIPRM 확장프로그램이 설치되어 있으면, '추가됨' 녹색 라벨이 붙어 있는 것을 확인할 수 있습니다.

https://www.aiprm.com 홈페이지 화면

3) Chatgpt Optimizer - Boost Your AI Workflow

Chatgpt 생산성 부스터인 Chatgpt Optimizer는 생산성을 높이고 작업 흐름을 간소화하는 기능을 추가하여 웹 사이트 사용 방식을 개선합니다. 또한 이 확장 프로그램은 어디에서나 GPT를 더 쉽게 사용할 수 있도록 해주는 다양한 기타 기능을 제공합니다.

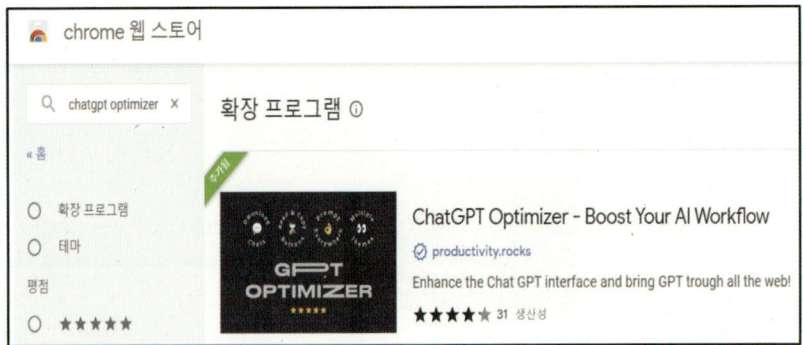

4) YouTube & Article Summary powered by Chatgpt

　Chatgpt에서 제공하는 YouTube 및 기사 요약 기능을 가진 확장 프로그램입니다. YouTube 동영상과 웹 기사를 요약하고 빠르게 액세스할 수 있습니다. 또한 YouTube에서 동영상을 탐색하는 동안 동영상 썸네일의 요약 버튼을 클릭하여 동영상 요약을 빠르게 보고 액세스할 수 있습니다.

5) WebChatgpt: 인터넷 액세스가 가능한 Chatgpt

　OpenAI가 Chatgpt Plus 유료 사용자에게 제공하는 웹 브라우징 기능과 유사하여 Chatgpt가 인터넷에 액세스하고 정확한 결과와 소스 링크를 제공할 수 있습니다. 무료로 Chatgpt 사용자가 사용할 수 있습니다.

Q 확장 프로그램이 작동하지 않고, 툴바가 표시되지 않습니다. 이럴 경우 어떡해 할까요?

A 일부 다른 Chatgpt 확장 프로그램은 WebChatgpt를 방해하는 것으로 알려져 있습니다. 다른 확장 프로그램과의 호환성을 높이기 위해 노력하고 있습니다. 한편, 툴바가 표시되지 않는 문제가 발생하는 경우 설치한 다른 Chatgpt 확장 프로그램을 비활성화하고 페이지를 새로 고침해보세요. 계속해서 문제가 발생하면 Discord 서버(https://discord.gg/nmCjvyVpnB)에서 지원을 요청하세요. 구글 계정을 나누어서 확장 프로그램을 별도로 추가하는 방법도 있습니다.

6) Chatgpt Writer - Write mail, messages with AI

Chatgpt AI를 사용하여 이메일 및 메시지를 작성하고, 문법 오류를 수정하고, 텍스트를 바꾸고, 쓰기 어조를 변경하고, 텍스트를 요약하는 등의 작업을 수행할 수 있습니다. 무료로 사용할 수 있습니다. 모든 사이트가 지원되며 Gmail에 대한 지원이 강화됩니다.

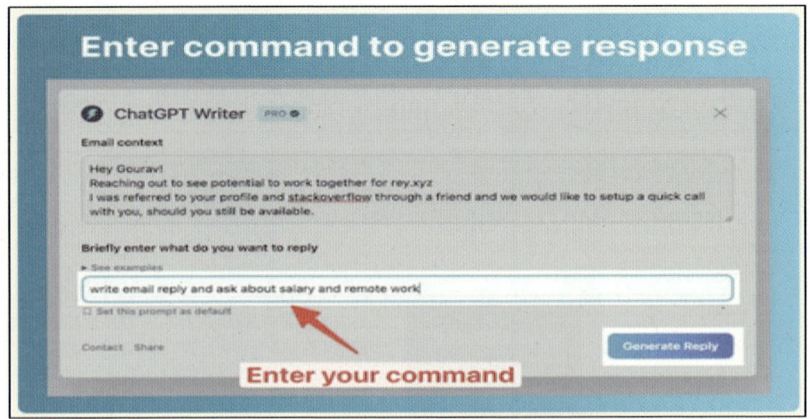

응답 생성 방법

응답을 생성하려면 Chatgpt Writer 입력 필드에 프롬프트를 입력하십시오. 예시는 아래와 같습니다.

▶ write an email about any open position in marketing team
- 마케팅팀 내에서 직책 관련 이메일 쓰기
▶ write email about salary negotiation
- 급여 협상에 대한 이메일 쓰기

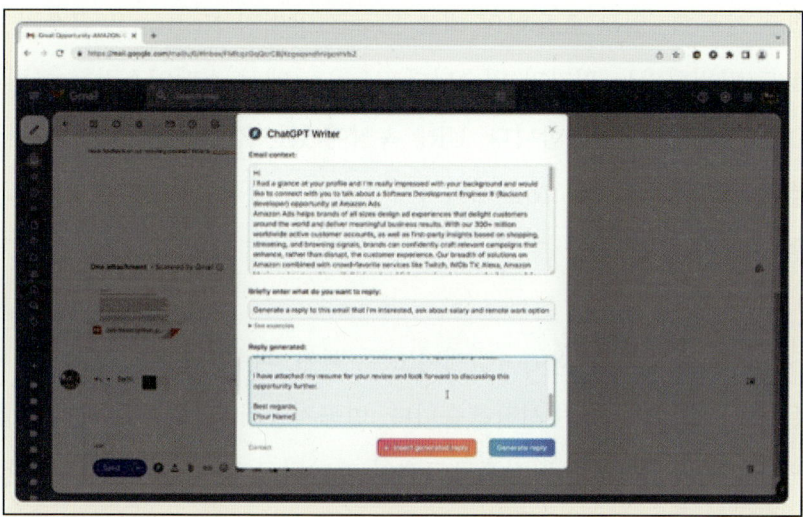

Chatgpt Writer 사용화면

7) Chatgpt to Notion

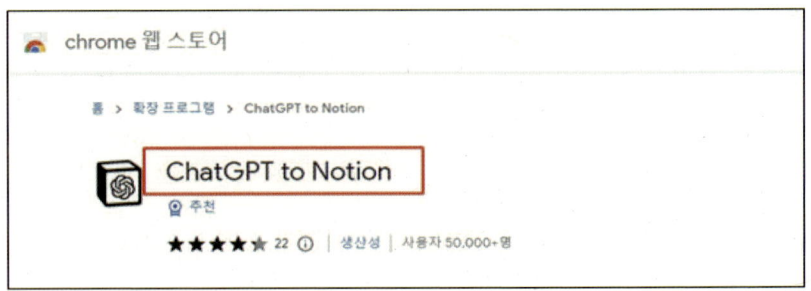

Chatgpt 대화를 Notion에 쉽게 저장할 수 있는 Google Chrome 및 Microsoft Edge 확장 프로그램입니다. 이 확장 프로그램을 사용하려면 Chatgpt 계정과 Notion 계정이 있어야 합니다. Chatgpt to Notion은 완전히 무료로 사용할 수 있습니다. chat.openai.com 및 notion.so에서 무료로 계정을 만들 수 있습니다.

업무 자동화, 업무 효율화의 대표 도구로 알려진 Notion은 글쓰기 용도로도 탁월하다는 평가가 있습니다. Notion에서 스페이스바를 클릭하면 AI로 글쓰기가 가능합니다. URL 속성이 있는 경우 해당 응답 및 관련 프롬프트를 선택한 Notion 데이터베이스에 구체적으로 저장하는 데 사용할 수 있습니다.

Chatgpt의 기능은 Notion, 에버노트, 엑셀, 파워포인트, 구글 시트 등 모든 사이트가 연동하기 시작했습니다. 인공지능의 확장은 무한한 시대입니다. 이외에도 수많은 확장프로그램이 개발되고 있고, 앞으로도 인간의 비즈니스와 업무 효율화에 이바지할 것입니다. 또한 개인의 삶을 윤택하게 만드는 데 있어 Chatgpt의 활용 가능한 범위가 더욱 확대될 것입니다.

2. 전자책 제작하고 다달이 인세받기

종이책 기반의 출판업 시장은 ebook 혹은 PDF 형태의 전자책 시장으로 확장 개편되고 있습니다. 종이책 한 권을 출간하고 유통하는 데에는 지속해 비용이 발생합니다. 인쇄, 보관, 배송, 유통의 절차마다 종이책이 소진될 때까지 계속 지출이 일어납니다. 하지만 전자책은 온라인상의 뷰어(viewer)나 PDF 형태로 바로 확인할 수 있고 유통비용이 최소화되어 출판 트렌드가 전자책으로 넘어가는 추세입니다.

코로나 팬데믹 이후 재능마켓이나 펀딩 사이트를 중심으로 PDF 형태의 다운로드 가능한 전자책이 인기를 끌었습니다. 처음에는 유명한 마케터나 강사들 위주로 전자책이 출간되는 양상을 보였다면 지금은 누구나 작가가 되는 시대가 되었습니다. 여기에 불을 지핀 것이 바로 Chatgpt입니다.

Chatgpt를 만든 OpenAI는 미국의 인공지능 기업입니다. 2015년 페이팔의 피터 틸, 링크드인의 레이드 호프만, 테슬라의 일론 머스크 등이 투자해 설립한 회사입니다. 2019년에는 마이크로소프트가 1조 원을 투자했습니다. 2022년 11월 30일 Chatgpt가 웹으로 무료 서비스를 시작했습니다. 불과 두 달 만에 전 세계 사용자가 1억 명을 넘어섰습니다. 빠른 속도를 보장하는 Chatgpt-4 유료 서비스를 내놓았습니다. 물론 우리는 무료 서비스로도 충분히 Chatgpt의 성능을 사용하여 전자책을 완성할 수 있습니다.

Chatgpt to Notion

글쓰기는 엉덩이 싸움이라는 말이 있습니다. 일단 책상에 앉아서 컴퓨터를 켭니다. ai.com으로 검색하면 바로 Chatgpt 사이트로 접속할 수 있습니다. 회원가입 및 로그인은 앞에서 자세히 다룬 바 있습니다.

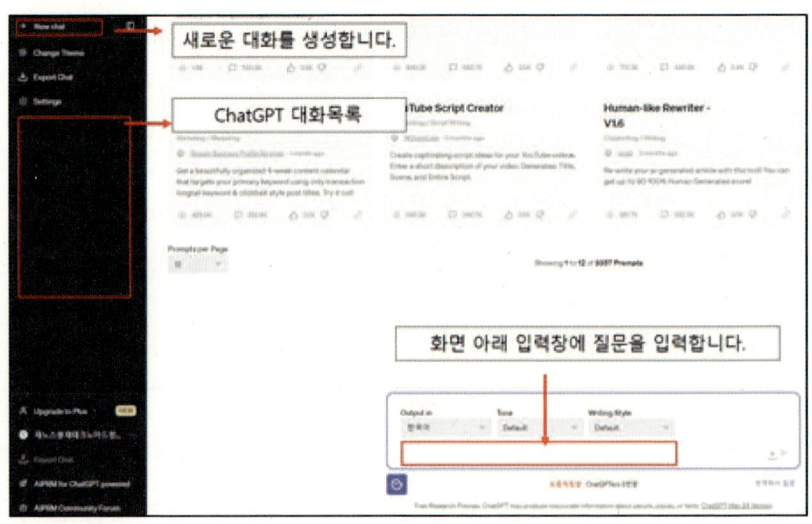

Chatgpt 메인화면

화면 아래 입력창에 질문을 입력하고 엔터 키를 누르면 됩니다. 이때 입력창에 질문하는 내용을 프롬프트(prompt)라고 합니다. 프롬프트는 명령어, 혹은 질문이라고 생각할 수 있습니다. 대답이 늦거나 오류가 발행하면 [Regenerate response]를 클릭하고, 중간에 답변이 멈추었을 경우에는 [Continue]를 클릭합니다.

여러 질문을 생성했을 경우, 기존 대화 주제 화면에서 계속 이어 질문을 해야 합니다. [+New Chat]을 클릭하여 새 대화를 만들면 새로운 대화를 시작합니다. Chatgpt는 하나의 대화 화면에서만 이전 질문과 대답을 기억합니다. 만약 여러 개의 전자책을 동시에 집필 중이거나, 전자책 쓰기를 컨설팅하는 강사라면 전자책 주제별로 채팅을 생성하는 것이 좋습니다.

전자책 쓰기에서 Notion을 활용하는 방법을 소개합니다. Chatgpt 계정과 Notion 계정이 있어야 하고, [Chatgpt to Notion] 확장 프로그램을 Chrome에 추가합니다. 아직 계정이 없다면 chat.openai.com 및 notion.so에서 무료로 계정을 만들 수 있습니다. 확장자를 추가하고, 계정에 회원가입까지 완료되었다면, Notion에서 스페이스바를 클릭하여 AI로 글쓰기가 가능합니다. Chatgpt 대화를 Notion으로 불러오고, 글을 업그레이드하거나 철자와 문법 수정까지 가능합니다. Notion AI는 무료 사용 개수를 초과하게 되면 유료 결제 창이 뜹니다.

Notion AI에서도 Notion AI가 미리 정해둔 프롬프트 외에 Chatgpt

와 같이 사용자가 직접 원하는 프롬프트를 입력할 수 있습니다. Notion AI의 가장 큰 장점은 Notion 내부에서 진행되고 저장된다는 점입니다. 다른 사람과 함께 협업하는 공간에서 AI 답변을 요청하고 그 결과를 저장할 수 있습니다. 물론 월 $10의 결제를 해야 Notion AI를 무제한 사용할 수 있습니다. 이는 Chatgpt 유료 버전의 절반 정도 가격입니다. 그리고 Notion만의 업무 효율화 장점도 이용할 수 있어 최근 인기를 얻고 있습니다.

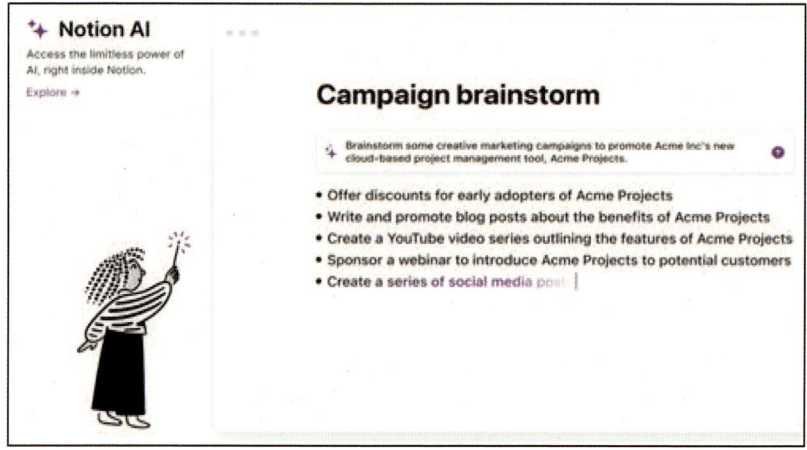

Notion AI 화면

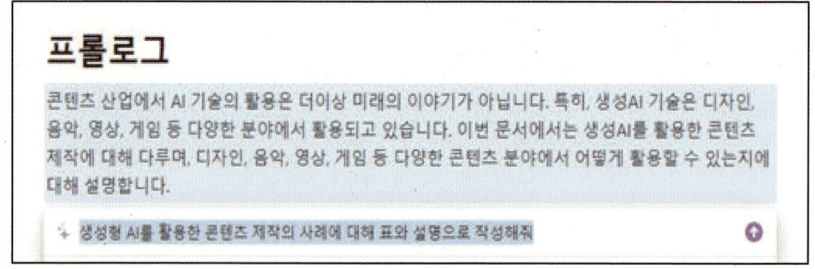

Notion AI 에서 직접 프롬프트 입력하기

Notion AI에 '생성형 AI를 활용한 콘텐츠 제작의 사례에 대해 표와 설명으로 작성해 줘'라는 질문을 남겼습니다. 저자가 요청한 바와 같이 표와 설명으로 답변을 남겼습니다. 저자는 이 답변이 만족스럽지 못했습니다. 그래서 '이어쓰기'와 '늘려 쓰기' 기능을 이용하여 더 풍성하고 자세한 답변을 얻어냈습니다.

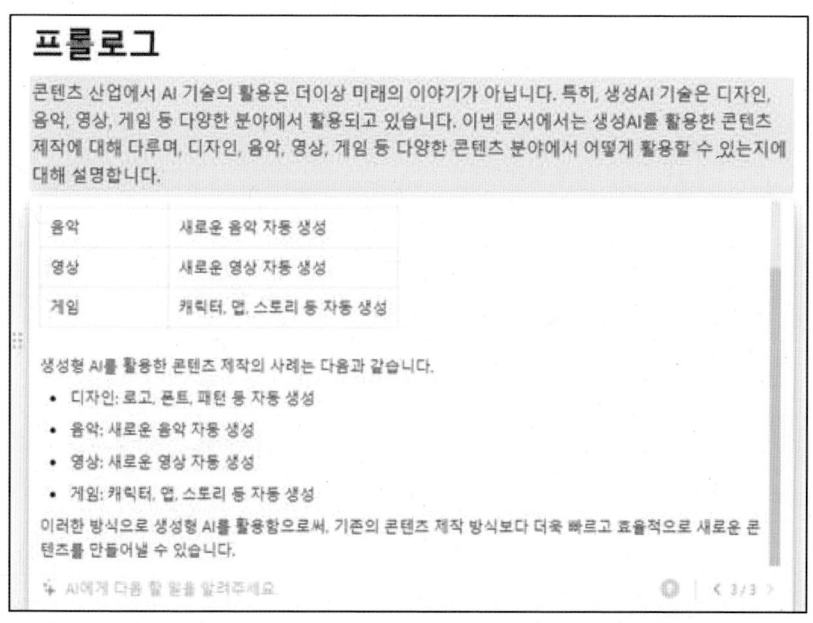

Notion AI를 활용하여 직접 프롬프트 입력한 후 응답 확인하기

Notion AI는 Notion에서 개발한 AI 서비스입니다. Notion AI는 아래 그림과 같이 사용자가 원하는 요청을 선택지로 제공하고 있습니다. Notion AI가 제공하는 답변 결과는 질문을 남긴 Notion 작업공간에 저장됩니다. Chatgpt에서는 추가 답변을 얻기 위해 'Continue'를 클릭하

거나 '이어서', '계속'이라고 프롬프트를 남겼다면, Notion AI에서는 '이어쓰기'를 클릭하면 추가 답변을 얻을 수 있습니다.

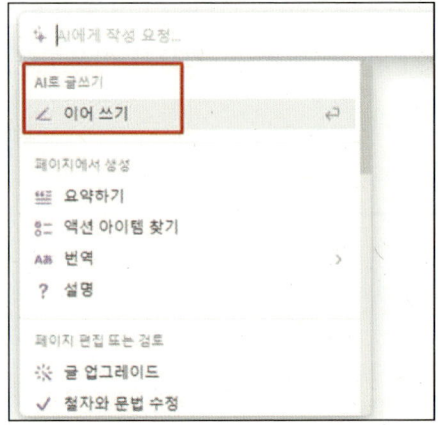

Notion AI로 글쓰기 화면

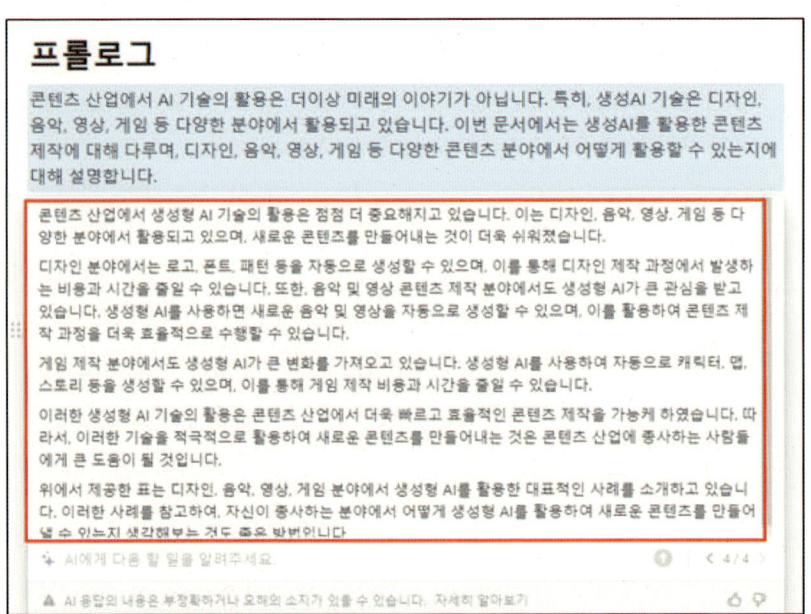

Notion AI '늘려 쓰기' 기능을 클릭하여 얻어낸 답변

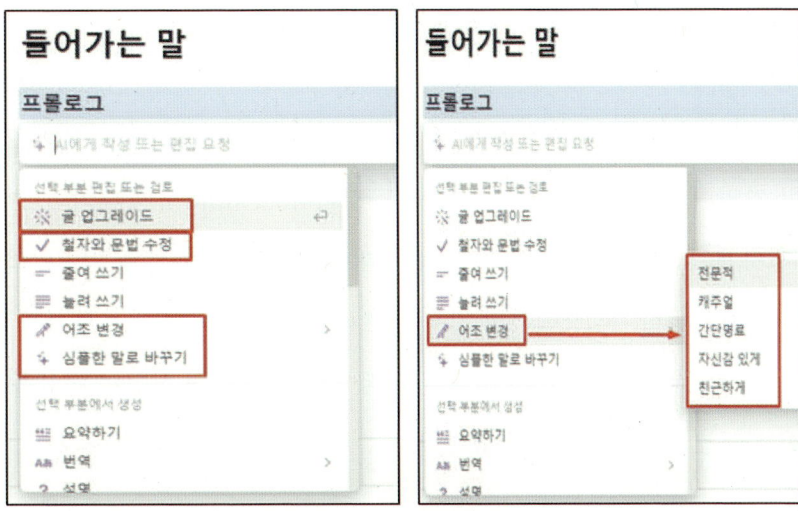

Notion AI를 활용하여 글 업그레이드하고 어조 변경하기

Notion AI에서 [어조 변경]을 통해 글의 느낌을 다양하게 생성하고 수정할 수 있습니다. 또한 [요약하기] 기능을 활용하여 책 소개 상세 페이지 문구를 쉽게 만들 수 있습니다. 글의 내용이 길 때는 [줄여 쓰기], 짧으면 [늘려 쓰기]를 활용하여 원고의 분량도 자유자재로 수정할 수 있습니다.

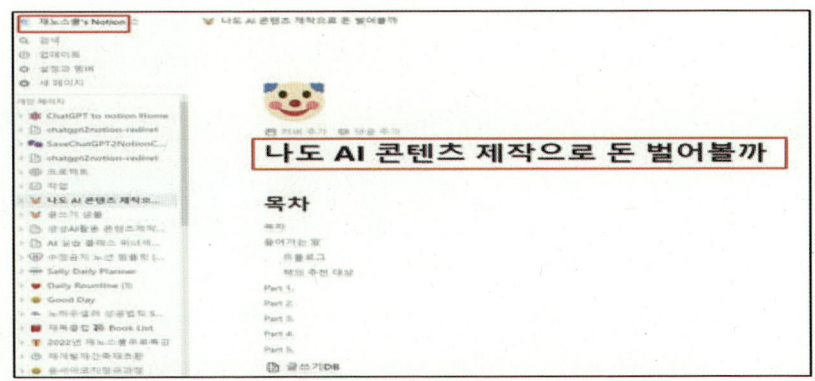

Chatgpt to Notion, Notion AI를 활용하여 전자책 쓰기

Chatgpt로 전자책 제목과 목차 만들기

전자책을 쓰려고 책상에 앉았다면 제목을 정하는 것에서부터 고민을 시작할 것입니다. '두드려라. 그러면 열릴 것이다.' Chatgpt에 내가 쓰고 싶은 전자책의 전반적인 내용과 구성에 대해 알려주고 제목을 지어달라고 질문을 남깁니다. 본 장에서의 질문은 프롬프트입니다. 확장 프로그램 [프롬프트 지니: Chatgpt 자동 번역기]를 추가한 상태라면 한글로 질문을 남기면 한글로 답변을 받을 수 있습니다.

다음은 전자책수익화마스터 민간자격증(문화체육관광부) 과정에 참여하고 있는 수강생의 전자책 사례입니다. 책의 주제, 독자, 강조하고 싶은 내용을 질문에 포함합니다.

나는 다이어트전문가야. 다이어트 관련된 정보와 건강상식을 소개하는 책을 출간하려고 해. 요요 현상없이 건강하게 체중을 줄이는 방법을 알려주는 책이야. 이 책의 제목을 추천해줘.

다이어트 전문가로서 다이어트 관련 정보와 건강 상식을 소개하는 책을 출간하려고 하시는군요. 요요 현상 없이 건강하게 체중을 줄이는 방법을 알려주는 책의 제목을 추천해드리겠습니다.

"건강 다이어트: 영구적인 체중 감량을 위한 실용 가이드"

"스마트 다이어트: 지속 가능한 건강 체중 관리를 위한 알찬 정보"

위의 제목들은 다이어트에 대한 지침과 건강한 체중 감량을 위한 방법을 강조하고 있습니다. 이 책들은 요요 현상을 방지하며, 영구적으로 건강한 체중을 유지하는 방법에 대한 실용적인 가이드를 제공합니다. 출간되는 책이 많은 독자들에게 도움이 되기를 바랍니다.

Chatgpt의 답변이 마음에 들지 않을 때는 [Regenerate response]를 클릭하고, 중간에 답변이 멈추었을 때는 [Continue]를 클릭합니다. Chatgpt의 답변이 마음에 든다면 답변에 이어서 추가 질문을 계속합니다.

이어서 첫 번째로 추천해 준 제목의 목차를 총 5장으로 구분해서 알려줘.

이어서 첫 번째로 추천해드린 제목의 목차를 총 5장으로 구분해서 알려드리겠습니다.

추천한 제목은 "건강 다이어트: 영구적인 체중 감량을 위한 실용 가이드"입니다.

다음은 해당 책의 목차를 5장으로 구분한 예시입니다:

서문

1.1 책 소개

1.2 다이어트의 중요성

다이어트 기초 이론

2.1 식이요법의 원리

2.2 영양학 기본 지식

2.3 운동의 역할

건강한 식단 계획

3.1 올바른 식사 습관

3.2 식단 구성 요령

3.3 간식 및 음료 관리

효과적인 운동 방법

4.1 유산소 운동

4.2 근력 운동

4.3 유연성 운동

지속 가능한 체중 유지

5.1 요요 현상 대처법

5.2 심리적인 건강 관리

5.3 일상 생활에서의 다이어트 팁

위의 예시는 "건강 다이어트: 영구적인 체중 감량을 위한 실용 가이드"의 목차를 5장으로 구분하여 제시한 것입니다. 이를 참고하여 책을 구성하시면 독자들에게 좀 더 구체적이고 유용한 정보를 전달할 수 있을 것입니다.

첫 번째 제목에 어울리는 목차를 확인한 다음, 이 목차를 참고해서 전자책의 목차 구성을 정리할 수 있습니다. 그리고 두 번째 제목에 어울리는 목차도 추가로 질문할 수 있습니다.

 두 번째 제목에 어울리는 책의 목차도 총 5장으로 만들어줘

두 번째 제목에 어울리는 책의 목차도 총 5장으로 만들어드리겠습니다.

두 번째 제목은 "스마트 다이어트: 지속 가능한 건강 체중 관리를 위한 알찬 정보"입니다.[2]

다음은 해당 책의 목차를 5장으로 구분한 예시입니다:

서문

1.1 책 소개

1.2 다이어트의 중요성과 목표

체중 관리 이해

2.1 신체 구성과 체중 변동

2.2 대사율과 에너지 소비

지능적인 식단 계획

3.1 영양학 기본 지식

3.2 개인별 식단 요구사항

3.3 올바른 식단 구성 요령

효과적인 운동 전략

4.1 유산소 운동과 근력 운동

4.2 운동 계획 및 일정 관리

4.3 신체 활동을 통한 에너지 소비

지속 가능한 건강 체중 유지

5.1 스마트 다이어트의 핵심 원칙

5.2 심리적인 건강 관리와 동기 부여

5.3 일상 생활에서의 건강한 습관 형성

위의 예시는 "스마트 다이어트: 지속 가능한 건강 체중 관리를 위한 알찬 정보"의 목차를 5장으로 구분하여 제시한 것입니다. 이를 참고하여 책을 구성하시면 독자들에게 명확하고 체계적인 정보를 전달할 수 있을 것입니다.

다이어트에 관한 전자책의 제목과 목차를 확인하고, 저자가 원했던 방향이 맞는지 확인 후 계속해서 추가 질문으로 원하는 답변을 얻을 수 있습니다.

건강 관련 책은 이렇게 비슷한 책의 제목과 목차를 가지고 있어. 나는 좀 더 참신한 제목과 목차를 원해 비상식적인 다이어트로 건강하지 않은 20, 30대 여성들이 자신을 인정하고 사랑하는 방법에 대해 정신적으로 접근하는 책을 쓰고 싶어.

건강과 자기 인정, 정신적 접근을 주제로 하는 참신한 책을 쓰고자 한다면, 다음과 같은 제목과 목차를 제안해드릴 수 있습니다:

제목: "탄탄한 내면, 건강한 외면: 비상식적 다이어트로 2030대 여성이 자신을 인정하고 사랑하는 방법"

목차:

1장. 소개

1.1 책의 목적과 독자에게 주는 메시지

1.2 비상식적 다이어트의 개념과 중요성

2장. 건강한 몸, 건강한 마음: 정신적인 접근의 필요성

2.1 건강과 자기 인정의 관계

2.2 비상식적 다이어트의 정신적 요소

2.3 정신적 건강을 위한 자기 성찰과 자기 사랑 방법

3장. 현실과의 조화: 건강한 신체와 심리의 조화

3.1 식단과 운동의 조화로 건강한 신체 유지

3.2 성서적인 균형과 스트레스 관리의 숭요성

3.3 비상식적 다이어트의 심리적 지원 방법

4장. 비상식적 다이어트 실천하기

4.1 비상식적 다이어트의 기본 원칙과 가이드라인

4.2 실천 가능한 습관 형성을 위한 전략

4.3 동기 부여와 유지를 위한 효과적인 방법

5장. 자기 인정과 사랑의 실천

5.1 자기 인정과 사랑의 의미 이해하기

5.2 비상식적 다이어트를 통한 자기 인정과 사랑 실천법

5.3 자기 인정과 사랑의 영향을 주는 외부 요소와 대처 방법

6장. 비상식적 다이어트의 지속성과 변화

6.1 비상식적 다이어트의 장기적인 목표와 변화

6.2 건강과 자기 인정을 유지하기 위한 지속적인 노력

6.3 비상식적 다이어트의 영향과 변화를 나누는 이야기들

위의 목차는 "탄탄한 내면, 건강한 외면: 비상식적 다이어트로 2030대 여성이 자신을 인정하고 사랑하는 방법"이라는 참신한 책의 예시입니다.

전자책을 쓰는 과정에서 제목과 목차는 집의 대문과 뼈대와 같습니다. 중간에 달라질 수도 있습니다. 하지만 기본적인 목차를 미리 정해놓지 않으면 전자책을 완성하기까지 오랜 시간이 걸릴 수도 있습니다. 이때 생성형 AI의 도움을 받는 것이 현명한 선택입니다.

전자책을 작성하기 전에 기존 출간된 다른 저자의 제목과 목차를 참고하기 마련입니다. 그 수고로움을 Chatgpt가 도와주는 역할을 합니다. Chatgpt가 답변하는 책의 제목과 목차도 다른 유사 책을 참고로 해서 만드는 것입니다. 예비작가가 일일이 책을 찾아 목차를 베껴 정리하는 수고로움을 덜 수 있습니다.

Chatgpt로 프롤로그 완성하기

전자책의 제목과 목차를 정했다면 책의 서문 역할을 하는 프롤로그를 작성합니다. 전자책을 집필하고 판매해 본 저자들은 프롤로그 작성이 본문 작성보다 어려운 글쓰기라는 것을 경험했을 겁니다.

> 나는 인공지능 기술을 활용한 콘텐츠 제작에 관한 베스트셀러 책을 집필한 작가야. 콘텐츠 제작으로 돈을 벌고 싶은 사람들에게 적합한 프롤로그를 총 4개의 단락으로 나누어서 써줘.

1단락:

안녕하세요! 저는 인공지능 기술을 활용한 콘텐츠 제작에 관한 베스트셀러 책을 집필한 작가입니다. 이 책은 콘텐츠 산업을 혁신하고자 하는 분들에게 특히 도움이 될 것입니다. 콘텐츠 제작으로 돈을 벌고 싶은 사람들을 위해, 인공지능이 어떻게 콘텐츠 산업을 변화시키고 있는지를 알려드릴 것입니다.

2단락:

이 책에서는 인공지능이 콘텐츠 제작에 어떻게 활용되고 있는지에 대해 실제 현장 사례를 통해 알려줍니다. 예능 PD가 알려주는 인공지능 활용법을 통해 인사이트를 제시하고 있으며, 이를 통해 콘텐츠 제작자로서의 생존 전략을 도출할 수 있습니다.

3단락:

또한, 영국 공영방송인 BBC의 연구조직인 BBC R&D에서는 2017년부터 콘텐츠 제작에 인공지능 기술을 적용하는 연구를 진행하고 있습니다. 이 연구에서는 공연 중계의 제작과정을 효율적으로 개선하고, 시청자에게 더 생생한 공연 현장을 전달하기 위한 방안을 모색하고 있습니다.

4단락:

인공지능 기술은 콘텐츠 제작 분야에서 많은 잠재력을 가지고 있습니다. 책에서는 그 잠재력을 활용하여 어떻게 콘텐츠 제작자로서 성공할 수 있는지에 대해 다루고 있습니다. 인공지능을 적용하여 효율적인 콘텐츠 제작과 개인화된 콘텐츠 제공을 실현함으로써, 독자와 시청자들에게 더욱 가치 있는 콘텐츠를 제공할 수 있을 것입니다.

≪나도 AI 콘텐츠 제작으로 돈 벌어볼까?≫ 책의 프롤로그를 작성하기 위해 Chatgpt에 질문을 던졌습니다. 위의 답변은 처음 질문에 대한 답변

이고, 마음에 들지 않았습니다. 계속해서 이 책의 목차와 내용을 알려주고, 여러 번 질문한 결과 이 책의 프롤로그로 만족할 만한 내용을 얻을 수 있었습니다. 실제로 이 책의 프롤로그는 Chatgpt와의 대화 내용을 30% 정도는 활용하여 작성하였습니다. 물론 Chatgpt의 답변을 그대로 인용한 것은 아닙니다. 주어, 서술어, 혹은 상황에 대한 추가 내용을 덧붙이거나 일부 삭제, 변형하여 새로운 프롤로그로 완성하였습니다. Chatgpt를 보조작가로 활용한 덕분에 프롤로그 작성이 훨씬(Scene) 쉬워졌습니다.

다음은 전자책수익화마스터 민간자격증(문화체육관광부) 과정에 참여하고 있는 수강생이자 서초동 오 원장님의 전자책 프롤로그 사례입니다. 책의 제목, 나의 직업, 관심사, 강조할 내용, 독자에 대한 정보를 질문에 포함합니다.

나는 내과 의사야. 나는 60대와 70대의 건강과 성생활의 비밀에 대한 전자책을 집필하려고 해. 내 책의 제목은 네가 제안해준 "황금시대 건강수첩: 60대와 70대를 위한 새로운 시작"으로 정했어. 이 책의 프롤로그를 자세하고 친절하게 4단락으로 작성해 줘.

1단락:

안녕하세요. 여러분, 황금 시대에 오신 것을 환영합니다! 이 책은 60대와 70대의 여러분을 위한 건강과 성생활에 대한 비밀을 알려드리기 위해 작성되었습니다. 저는 내과의사로서 오랜 시간 동안 여러분의 건강과 행복을 도와온 전문가입니다. 이제는 이 책을 통해 지금까지의 경험과 지식을 공유하고자 합니다.

2단락:

시니어 시대는 젊은 나이와는 다른 도전과 변화가 있는 시기입니다. 하지만 저희는 여기서 절대적인 한계가 있는 것은 아니라고 말씀드리고 싶습니다. 이 책은 여러분이 건강한 식습관, 적절한 운동, 정신건강 관리, 성생활과 관계, 그리고 건강관리와 예방접종 등을 통해 건강하고 행복한 시니어 시대를 즐길 수 있도록 도움을 주고자 합니다.

3단락:

건강은 우리 모두에게 중요합니다. 이 책에서는 균형 잡힌 식단과 영양소의 중요성, 적절한 운동 선택과 운동의 안전성, 스트레스 관리와 정신건강의 중요성, 성생활의 변화와 대처 방법, 그리고 정기 검진과 예방접종의 중요성 등 다양한 주제를 다룰 예정입니다. 이를 통해 여러분은 건강과 성생활에 대한 비밀과 정보를 알게 될 것입니다.

4단락:

이 책은 자세하고 친절한 설명과 함께 여러분의 건강과 성생활에 대한 의문과 궁금증을 해소해 드릴 것입니다. 저는 여러분의 가이드로서 여러분이 건강하고 행복한 삶을 즐길 수 있도록 도움을 주고자 합니다. 책을 통해 여러분은 건강한 식습관과 운동, 정신건강 관리, 성생활과 관계, 그리고 건강관리와 예방접종에 대한 지식을 습득하게 될 것입니다.

Chatgpt가 알려준 내용을 토대로 각 단락의 문장을 다시 다듬어 볼 수 있습니다. 전자책 저자가 직접 수정, 보완할 수도 있고, Chatgpt에 다시 질문을 할 수도 있습니다.

네가 알려준 2단락에 대해 좀 더 자세한 글을 원해 나의 독자들은 나이가 많은 시니어잖아. 네가 알려준 2단락을 늘려서 다시 작성해 줘.

2단락:

　시니어 시대는 젊은 나이와는 다른 도전과 변화가 있는 시기입니다. 하지만 저희는 여기서 절대적인 한계가 있는 것은 아니라고 말씀드리고 싶습니다. 저희가 이 책을 통해 여러분에게 전달하고자 하는 것은, 건강과 성생활을 향상시키기 위해 나이에 상관없이 가능성이 무궁무진하다는 점입니다.

　시니어 시대를 즐기면서 건강하고 행복한 삶을 살기 위해서는 몇 가지 중요한 요소에 주목해야 합니다. 이 책에서는 그 중에서도 건강한 식습관과 적절한 운동, 정신건강 관리, 성생활과 관계, 그리고 건강관리와 예방접종 등에 대해 깊이 있는 정보를 제공하고자 합니다.

　건강한 식습관은 여러분의 건강에 큰 영향을 미치는 중요한 요소입니다. 균형 잡힌 식단과 영양소의 중요성, 건강한 음식 선택, 음식 조리법, 그리고 식습관을 개선하는 방법에 대해 자세히 알아볼 것입니다. 이를 통해 여러분은 올바른 식단 구성과 영양소 섭취를 통해 건강을 유지할 수 있습니다.

　또한, 적절한 운동도 중요합니다. 운동은 건강을 유지하고 성능을 향상시키는 데 도움을 줄 뿐만 아니라, 여러분의 기분과 에너지 수준을 높여줄 수 있습니다. 이 책에서는 적절한 운동 선택, 운동의 중요성, 운동 계획 세우기, 운동의 안전성, 그리고 운동과 건강의 관계에 대해 자세히 알아보겠습니다.

　정신건강 관리 또한 시니어들에게 중요한 주제입니다. 스트레스 관리, 정신건강의 중요성, 정신건강을 위한 활동, 그리고 정신건강 지원 서비스 등에 대해 자세히 다룰 예정입니다. 여러분은 정신적인 안정과 평온을 유지하며 건강한 삶을 즐길 수 있을 것입니다.

Chatgpt를 통해 전자책을 완성하는 데 도움을 받을 수는 있습니다. 저자들이 늘 쓰는 표현에서 벗어나 풍부한 새로운 표현에 대한 아이디어도 얻을 수 있습니다. 하지만 Chatgpt가 모든 정보를 정확하게 제공하지는 못합니다. 의학상식이나 건강정보가 잘못될 수도 있습니다. 정보의 정확성에 대한 오류검증은 저자 스스로 꼭 해야 합니다. Chatgpt는 전자책 쓰기 보조작가의 역할로 손색이 없습니다. '어떻게 잘 활용할 것인가?' Chatgpt와의 내화 지능이 중요한 시대입니다. 전자책 본문 글 또한 프롤로그 작성의 사례처럼 Chatgpt를 활용할 수 있습니다.

전자책, 자면서도 돈을 버는 시스템

전자책을 작성할 때는 한글 문서(hwp), 워드 문서(word), 구글 문서(docs), 파워포인트(PPT) 등 다양한 도구를 활용할 수 있습니다. 최근에는 Notion에서 AI를 활용하여 제목, 목차, 프롤로그, 본문까지 작성하는 방법도 인기를 끌고 있습니다. 어떤 도구를 활용하든 전자책 저자가 자주 사용하고 손에 익은 도구를 사용하는 것을 권장합니다. 아무리 좋은 도구라도 전자책 저자가 잘 다루지 못하는 도구를 사용할 경우, 글쓰기의 본질이 아닌 도구 사용에 대한 스트레스로 전자책 완성이 늦어질 수 있습니다.

전자책 표지는 미리캔버스(https://www.miricanvas.com/), 망고보드(https://www.mangoboard.net/), 칸바(https://www.canva.com/), 어도비에서 제공하는 포토샵(https://creativecloud.adobe.

com/), 어도비익스프레스 등에서 만들 수 있습니다. 최근에 대중화된 사이트가 미리캔버스, 망고보드, 칸바입니다. 우리나라 사람들이 좋아하는 취향의 북커버도 찾을 수 있습니다. 다만, 유료 회원만 사용할 수 있는 북커버가 대부분이니 무료 회원들은 사용에 제한이 있을 수 있습니다.

다음은 미리캔버스에서 제작한 북커버 이미지들입니다.

재노북스 출판사 제공

전자책 판형은 A4 크기(210 X 297mm)로 제작합니다. 그리고 책의 크기는 mm 단위로 표현합니다. 픽셀(px)이나 센티미터(cm)가 아닌 것에 유의합니다. 종이책 제작 없이 전자책만 제작할 경우, 판형은 A4크기로 작성합니다. 북 커버를 제작할 때는 먼저 크기를 직접 입력하여 설정하고 북 커버 템플릿을 선택합니다.

책 표지를 3D로 표현해서 판매 채널에 올릴 수 있습니다. 북 커버의 3D형
태를 제작하는 무료 사이트는 diybookcovers(https://diybookcovers.
com/3Dmockups/)가 있습니다. 다음은 3D 형태로 제작한 북 커버를
사용하여 예약판매 이벤트 썸네일을 제작한 사례입니다.

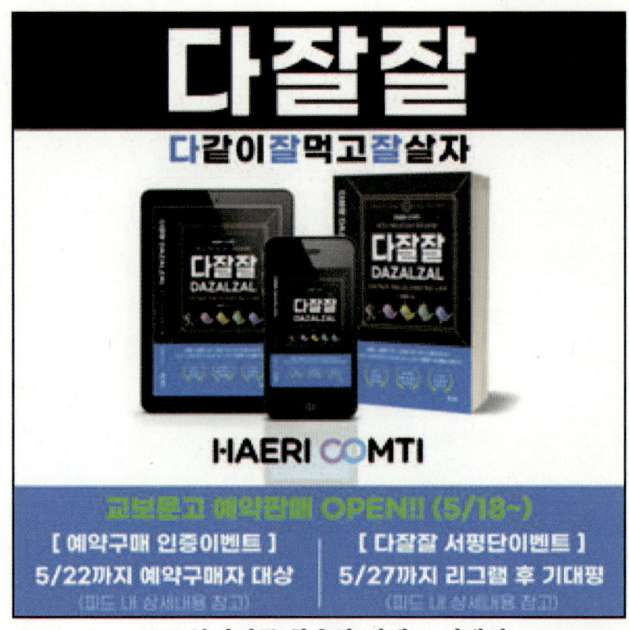

3D 북커버를 활용한 이벤트 썸네일

　전자책은 재능 마켓으로 알려진 크몽, 탈잉, 클래스101, 와디즈펀딩, 텀블벅 등에서 판매등록이 가능합니다. 각각의 사이트마다 등록 매뉴얼과 규정이 있으니 해당 사이트에서 확인할 수 있습니다. 요즘은 전자책 등록 가이드라인을 해당 사이트에서 자세히 제공하고 있으니 참고하시길 바랍니다.

　출판사를 통해 ISBN을 발급받으면 도서 유통 3사로 알려진 교보문고, 알라딘, 예스24에 등록하여 판매할 수 있습니다. 또한 대형 서점에서도 판매가 가능합니다. 이때 도서 유통 3사 등록은 출판사에서 진행합니다. 출판사를 구하지 못한 저자들은 전자책 유통을 대행해 주는 사이트들이 있으니 활용할 수 있습니다.

도서 유통 3사에 등록되는 전자책들은 모두 ISBN을 발급받은 책들입니다. 재능 마켓에서 PDF 다운로드 형태로 판매되는 전자책들은 ISBN 발급이 필수가 아닙니다. 그래서 재능 마켓에 등록해서 판매하는 전자책은 대부분 ISBN을 발급받지 않은 책들이 많습니다.

ISBN이란 국제표준도서번호입니다. 국제적으로 책에 붙이는 고유한 식별자입니다. ISBN은 책의 유통을 편리하게 해주고 판매의 발자취를 확인할 수 있게 도와줍니다. 13자리의 ISBN은 어느 나라, 어느 출판사에서 출간한 어떤 종류의 책인지에 대한 정보를 담고 있습니다. 또한 ISBN을 발급받은 도서는 납본을 통해 국립중앙도서관에 책이 소장되어 관리됩니다. ISBN을 발급받은 전자책은 유통 거래 시 면세로 처리됩니다.

전자책이 유통되는 온라인 사이트를 통해 자면서도 돈을 버는 시스템을 만들 수 있습니다. '앉는다. 쓴다. 질문한다. 수정한다. 등록한다.' 이렇게 단순한 과정을 반복해서 1권의 전자책, 10권의 전자책, 100권의 전자책을 제작하고 판매한다면 다달이 인세 받는 저자가 될 수 있습니다. 누구나 작가가 될 수 있는 시대, 그 기회의 문을 열고 입장하세요.

3. AI Art 디지털아티스트 도전하기

인공지능을 활용해서 제작한 이미지를 마케팅에 활용해서 수익과 연결할 수 있습니다. 아직 대중화되지는 않았지만 먼저 시작한 크리에이터들이 있습니다. 아직 시작하지 않았다면 도전해 보시길 제안합니다.

▶ 블로그, 전자책, 동영상 제작할 때 고객의 눈길을 사로잡는 이미지
▶ 홈페이지, 상세 페이지, 랜딩 페이지에 사용하는 관심을 끄는 이미지
▶ 타겟 고객의 주목과 시선을 끄는 홍보용 이미지
▶ 브랜딩, 마케팅, 캠페인용 이미지

인공지능에 여러분이 원하는 이미지를 텍스트로 설명만 하면 됩니다. 텍스트 투 이미지(Text to Image)란 여러분이 생각하는 아이디어를 텍스트 프롬프트를 활용하여 자세하고 충분히 설명하면, 사진을 포함한 모든 장르의 고품질 이미지를 만들어 줍니다. 똑같은 질문을 하더래도 인공지능은 조금씩 다른 독특한 이미지를 제공합니다. 그래서 나만의 독특한 이

미지를 제작할 수 있습니다.

플레이그라운드(Playground AI)

AI 이미지 무료 생성 사이트인 '플레이그라운드 Playground AI'는 이미지의 완성도가 높고 매일 1천 장을 무료로 생성할 수 있는 사이트입니다. Playground AI는 사이트에서 이미지를 생성할 수 있으므로 먼저 사이트에 접속해야 합니다. 아래 링크를 사용해 플레이그라운드 AI 사이트에 접속할 수 있습니다. 아직 회원가입이 안 되어 있다면 [Sign Up] 버튼을 눌러서 구글 계정으로 바로 가입할 수 있습니다.

플레이그라운드 ai https://playgroundai.com/

'Get Started' 버튼을 클릭한 후, 'Continue with Google' 버튼을 클릭해서 구글 계정으로 가입합니다.

아래와 같은 화면에서는 'Create'를 클릭해서 이미지를 생성할 수 있습니다.

다음 그림처럼 화면이 나타나면 이미지를 생성할 수 있습니다. 처음 회원가입을 하고 Playground AI에 입장하면 중간에는 빈 채로 좌측과 우측에 메뉴가 있습니다. 이미지를 생성하면 중간 빈칸에 위치합니다.

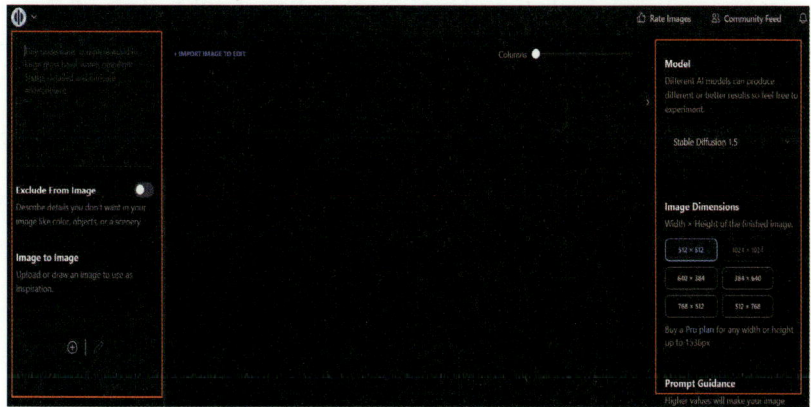

먼저 왼쪽 메뉴에 있는 기능을 살펴보겠습니다.

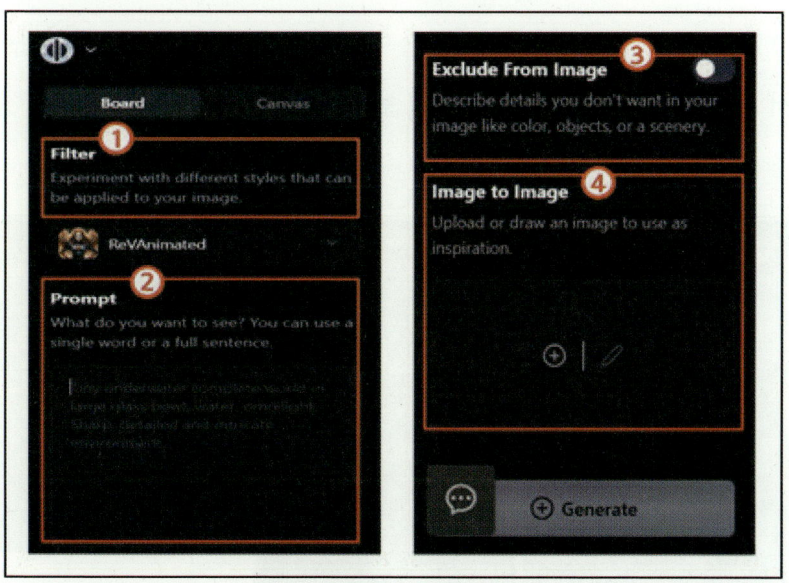

플레이그라운드 AI 왼쪽 메뉴

▶ 왼쪽 메뉴 – 4가지 [Filter], [Prompt], [Exclude From Image], [Image to Image]

① Filter: 이미지에 다른 스타일들을 적용해줄 수 있습니다. 예를 들어 아래와 같은 스타일로 이미지를 생성할 수 있습니다.

Colorpop, Instaport, Playtoon, Polymode, Woolitize, App icons, Retro Anime, Retro Futurism, Origami, Pixel, Foodmade, Oil Painting, Pop Art 등

② Prompt: 이미지를 생성하기 위한 명령어로 텍스트를 작성할 수 있는 입력창입니다.

③ Exclude From Image: 생성할 이미지에서 보여주고 싶지 않거나 제거하고 싶은 요소를 텍스트로 입력할 수 있습니다.

④ Image to Image: 텍스트 말고 이미지를 드래그 앤 드랍으로 업로드해서 새로운 이미지를 생성할 수 있습니다.

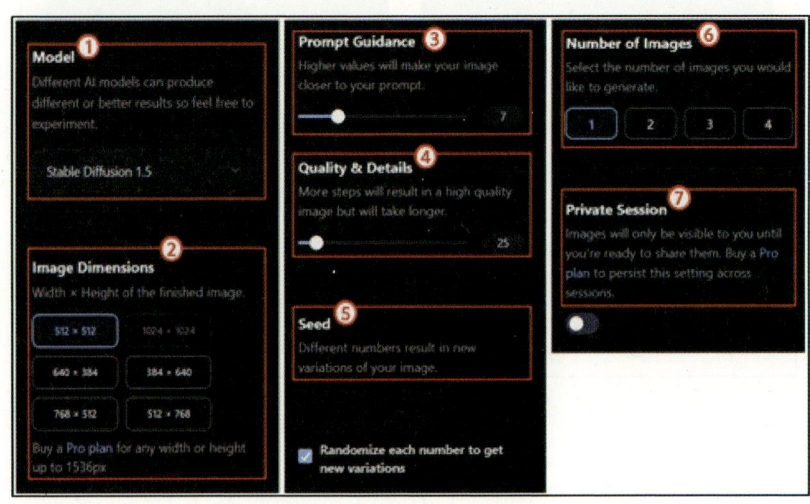

플레이그라운드 AI 오른쪽 메뉴

▶ 오른쪽 메뉴 - 7가지 [Model], [Image Dimensions], [Prompt Guidance], [Quality & Details], [Seed], [Number of Images], [Private Session]

① Model: 플레이그라운드(Playground), 스테이블 디퓨전(Stable Diffusion), DALL-E 2 중 하나를 선택할 수 있습니다. [DALL-E 2]는 유료비용이 발생합니다.

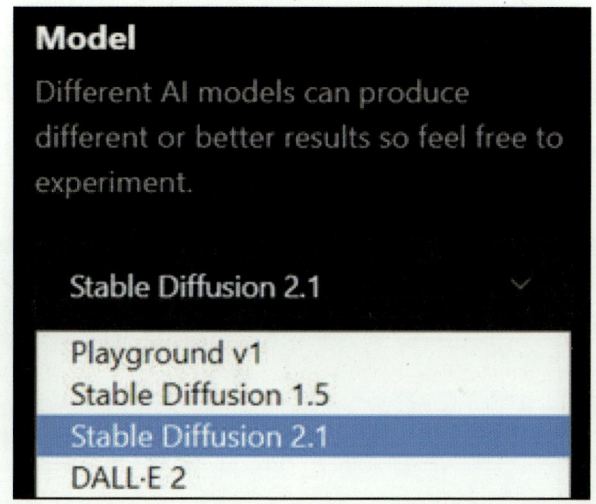

② Image Dimensions: 이미지의 가로, 세로 길이를 지정할 수 있습니다. ① Model에 따라 선택할 수 있는 이미지 크기가 정해져 있습니다.

③ Prompt Guidance: 이 값이 커질수록 명령어(프롬프트)와 더 비슷해집니다.

④ Quality & Details: 이 값이 커질수록 퀄리티가 더 높아지지만, 속도는 더 느려집니다.

⑤ Seed: 생성한 이미지를 식별할 수 있는 고유 숫자 값입니다. 나중에 이 번호를 사용해 다른 이미지를 만들 때 참고 이미지로 사용할 수도 있습니다.

⑥ Number of Images: 생성할 이미지 개수를 지정할 수 있습니다.

⑦ Private Session: 생성한 이미지를 공개하지 않고 나만 볼 수 있게 합니다. Private 기능을 계속 유지하고 싶다면 Pro Plan(유료 구독)을 신청해야 합니다.

그럼 이제 왼쪽과 오른쪽 메뉴를 이용해 이미지를 생성해 보겠습니다. 우선 왼쪽 메뉴 ① Filter에서 스타일 [Pop Art]을 선택했습니다.

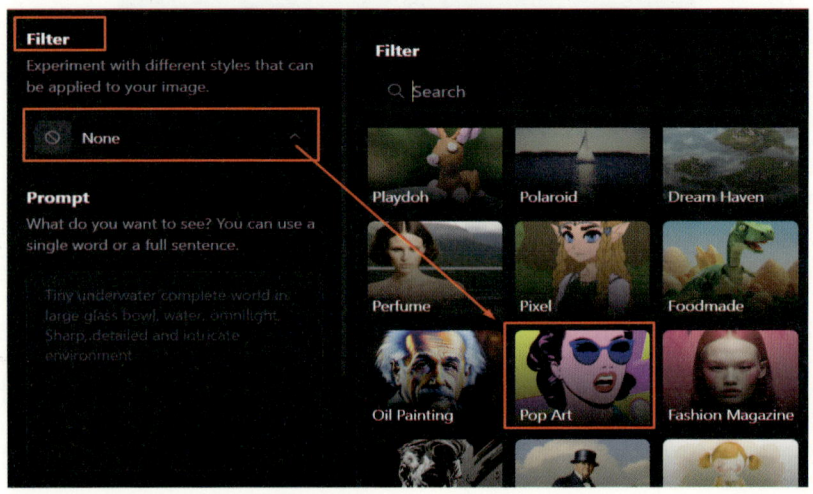

② Prompt에 [painting of a face portrait of an african robotic goddess with dark skin, heavy jewellery and mayan astronaut HELMET, in the jungle of tropical plants, futuristic colors, by

Alphonso Mucha]을 입력해 보았습니다. 왼쪽 아래의 'Generate'(생성하기) 버튼을 클릭하면 이미지가 만들어집니다.

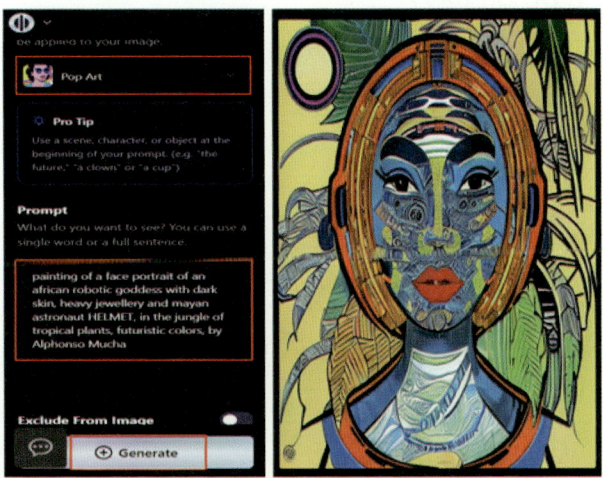

이미지가 생성되면 다양한 기능들을 추가로 적용해 볼 수 있습니다. 아래 그림처럼 이미지에 마우스를 갖다 댄 후 [Actions +] 버튼을 클릭하면 8가지 기능을 볼 수 있고 각 기능은 아래와 같습니다.

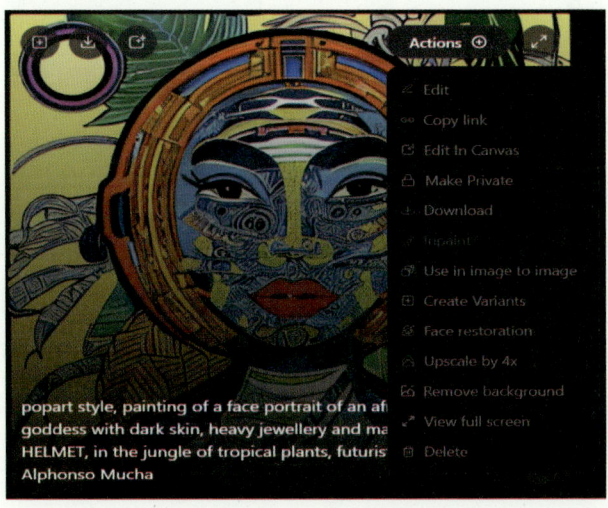

① Copy link: 이미지 링크 복사하기

② Make Public: 사이트에서 사람들에게 보여주기

③ Download: 내려받기

④ Inpaint: 이 기능은 이미지에서 원하는 영역만 선택해서 추가 프롬프트를 적용해 디자인할 수 있습니다.

⑤ Face restoration: 얼굴 복구

⑥ Upscale by 4x: 4배 크기로 이미지 생성하기

⑦ View full screen: 화면 풀 사이즈로 크게 보기

⑧ Delete: 삭제하기

미드저니(Midjourney)

미드저니(Midjourney)는 프롬프트를 기반으로 이미지를 생성하는 AI 도구입니다. 월 10달러, 30달러, 60달러의 버전이 있습니다. Stealth라고 내가 생성한 이미지를 숨기는 기능은 60달러 버전에서만 제공됩니다. 또한 모든 유료 버전에서 생성된 이미지는 상업용으로 사용할 수 있습니다. 유료 버전에서 생성된 이미지라도 특정 경우, 예외적으로 제한이 있을 수 있습니다.

구글 검색창에 Midjourney라고 입력하거나 아래 주소를 통해 접속할 수 있습니다. 미드저니 사이트에 접속한 후, 디스코드(Discord) 아이디가 없다면 'Join the Beta' 버튼을 클릭합니다. 이미 디스코드 아이디가 있다면 'Sign In' 버튼을 클릭합니다.

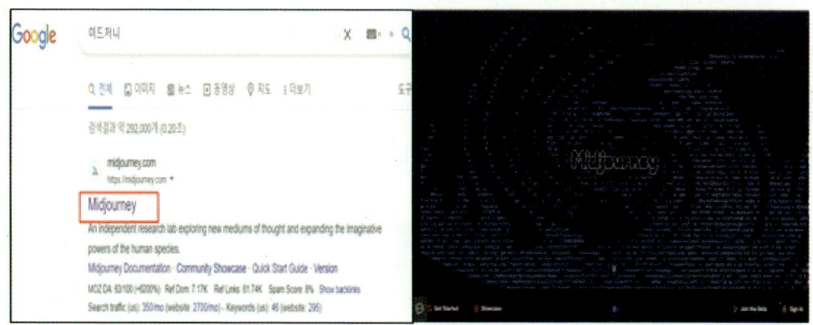

디스코드(Discord)에 접속합니다. 미드저니는 디스코드에서 실행할 수 있습니다. 디스코드는 음성, 채팅, 화상 통화 등을 지원하는 인스턴트 메신저입니다. 웹 3.0 시대의 출현으로 여러 커뮤니티가 디스코드를 중심으로 운영되고 있습니다. 커뮤니티와 친구를 위한 공간이나 커뮤니티 비즈니스에도 최적화된 공간입니다. 학교 동아리, 게임 그룹, 예술 감상 등의 모임들이 이루어지고 있습니다. 200명 이상의 회원이 있는 서버에서 음성 메시지도 사용할 수 있습니다. 물론 서버 관리자는 음성 메시지를 비활성화할 수 있습니다.

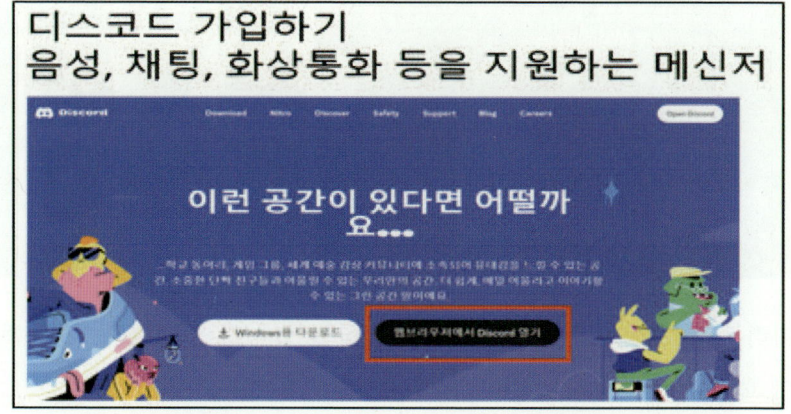

디스코드에 접속했다면 화면 왼쪽 아래 '공개 서버 살펴보기(녹색)' 버튼을 클릭합니다. 이 버튼을 클릭하면 공개된 커뮤니티들의 목록을 확인할 수 있습니다. 여기서 Midjourney를 검색해 줍니다. Midjourney를 클릭해서 실행합니다. 영어로만 정확한 검색이 가능합니다.

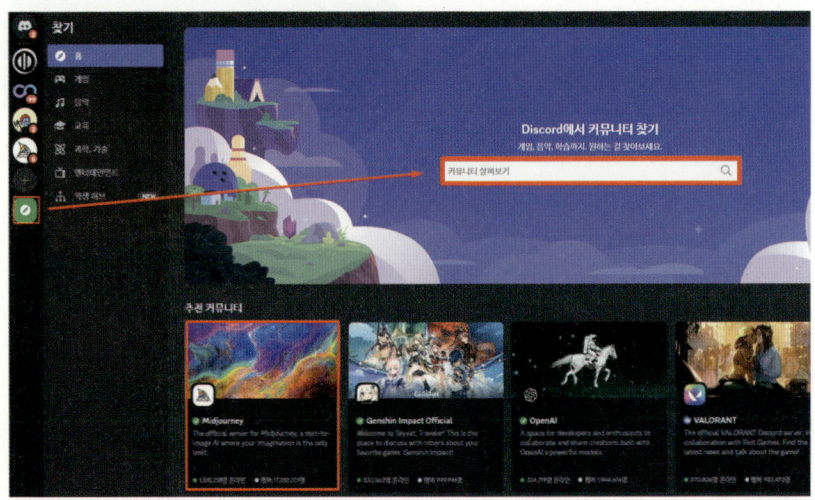

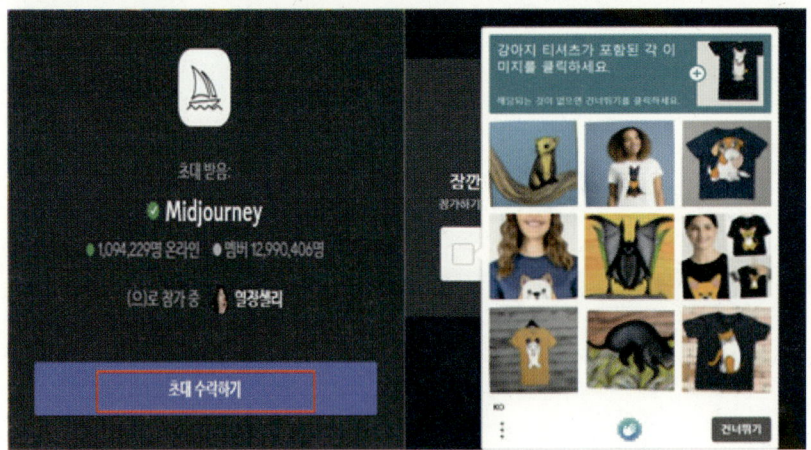

여러분이 로봇이 아닌 사람임을 인증하는 절차가 있습니다. 질문 텍스트에 해당하는 이미지만 골라서 클릭하면 인증이 마무리됩니다.

이제 드디어 미드저니 커뮤니티에 참여하였습니다. 여기서 이미지를 생성할 수 있습니다. 왼쪽에 [Newcomer Rooms]라는 채널이 보입니다. 그 아래에 보면 Newbies(입문자, 초보자)로 시작하는 수많은 방을 볼 수 있습니다. Newbies로 시작하는 이름의 방을 아무 곳이나 들어가면 이미지를 무료로 생성할 수 있습니다. 다른 사람들이 미드저니 인공지능으로 생성하고 있는 이미지도 볼 수 있습니다.

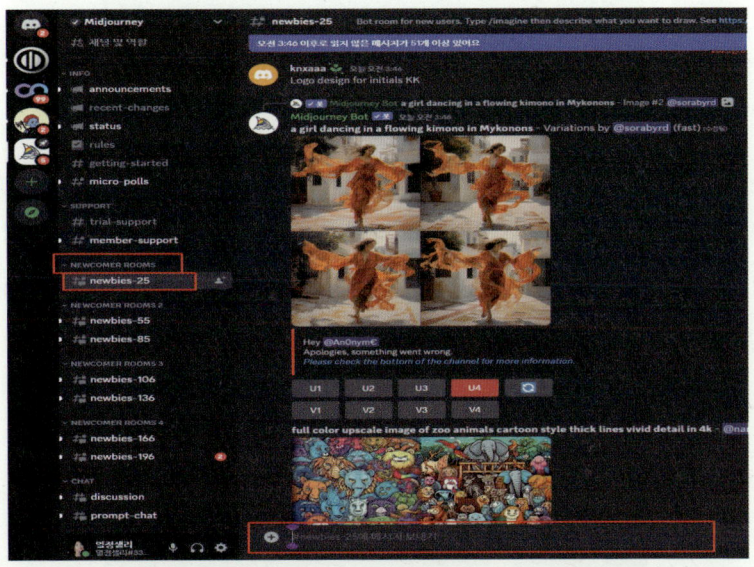

이미지 생성을 위한 프롬프트를 입력하는 방법에 대해 살펴보겠습니다. 맨 아래 프롬프트에 /image라고 입력합니다. 그리고 바로 위에 뜨는 /image prompt라는 글자를 클릭하거나 키보드의 엔터(Enter) 키를 클릭합니다.

서버목록

채팅창

채널목록

회원목록

채팅입력창

메시지 창에서 /image prompt 뒤에 마우스 커서가 깜빡거리면서 글자를 입력할 수 있는 상태가 됩니다. 여기에 명령어를 입력해서 이미지를 생성합니다. 영어로 프롬프트를 입력해야 이미지 생성이 가능합니다. 어떤 명령어를 입력해야 할지 막막하다면 다른 사람들의 프롬프트를 보고 참고해서 작성할 수 있습니다.

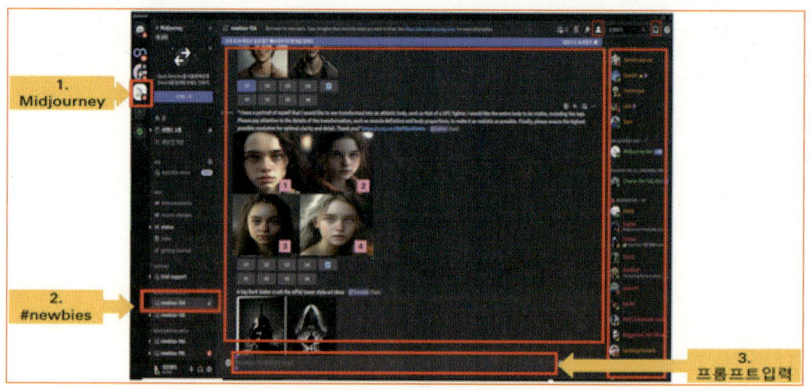

1.
Midjourney

2.
#newbies

3.
프롬프트입력

프롬프트를 입력하고 엔터(enter) 키를 눌렀다면 이제 [Sending Command]라는 메시지가 나타납니다. 이것은 방금 입력한 프롬프트를 미드저니 프로그램에 전달하고 있다는 뜻입니다. 10초에서 20초 정도가 지나면 이미지를 생성 중인 화면이 뜹니다. 0%에서 100%까지 생성 과정이 동영상처럼 보입니다. 100%가 되면 자연스러운 이미지가 생성됩니다.

여기서 주의할 점은 내가 만든 이미지가 다른 사람들의 작업 상황 때문에 위로 밀려나서 찾기 어려울 수도 있습니다. 내가 생성한 이미지를 바로 확인할 수 있는 방법이 있습니다. 아래 그림처럼 화면 오른쪽 위에 받은 편지함 아이콘을 클릭하면 내가 방금 만든 이미지를 확인할 수 있습니다.

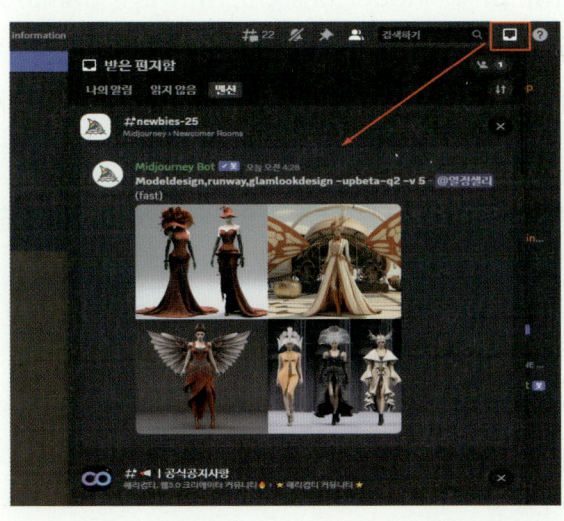

이미지가 100% 생성이 되면 아래 그림처럼 4개가 나타납니다. 모든 이미지는 1대1의 비율로 보입니다. U는 Upscale(업스케일)의 약자이고, V는 Variation(변형)의 약자입니다. U는 이미지를 크게 만들어 주는 기능입니다. 예를 들어 U1을 클릭하면 1번 이미지를 크게 만들라는 명령입니다. V는 변형으로 선택한 번호의 그림과 비슷한 그림을 4가지 생성해 줍니다. 4개 이미지의 번호는 위에서부터 좌우, 좌우 순서로 1, 2, 3, 4가 메겨집니다.

/image prompt에 'Model design, runway, glamlook design – upbeta –q2 –v 5'를 입력하고 실행했더니 다음과 같은 이미지를 만들었습니다. 그램룩디자인을 입고 런웨이를 걷는 고퀄러티의 이미지를 생성할 수 있었습니다.

▶유용한 미드저니 프롬프트 사례를 몇 가지 더 살펴보겠습니다.

- hyper detailed : 디테일을 더해줍니다. (또는 ultra detailed)

- hyper realistic : 실사 느낌의 이미지

- photorealistic : 사진 같은 느낌의 이미지

- ultra sharp focus: 선명하게 표현하고 싶을 때

▶유용한 미드저니 프롬프트 사례를 몇 가지 더 살펴보겠습니다.

▪ 4k, 8k : 선명하게 해상도를 조금 올리고 싶을 때

▪ cinematic : 영화같은 느낌을 주고 싶을 때

▪ oil painting : 오일 페인팅 느낌을 추가하고 싶을 때

▪ by greg rutkowski : 작가 스타일, 특정 작가의 화풍으로 그리고 싶을 때

(그 외 유명한 작가 스타일들 by Ed Blinkey, Atey Ghailan, Studio Ghibli, Jeremy Mann, Greg Manchess, Antonio Moro)

▪ octane reder : CG 렌더링을 할 때 고품질 렌더러 (그외 v-ray render, ray-tracing, unreal engine)

▪ Artgerm : 애니풍 느낌을 살리고 싶을 때

▪ Artstation : 정말 잘 그린 명화 느낌

▪ Cinematic lighting : 영화에서 나올법한 그림, 자연스러운 채광을 추가하기

인공지능을 활용한 이미지 생산에 있어 텍스트 프롬프트의 역할은 결정적입니다. 텍스트 프롬프트 자체는 상업적 가치가 있습니다. 타겟 고객의 시선과 주목, 관심을 끄는 이미지를 만드는 데 사용된 프롬프트를 사고파는 거래가 이뤄지는 새로운 시장이 형성되고 있습니다.

세상에서 가장 쉬운 새로운 프롬프트 사용 전략 두 가지만 짚어보겠습니다
▪ 이미 완성된 작품을 보유한 작가들의 화풍에 맞는 주제의 이미지를 인공지능에 주문합니다.
예시) artist style of 아티스트이름, 이미지 주제
▪ 이미 수많은 실험을 거쳐서 완성된 프롬프트를 사용하면 많은 시간과 노력과 비용을 절약하면서 시행착오를 줄일 수 있습니다.

미드저니 파라미터(Midjourney Parameter)

미드저니에서는 프롬프트 뒤에 파라미터를 넣어 옵션을 추가할 수 있습니다. 해당 파라미터에 대한 정보는 미드저니 공식 사이트 주소에서 확인할 수 있습니다. https://docs.midjourney.com/docs/parameter-list

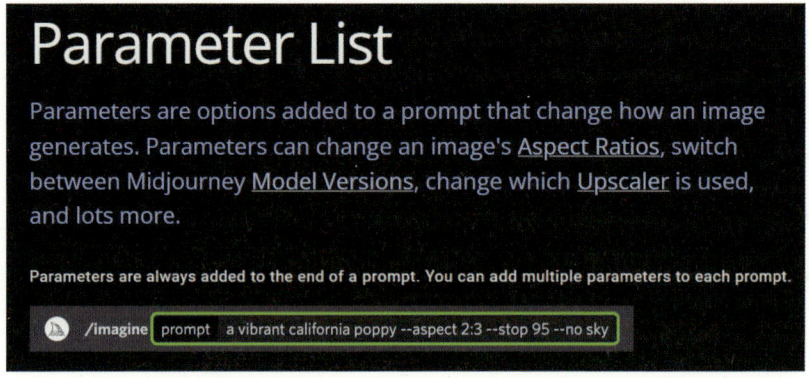

기본적인 파라미터(Basic Parameters)

Aspect Ratios ; 가로세로 비율 2:1, 1:2와 같이 비율을 변경할 수 있습니다.

--aspect , or --ar Change the aspect ratio of a generation.

예시) --aspect 2:1, --ar 1:2

Chaos ; 높은 값을 제시할수록 의외의 예상치 못한 결과를 만들어 줍니다.

--chaos 〈number 0-100〉 Change how varied the results will be. Higher values produce more unusual and unexpected generations.

예시) --chaos 90, --chaos 1

No ; 이미지에서 제외하고 싶은 대상을 지정합니다. 식물을 제외하라. 글자를 제외하라.

--no Negative prompting, --no plants would try to remove plants from the image.

예시) --no plants, --no text

Image Weight ; 이미지 가중치를 설정합니다.

--iw 〈0-2〉 Sets image prompt weight relative to text weight. The default value is 1.

예시) --iw 2

Quality ; 사용하려는 렌더링 품질 시간을 의미합니다. 기본값은 1이지만 2를 사용하면 비용을 더 사용한다는 것을 의미합니다.

--quality 〈.25, .5, or 1〉, or --q 〈.25, .5, or 1〉 How much rendering quality time you want to spend. The default value is 1. Higher values use more GPU minutes; lower values use less.
예시) --quality .25, --q .5

Stylize 미드저니의 기본 스타일에 근접해서 생성합니다.
--stylize 〈number〉, or --s 〈number〉 parameter influences how strongly Midjourney's default aesthetic style is applied to Jobs.
예시) --stylize 1, --s 2

미드저니 유료버전 설정 시 주의할 점

Plan Comparison

	Free Trial	Basic Plan	Standard Plan	Pro Plan
Monthly Subscription Cost	-	$10	$30	$60
Annual Subscription Cost	-	$96 ($8 / month)	$288 ($24 / month)	$576 ($48 / month)
Fast GPU Time	0.4 hr/lifetime	3.3 hr/month	15 hr/month	30 hr/month
Relax GPU Time Per Month			Unlimited	Unlimited
Purchase Extra GPU Time	-	$4/hr	$4/hr	$4/hr

미드저니는 이미지 생성 개수에 따라 유료 버전을 결제해야 계속 사용이 가능합니다. 유료 또한 베이직은 제한이 있어 금방 소진합니다. 이미지 생성 아티스트들이 가장 선호하는 유료 버전은 [스탠다드], [릴렉스 모드(저속모드) Relax GPU Time Per Month]입니다. 조금 느려도 무한대로 이미지 생성이 가능한 장점이 있습니다. [패스트 모드 Fast GPU Time]는 속도는 조금 빠르지만 이미지 생성에 개수 제한이 있어 유료 비용이 계속 발생한다는 단점이 있습니다.

Basic Plan은 미드저니를 어쩌다 한번 쓰는 사용자들에게 적합한 유료 플랜입니다. Standard Plan은 매달 수백 건의 업스케일 기능을 사용하여 더 빠른 GPU가 필요한 분들에게 적합한 플랜입니다. 마지막으로 프라이버시 모드가 필요한 사용자들은 Pro Plan을 통해서 해당 기능과 더 빠른 GPU의 성능을 기대해 볼 수 있습니다.

미드저니 약관에 따르면 연 100만 불 (대략 10억) 이상의 매출 사업체를 운영하는 분들이 미드저니를 사용할 때는 프로 유료 옵션만 구독할 수 있습니다. 하지만 상황과 상관없이 우선 베이직 플랜으로 구독을 시작하여 진행하는 것을 추천해 드리고 있습니다. 그리고 더 빠른 성능과 이미지 생성이 필요하다면 그때 가서 원하는 옵션으로 업그레이드를 고려할 수도 있습니다.

텍스트 투 이미지(Text to Image) 프롬프트

텍스트 투 이미지(Text to Image)에서의 프롬프트는 중요합니다. 프롬프트를 잘 만들어야 하고 이를 만드는 데 시간이 걸리기 때문에 프롬프트를 만들어 파는 사이트도 생겨났습니다. PromptBase는 최상의 결과를 생성하고 API 비용을 절약하는 양질의 프롬프트를 사고파는 마켓 플레이스입니다.

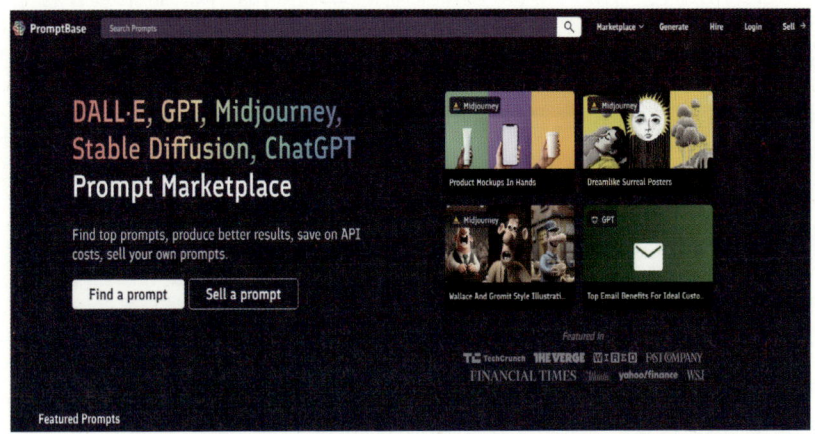

프롬프트를 거래하는 마켓플레이스 https://promptbase.com/

프롬프트를 거래하는 마켓플레이스와 같은 사이트를 통해 프롬프트 엔지니어링이 신종직업군으로 인기를 얻고 있습니다. 생성형 AI 플랫폼으로 유명한 달리, 미드저니, 스테이블디퓨젼, Chatgpt에서 유용한 프롬프트들이 거래되고 있습니다.

디지털아티스트(Digital Artist)

"AI 생성 이미지를 논할 때 어김없이 등장하는 한 사람, 폴란드 출신 디지털 아티스트 그렉 루트코스키(Greg Rutkowski) 풍으로 생성한 'AI 이미지'가 인기를 끌고 있다. 이 분야에서 루트코스키의 명성은 피카소를 압도한다." (기사 제목 출처: MIT Technology Review, 2022년 9월 27일)

폴란드 출신 디지털아티스트 그렉루트코스키(Greg Rutkowski)는 인공지능을 활용하여 이미지를 제작하는 작가입니다. 이미지 생성 인공지능 사이트 프롬프트에 '검과 빛나는 마법구를 들고 사나운 용에 맞서 싸우는 마법사 그렉루트코스키(Wizard with sword and a glowing orb of magic fire fights a fierce dragon Greg Rutkowski)'라고 입력하면 루트코스키 스타일과 흡사한 이미지를 만들어 줍니다.

인터넷에서 인공지능이 만들어 준 이미지를 보고 놀란 경험이 있을 겁니다. 텍스트를 이미지로 전환해 주는 (Text-to-image) AI 분야에서 최근 유명한 작가들이 배출되고 있습니다. 저작권에 관한 논란은 여전히 발생하고 있습니다. 향후 인공지능 사이트와 관련한 저작권에 관한 규정이 새롭게 발표될 것으로 예상합니다.

《용의 동굴》 GREG RUTKOWSKI

디지털아티스트의 작품을 거래할 수 있는 사이트를 몇 가지 소개하고자 합니다. 제품디자인과 마케팅에 필요한 도구들은 미드저니(Midjourney), 캔바(Canva), 어도비 포토샵(Adobe Photoshop), Chatgpt 등입니다. 물론 이 책에서 언급한 모든 도구들을 활용하여 나만의 제품, 로고, 웹디자인, 홍보자료 등을 제작하고 판매할 수 있습니다.

Print on Demand(POD)라는 것은 상품에 올라갈 디자인 이미지 파일을 제작하고 그것을 상품에 입혀놓으면 이러한 방식을 제공하는 업체는 주문이 들어올 때마다 디자인과 상품을 실제로 제작하여 판매자에게 제공합니다. 디자이너가 한국에 있고 업체가 해외에 위치하고 있더라도 그다지 문제가 되지 않습니다.

1) 크리에이터 굿즈샵, 마플샵 https://marpple.shop/kr

상품 제작부터 배송까지 다 알아서 해주는 세상 모든 크리에이터, 아티스트를 위한 굿즈 커머스입니다. 마플샵에서는 다른 곳에서 볼 수 없었던 크리에이터의 상품을 단독, 한정으로 만나실 수 있습니다. 마플샵에서는 굿즈 제작부터 판매까지의 모든 과정을 자동화된 과정으로 제공해 누구나 쉽고 편하게 굿즈샵을 만들 수 있습니다.

사업자등록증 없어도 개설할 수 있고, 미드저니로 제작한 이미지로 POD 상품 등록도 가능합니다. 〈마플샵 배송 상품〉은 마플샵에서 제공하는 제품에 셀러가 디자인하여 만들고, 구매가 발생하면 제작, 배송 마플샵에서 직접 진행하는 상품입니다. 〈셀러 배송 상품〉은 셀러가 갖고 있거나 직접 제작하여 마플샵에 등록하고 구매가 발생하면 셀러가 유통하는 상품입니다.

2) 에브리크리 개설 https://everycre.com

내 지식과 경험으로 수익을 만드는 가장 쉬운 방법, 에브리크리에서 가능합니다. 쉽고 간편하게 나만의 사이트를 만들어 판매를 시작할 수 있습니다. 나만의 홈페이지 제작부터 상품 판매까지 에브리크리로 한 번에 홈페이지 제작부터 다양한 상품등록, 고객 관리, 정산까지 내 상품 판매에 필요한 모든 것, 에브리크리 하나로 가능합니다. 사업자등록증 없어도 개설할 수 있고, 디지털 이미지 판매 및 전자책 판매가 가능합니다.

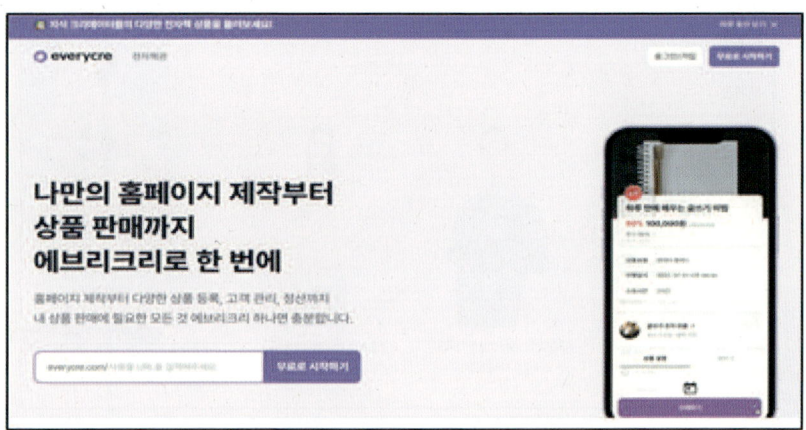

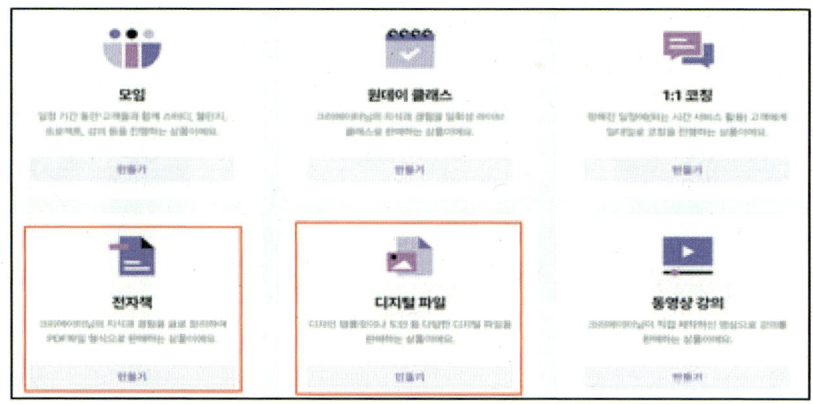

3) NFT 마켓플레이스 CCCV NFT https://cccv.to/nft

CCCV는 '블로코엑스와이지 BLOKO XYZ' 에서 운영하는 블록체인 기반의 NFT 아트 마켓입니다. MBC의 NFT, 정치인 트럼프카드 등 활발하게 거래가 이루어지는 국내 사이트입니다. NFT 아트로 판매할 나만의 디지털 아트가 준비되어 있다면 국내 마켓인 CCCV에서 부담 없이 NFT를 발행하고, 판매등록까지 도전할 수 있습니다.

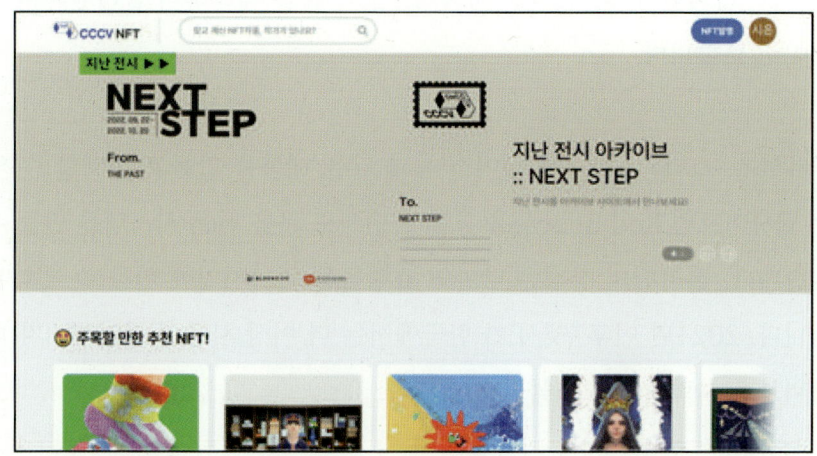

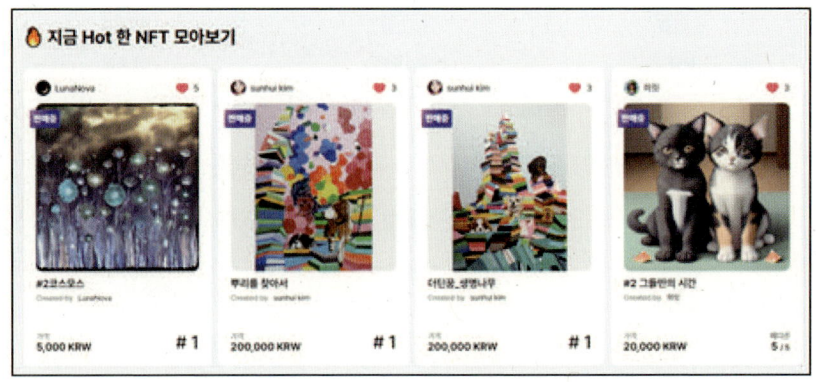

국내 사이트 외에도 해외 사이트에서도 제작자 등록 및 판매가 가능합니다. 해외 사이트에는 종합몰의 성격인 레드버블이 있습니다.

4) 레드버블 https://www.redbubble.com/

디지털 아티스트가 되어 전 세계를 대상으로 내가 제작한 디자인과 굿즈를 판매하는 것에 대해 생각해 본 적이 있습니까? 상상만으로도 행복합니다. 디지털아티스트라면 지속적으로 작품을 제작하여 올리겠다는 결심이 필요합니다.

티셔츠, 스티커, 휴대폰 케이스 등과 같은 제품을 만들고 판매할 수 있는 웹사이트인 Red Bubble을 통해 자면서도 돈을 버는 시스템을 만들 수 있습니다. 온라인의 장점은 나만의 쇼핑몰을 여기저기에 만들 수 있다는 겁니다. 2021년 이후 '엣시'가 한국에서는 더 이상 사용이 불가해지자 레드버블로 사람들이 모여들고 있습니다.

글로벌 고객들을 대상으로 내가 만든 콘텐츠를 판매할 수 있는 온라인 시장이 열려있습니다. 다만 아쉬운 점은 수익 정산 절차가 까다롭다는 점입니다. 수익 부분에 대해 정산을 받기 위해서는 페이팔에 가입해야 하고 간혹 계정 정지를 당하는 일도 있으니 주의가 필요합니다.

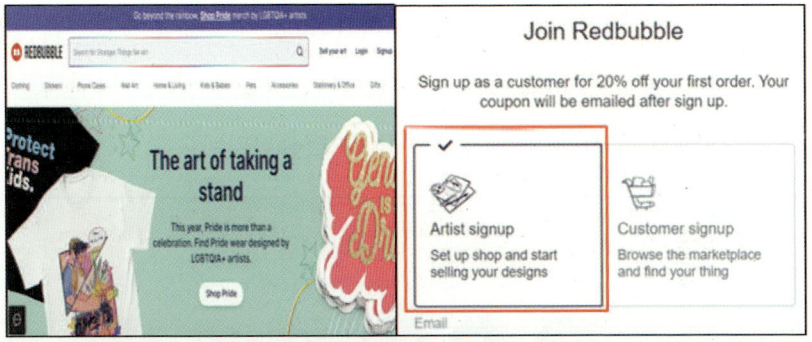

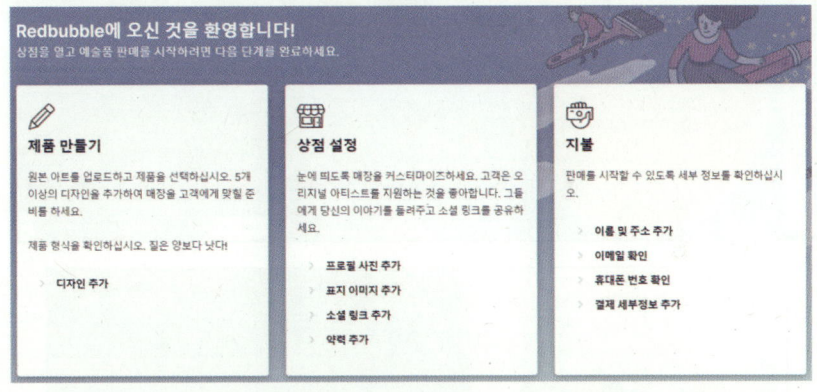

5) 트렌드파악이 쉬운 자즐   https://www.zazzle.com/

자즐(Zazzle trending) 메뉴를 살펴보면 결혼 청첩장, 비즈니스 카드, 생일 축하 잔치 카드, 가방, 잡화 등이 주로 판매되고 있다는 것을 알 수 있습니다. 해외에서는 선물을 직접 제작해서 파티 하객에게 제공하는 경우가 많습니다. 망고보드, 미리캔버스, 칸바와 같은 사이트를 확인해 보면 비슷한 디자인이나 요소들을 쉽게 찾을 수 있습니다.

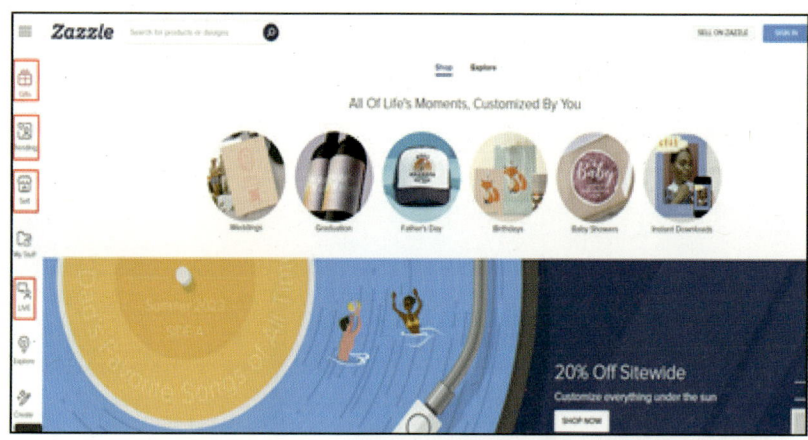

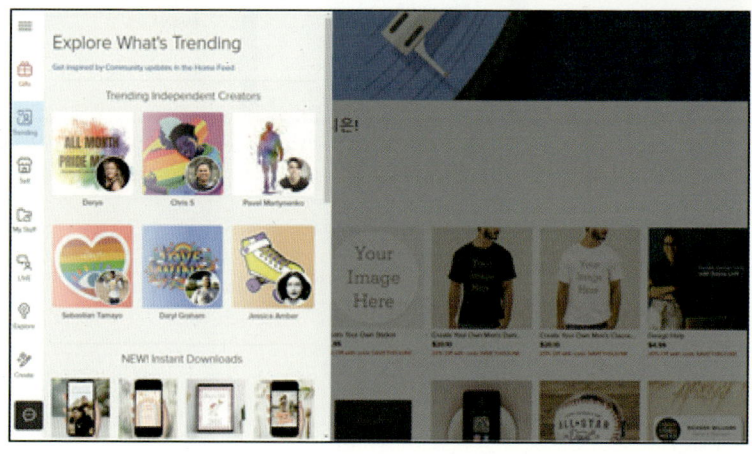

6) 티셔츠에 특화되어 있는 POD사이트 티퍼블릭(Teepublic)

티퍼블릭(Teepublic)은 티셔츠와 후드 등 상의를 주로 제작하여 판매하는 POD 업체이며 독자분들도 도전해 볼 만한 사이트입니다. 유튜브 등에서 POD에 관해 교육 영상을 제작하여 수익화할 수도 있고, 이렇게 온라인 재능마켓을 이용해 활동할 수도 있습니다.

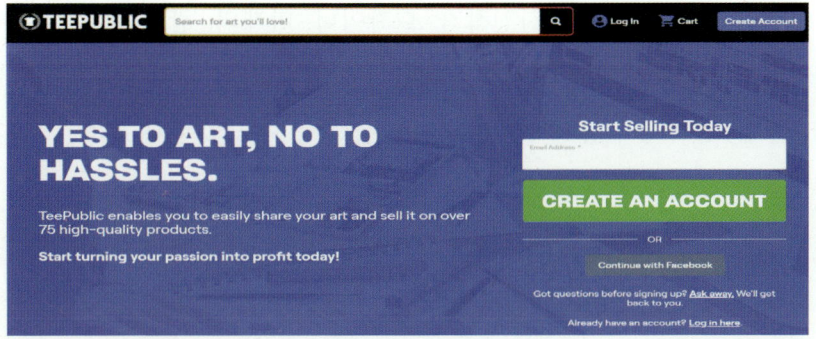

한땀 한땀 정성스레 그림을 그리거나 수준 높은 디자인을 판매하기에 적잖은 수입을 올리고 있습니다. 전 세계 누구에게나 디지털아티스트의 장은 열려있으며 누구나 자신만의 디자인 작품을 판매할 수 있습니다.

해외 판매 사이트 가입 시 주의해야 할 사항은 한국과 미국 간의 거래명세 기록과 세제 관련 W8-BEN이라는 문서입니다. 이는 미국에서 제공하는 확인 서류인데 이것을 제대로 제출하지 않으면 수익에 30%를 세금으로 떼어가게 됩니다. 정상적으로 잘 작성하여 제출하게 된다면 10% 정도의 세금을 지급합니다. 이러한 수익은 로열티이며 한국과 미국 간에 이루어지는 로열티 수익에 관한 세율은 10%입니다.

AI 이미지 생성으로 돈 벌 수 있는 7가지 방법

AI 이미지 생성 서비스는 점점 인기를 얻고 있습니다. 이제 많은 기업과 창작자들이 이를 활용하여 고품질의 이미지 서비스와 시각 콘텐츠를 제작하고 있습니다. AI 이미지 생성은 컴퓨터 비전과 딥러닝 기술의 발전으로 현실적인 이미지를 생성할 수 있는 능력을 갖추게 되었습니다.

이러한 기술의 진보는 사진작가, 디자이너, 마케터, 광고업체, 웹 개발자 등 다양한 분야에서 이미지에 대한 수요가 증가하고 있음을 의미합니다. 현재 AI 이미지 생성 서비스로 수익을 창출하고 있는 대표적인 7가지 방법을 소개합니다.

첫째, 나만의 AI 생성 이미지 판매

AI 이미지 생성 서비스를 통해 제공되는 이미지는 고해상도, 다양한 스타일, 창의성, 빠른 생성 속도 등의 장점을 가지고 있습니다. 또한, 사람들이 원하는 특정한 요구 사항이나 선호도에 따라 맞춤형 이미지를 생성할 수 있어 시장에서의 경쟁력을 확보할 수 있습니다. 이는 기업들에게 마케팅, 광고, 상품 개발 등 다양한 영역에서 활용할 수 있는 큰 잠재력을 제공합니다.

Shutterstock 또는 Getty Images와 같은 스톡 사진 플랫폼이나 자신의 웹사이트 또는 온라인 상점을 통해 나만의 AI 생성 이미지를 만들고 판매할 수 있습니다. 시각적 콘텐츠에 대한 수요가 높은 틈새 시장이나 영역에 집중하여 고퀄러티의 이미지를 제작, 판매하는 것이 유리합니다.

AI 이미지 생성 서비스를 통해 비즈니스를 시작하거나 이미지 관련 서비스를 제공하는 기존 비즈니스를 향상시킬 수 있습니다. AI 기술의 발전과 함께 이미지 생성의 가능성은 계속해서 확장될 것으로 예상됩니다. 따라서 기업가나 창작자들은 AI 이미지 생성 서비스를 적극적으로 활용하여 창의적인 제품과 서비스를 개발하고 성공적인 비즈니스를 구축하는 데에 주저하지 않아야 합니다.

둘째, 기업에 이미지 생성 서비스 제공

AI 이미지 생성 서비스를 기업에 제공함으로써 다양한 이점을 누릴 수 있습니다. 첫째로, 이미지를 직접 만들기 위해 전문가를 고용하는 것보다 비용을 절감할 수 있습니다. AI 이미지 생성 서비스는 일정한 비용으로 원하는 이미지를 얻을 수 있는 경제적인 해결책으로 작용할 수 있습니다.

둘째로, 이미지 생성에 소요되는 시간을 단축시킬 수 있습니다. 기업은 이미지를 빠르게 생성하여 마케팅 캠페인이나 프로젝트의 시간을 단축시킬 수 있으며, 이는 생산성과 효율성을 높이는 데 도움을 줍니다.

또한, 중소기업이나 스타트업은 자체적으로 전문적인 디자이너를 고용하기에는 예산이 한정되어 있는 경우가 많습니다. 따라서 AI 이미지 생성 서비스는 저렴한 가격으로 고품질의 이미지를 제공함으로써 이러한 기업들이 이미지에 대한 요구를 충족시킬 수 있는 기회를 제공합니다.

창업자들이나 비즈니스를 시작한 지 얼마 되지 않은 기업들은 이미지 생성에 대한 전문적인 지식이 부족할 수 있습니다. AI 이미지 생성 서비스는 사용자 친화적이고 직관적인 인터페이스를 제공하여 비전문가들도 쉽게 이미지를 생성하고 활용할 수 있는 장점을 가지고 있습니다.

셋째, 맞춤형 이미지 생성 알고리즘 개발

맞춤형 이미지 생성 알고리즘 개발은 다양한 이점을 제공합니다. 첫째로, 맞춤형 알고리즘은 고객의 특정 요구사항을 정확하게 반영할 수 있습니다. 예를 들어, 특정 산업 분야에서 사용되는 이미지는 해당 산업의 특징과 요구에 맞게 생성되어야 합니다.

맞춤형 이미지 생성 알고리즘은 이러한 요구를 충족시키기 위해 특화된 기능과 세부 설정을 제공할 수 있습니다. 이를 통해 고객은 더욱 효과적이고 맞춤화된 이미지를 얻을 수 있습니다.

둘째로, 고객의 요구나 산업에 맞는 맞춤형 이미지 생성 알고리즘은 차별화된 서비스를 제공함으로써 경쟁 우위를 확보할 수 있습니다. AI 이미지 생성 서비스 시장은 점차 경쟁이 치열해지고 있는데, 일반적인 이미지 생성 알고리즘을 사용하는 서비스와는 차별화된 서비스를 제공하는 것이 중요합니다.

고객의 특정 요구사항에 맞춘 맞춤형 이미지 생성 알고리즘을 제공함으로써 고객들에게 독특하고 특별한 경험을 제공할 수 있습니다. 이를 통해 고객들은 우리의 서비스를 선호하고 기존의 경쟁사와 차별화된 가치를 느낄 수 있습니다.

넷째, AI 이미지 생성 도구 개발 및 판매

개인 및 기업은 종종 전문가를 고용하지 않고도 자체 AI 생성 이미지를 만들고 싶어합니다. 이는 소프트웨어나 앱과 같은 AI 이미지 생성 도구의 개발과 판매를 가능하게 합니다. 이 도구들은 사용자가 맞춤 이미지를 생성할 수 있는 기능을 제공합니다.

AI 이미지 생성 도구의 개발과 판매는 여러 가지 이점을 제공합니다. 먼저, 이 도구들은 비전문가들에게도 쉽게 접근할 수 있는 기회를 제공합니다. 일반적으로 AI 이미지 생성은 전문적인 지식과 기술이 필요한 작업입니다.

그러나 AI 이미지 생성 도구를 사용하면 비전문가들도 간편하게 자체 이미지를 생성할 수 있습니다. 이는 창의성과 상상력을 가진 사람들에게 큰 장점을 제공합니다.

AI 이미지 생성 도구는 다양한 분야에서 활용할 수 있습니다. 예를 들어, 마케터나 디자이너들은 소셜 미디어 콘텐츠, 광고물, 웹사이트 이미지 등을 만들기 위해 AI 이미지 생성 도구를 사용할 수 있습니다. 또한 개인들은 특별한 이벤트나 기념일을 위한 맞춤형 이미지를 생성할 수 있습니다.

AI 이미지 생성 도구는 사용자들에게 다양한 용도와 목적에 맞춘 이미지 생성을 가능하게 하여 창의적인 활동을 지원합니다. 이를 통해 많은 사용자들에게 필요한 가치를 제공하고 수익을 창출할 수 있는 기회를 제공합니다.

다섯째, AI로 생성한 상품 판매

자체 AI 생성 이미지를 사용한 포스터, 티셔츠, 머그컵 등과 같은 상품을 제작하고 판매할 수 있습니다. 한 가지 방법은 팬덤, 취미, 스포츠와 같이 시각적 콘텐츠에 대한 수요가 높은 특정한 분야나 카테고리에 집중하는 것입니다. AI가 생성한 이미지를 활용한 제품 판매는 다양한 이점을 제공합니다.

우선, AI를 사용하여 독특하고 창의적인 디자인을 구현할 수 있습니다. AI는 수많은 데이터와 알고리즘을 기반으로 작동하기 때문에 새로운 아이디어와 예술적인 표현을 통해 제품을 개발할 수 있습니다. 이는 소비자들에게 독특하고 흥미로운 상품을 제공하여 인기를 얻을 수 있는 장점이 됩니다.

특정한 고객을 타겟을 하는 시장에 초점을 맞추는 것은 비즈니스에 많은 장점을 제공합니다. 팬덤이나 취미와 같은 특정한 관심사를 가진 사람들은 그들이 애정을 품고 있는 이미지나 캐릭터가 포함된 제품에 큰 관심을 둡니다. 이러한 시장에 집중함으로써 해당 고객들에게 더욱 맞춤형 상품을 제공하고, 경쟁력 있는 가격과 품질로 마케팅을 할 수 있습니다. 이는 매출 증가와 브랜드 인지도 향상에 도움이 될 수 있습니다.

여섯째, AI 이미지 편집 서비스 제공

AI로 생성된 이미지들은 종종 보정 작업이 필요합니다. 이러한 보정 서비스는 색 보정, 리터칭, 특수 효과 등을 포함할 수 있습니다. 사진작가, 그래픽 디자이너, 마케터 등 고품질 시각 콘텐츠가 필요한 사람들에게 서비스를 제공하고 수익화 파이프라인을 펼쳐 나갈 수 있습니다.

AI 이미지 편집 서비스는 많은 이점을 제공합니다. 첫째로, AI 기술은 빠르고 정확한 보정 작업을 수행할 수 있습니다. 대량의 이미지를 효율적으로 처리하고, 색상 보정, 리터칭, 특수 효과 등 다양한 작업을 자동화할 수 있습니다. 이는 시간과 비용을 절약하며, 클라이언트에게 빠르고 고품질의 결과물을 제공할 수 있는 장점이 있습니다.

고품질 시각 콘텐츠에 대한 수요가 계속해서 증가하고 있습니다. 사진작가, 그래픽 디자이너, 마케터 등 다양한 분야에서 시각적으로 매력적인 이미지를 필요로 하는 사람들이 많습니다. 이러한 시장에서 AI 이미지 편집 서비스를 제공함으로써 고객들에게 편리하고 효과적인 솔루션을 제공할 수 있습니다. 특히, 맞춤화된 서비스와 경쟁력 있는 가격을 제공함으로써 고객들의 만족도와 신뢰도를 높일 수 있습니다.

일곱째, AI 생성 예술품 판매

디지털 그림과 일러스트 등 AI로 생성된 예술품을 만들고 판매할 수 있습니다. 시각 예술에 대한 수요가 증가하고 있으며, NFT(Non-Fungible

Token, 대체 불가능한 토큰)는 작가 활동으로 등록하고 판매할 수 있습니다. 이때 중요한 것은 자신의 브랜드를 구축하고 개인 브랜딩을 하는 것입니다. 개인 브랜딩이 되어 있는 아티스트는 AI로 생성된 예술품을 판매하는 데 유리합니다. 물론, 개인 브랜드를 구축하는 과정에서도 생성형 AI로부터 도움을 받을 수 있습니다.

AI로 생성된 예술품은 독특하고 혁신적인 콘텐츠로써 대중의 관심을 끌고 있습니다. 이러한 작품들은 기존의 예술 형식과 차별화되어 시각적으로 매력적이며, 컬렉터들과 예술 애호가들에게 새로운 경험을 제공합니다.

인공지능을 활용한 웹디자인, 캐릭터, 로고, 명함디자인, 파워포인트 템플릿 디자인, 포스터 디자인, 패브릭 상품, 프린팅 상품, 커스터마이징 디자인, 문구류 디자인, 이모티콘 등 다양한 상품들이 출시되기 시작했습니다. AI 생성 예술품을 판매하기 위해서는 자신의 브랜드를 구축하고 홍보하는 것이 중요합니다. 예술품 판매 플랫폼이나 소셜 미디어를 통해 자신의 작품을 홍보할 수 있습니다.

또한, NFT를 활용하여 작품을 등록하고 판매할 수 있습니다. 이는 작품의 소유권을 명확하게 표현하고, 작품의 가치를 인정받을 수 있는 방법입니다. AI 생성 예술품 판매는 창의성과 기술의 융합으로 독특한 시장을 형성하고, 예술가로서의 경제적인 기회를 제공합니다.

어도비(Adobe)가 동영상, 이미지, PDF, 전단지, 로고 등 다양한 콘텐츠를 빠르고 쉽게 디자인 및 공유할 수 있는 올인원(All-In-One) 콘텐츠 제작 애플리케이션 어도비 익스프레스(Adobe Express)를 공개했습니다. 새로운 어도비 익스프레스는 포토샵, 일러스터, 프리미어프로 및 Acrobat의 기능을 창의적 AI 모델인 파이어플라이(Firefly)와 결합하여 간편하고 재미있는 웹 응용프로그램을 제공합니다.

크리에이터들은 이제 어도비의 주력 응용프로그램을 통한 원활한 워크플로를 통해 그 어느 때보다 빠르게 매력적인 비디오, 디자인 및 문서를 작성할 수 있습니다. 어도비의 수십 년간의 업계 선도적인 창의 기술과 파이어플라이 AI 모델이 결합하여 직접 콘텐츠 워크플로에 적용됩니다. 어도비 익스프레스 워크플로에 내장되어 있어 기능들은 간단한 지침으로 이미지와 텍스트 효과를 생성하여 크리에이터의 콘텐츠 작성을 향상시킬 수 있습니다.

비즈니스 사용자는 브랜드 가이드라인을 충족하는 무제한의 창의적 자료를 생성할 수 있으며, 조직 내 다른 팀과 함께 콘텐츠 작성 기능을 확장할 수 있습니다. 대규모 기업은 Creative Cloud 응용프로그램 및 Adobe Experience Manager와의 통합을 통해 디자인 팀 및 모든 조직을 통해 창의적인 클라우드 생성, 협업 및 콘텐츠 배포를 규모 확대할 수 있습니다.

소규모 기업은 한 곳에서 콘텐츠 계획, 게시, 미리보기 및 게시를 할 수 있습니다. 학생들은 실시간으로 협업하여 공유 프로젝트, 학교 포스터, 웹 페이지 및 애니메이션 비디오를 작성할 수 있습니다. 교사들은 시각적 요소, 애니메이션 및 강의 자료를 빠르게 작성할 수 있습니다.

파이어플라이는 디지털 콘텐츠의 배포 과정에서 콘텐츠 자격증명(Content Credentials)를 태깅하여 신뢰성과 투명성을 제공합니다. 파이어플라이와 어도비 익스프레스의 통합은 더 많은 AI 기능과 고품질의 디자인 및 비디오 템플릿, 사진, 음악 등이 포함된 콘텐츠를 더욱 쉽게 작성할 수 있도록 도와줍니다.

어도비 익스프레스에서는 포토샵의 기본 도구인 배경 제거, QR 코드 생성, 비디오 속도 변경, GIF 변환, 비디오 병합, 비디오 크기 조정, 이미지 자르기 및 PNG 변환에 있어 포토샵을 사용하지 않고도 손쉽게 이용할 수 있습니다. 이는 모바일 앱으로도 제공됩니다.

어도비는 파이어플라이와 어도비 익스프레스를 Google이 실험 중인 대화형 AI 서비스인 바드(Bard)로 가져오기 위해 Google과 협업하고 있습니다. 파이어플라이는 텍스트로 이미지를 생성하는(text-to-image) 기능을 바탕으로 수개월 안에 바드(Bard)의 창의적 AI 파트너가 될 것입니다. 필자 또한 어도비의 오랜 고객으로, 앞으로 파이어플라이가 강력한 기능을 발휘할 것을 기대하고 있습니다.

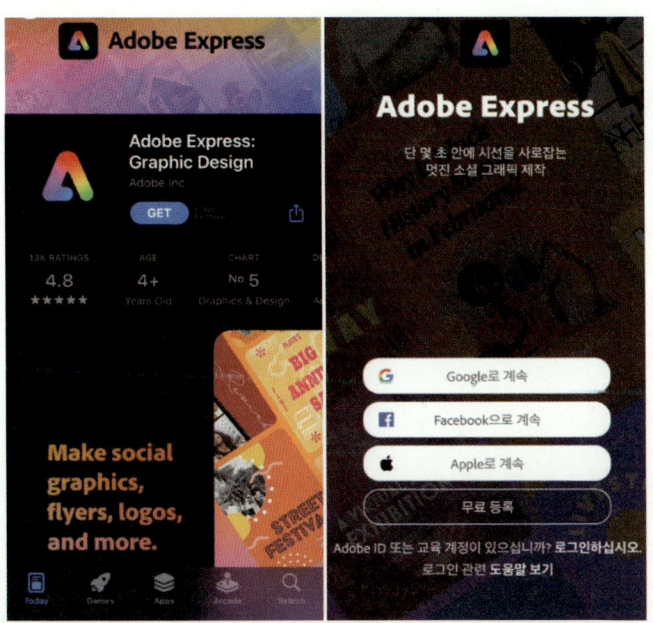

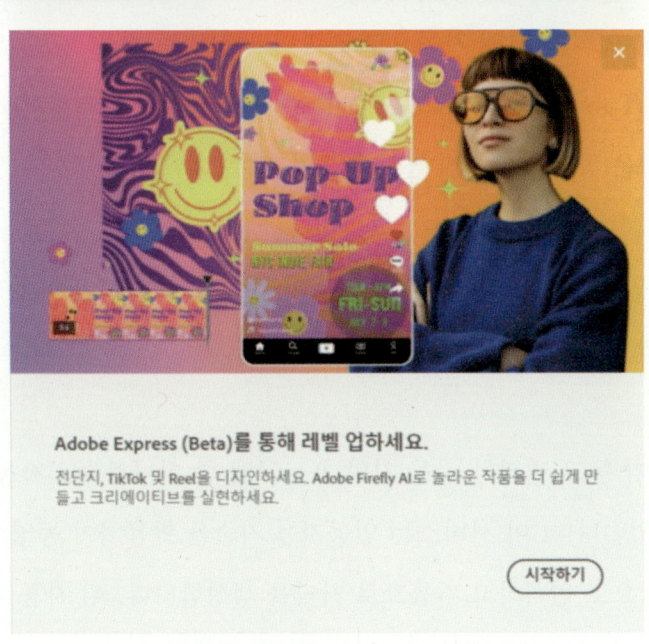

Adobe Express (Beta)를 통해 레벨 업하세요.

전단지, TikTok 및 Reel을 디자인하세요. Adobe Firefly AI로 놀라운 작품을 더 쉽게 만들고 크리에이티브를 실현하세요.

시작하기

4. 숏폼 영상 크리에이터 도전하기

비디오 플랫폼의 활성화로 인해 비디오 제작은 전문가에게만 한정되지 않고 개인들도 고품질의 작품을 만들 수 있게 되었습니다. 특히 YouTube 에서 동영상을 시청할 때, 자막이 없는 영상에는 '자동 자막' 버튼을 클릭 하여 음성 인식을 통해 자동으로 자막이 생성되는 것을 볼 수 있습니다. 이는 YouTube가 자동 자막을 지원하기 때문입니다. 그러나 YouTube의 자동 자막은 정확도가 그리 높지 않으며, 많은 오류를 포함할 수 있습니다.

그렇다면 어떤 자동 자막 프로그램이 정확도가 높고 편리하게 사용할 수 있을까요?

정확도가 높고 편리한 자동 자막 프로그램 중 하나로 'AI 자동 자막 서 비스'가 있습니다. 이 서비스는 인공지능 기술을 활용하여 동영상의 음성 을 실시간으로 인식하고 자동으로 자막을 생성합니다. AI 자동 자막 서비 스는 딥러닝 알고리즘과 음성 인식 기술을 활용하여 정교한 자막 생성을 수행합니다. 이를 통해 사용자는 자막을 수동으로 입력하거나 외부 전문가를 고용하지 않고도 고품질의 자막을 생성할 수 있습니다.

또한, AI 기술의 발전으로 인해 자동 자막의 정확도도 점차 향상되고 있습니다. AI 자동 자막 서비스는 비디오 제작자뿐만 아니라 교육자, 온라인 강의자, 블로거 등 다양한 분야에서 활용할 수 있는 유용한 도구입니다.

동영상 자막 자동 생성 브류(Vrew)

Vrew는 인공지능을 활용한 영상 편집 프로그램으로 음성 인식을 통해 자막을 자동으로 생성합니다. 특히 인공지능을 사용하여 보다 정확하게 음성을 인식하고 음성이 없는 구간을 줄일 수 있으며 자막의 글꼴과 크기 등의 편집 기능을 진행할 수 있습니다. Vrew 사용법은 매우 간단하기에 아래의 단계를 따라서 진행하면 됩니다.

1단계: Vrew 다운로드 및 설치

네이버나 구글에서 'Vrew'를 검색하거나 홈페이지 주소 Vrew(voyagerx.com)를 클릭한 다음, '무료 다운로드'를 눌러 소프트웨어를 컴퓨터에 다운로드 및 설치합니다.

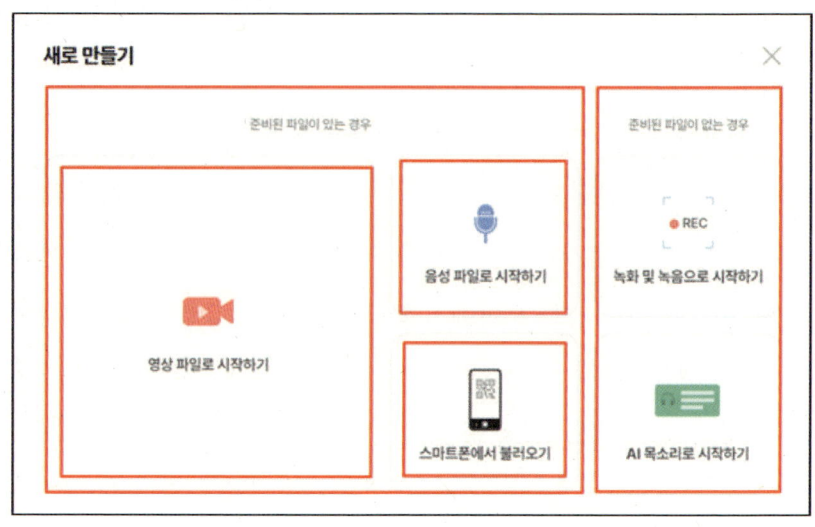

　새로 만들기를 눌러서 '준비된 파일이 있는 경우'에는 ①영상 파일로 시작하기 ②음성 파일로 시작하기 ③스마트폰에서 불러오기 3가지 중 선택할 수 있습니다. '준비된 파일이 없는 경우'에는 ①녹화 및 녹음으로 시작하기 ②AI 목소리로 시작하기 2가지 중 선택할 수 있습니다.

Vrew에서는 여러 영상을 한 번에 불러올 수 있습니다. 스마트폰 속 영상과 오디오를 PC로 쉽게 불러올 수 있습니다. 품질 저하 없이 원본 그대로 불러올 수 있습니다.

2단계: 파일 가져오기

체험이 끝나면 화면 왼쪽 상단에서 '새 영상 파일로 시작하기' 혹은 '영상 추가하기' 버튼을 눌러 자동 자막 프로그램으로 음성 인식을 실행할 파일을 선택합니다. 그리고 언어 팝업창이 뜨면 해당 영상의 언어를 선택합니다. 비회원인 경우 화면에 한 달 동안 무료로 사용 가능한 영상 길이가 90분을 제한된다는 안내 문구나 뜹니다.

영상을 불러올 때 고급설정에는 ①원고 불러오기 ②클립 나누기가 있습니다. 그리고 인공지능이 장면 전환을 검출해서 클립을 나누어주는 기능도 있습니다.

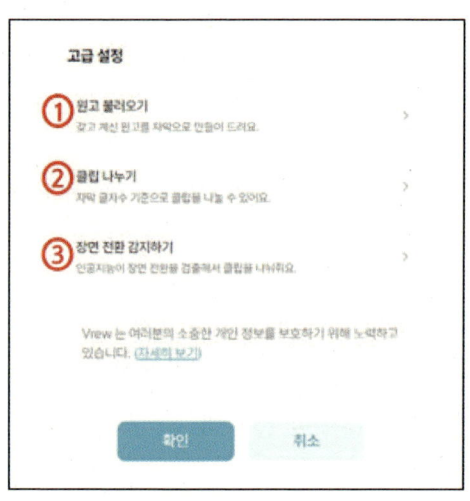

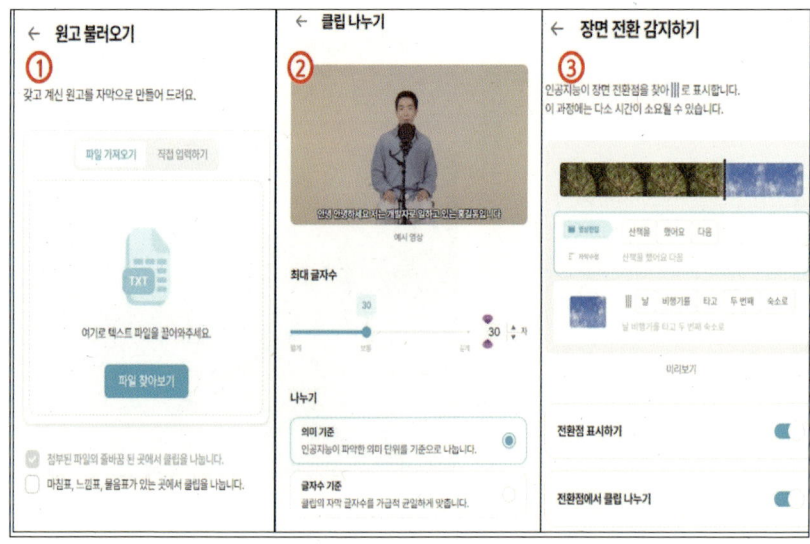

①원고 불러오기에서는 txt파일을 불러와서 자막으로 만들 수 있습니다. ②클립 나누기에서는 최대 글자수 30자, 인공지능이 파악한 의미 단위를 기준으로 나누는 것이 영상 편집에 더 편리합니다. ③장면 전환 감지하기는 전환점을 표시하고 전환점에서 클립을 나누기가 가능합니다. 다만 시간이 소요되는 단점이 있습니다.

3단계: 자동 자막 확인 및 편집

음성 인식을 통해 생성된 자동 자막은 아래의 이미지와 같습니다. 영상 길이에 따라 전환 시간에 약간의 차이가 있습니다.사용자는 자동으로 분석한 문장과 자막을 대조하여 수정할 수 있고, 음성이 없는 구간은 오른쪽 상단의 '무음구간 줄이기'를 통해 일괄로 삭제할 수 있습니다. 또한 폰트와 크기 및 색상을 사용자 지정하여 설정할 수 있습니다.

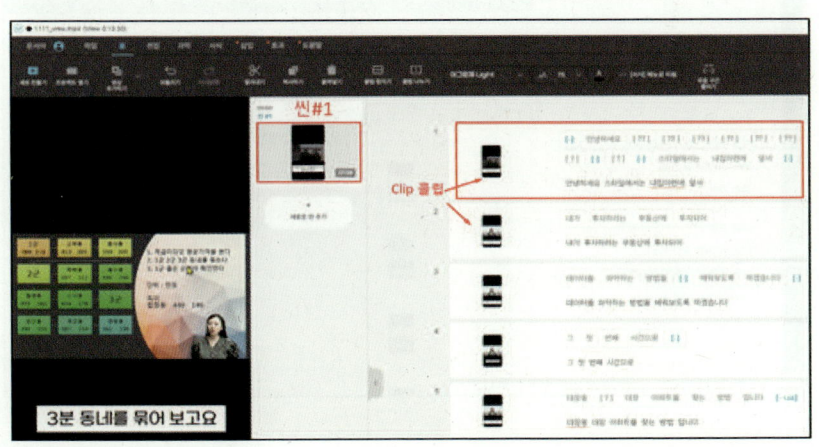

새 영상을 불러오면 좌측에는 동영상 플레이 화면이 뜨고, 씬(Scene)#1
이 표시되고, 가운데에는 이 동영상을 구성하는 클립(Clip)이 나누어져서
나타납니다. Vrew에서는 클립별로 영상을 편집할 수 있어 유용합니다.
클립별로 나누어진 영상에는 자동으로 자막이 설정됩니다.

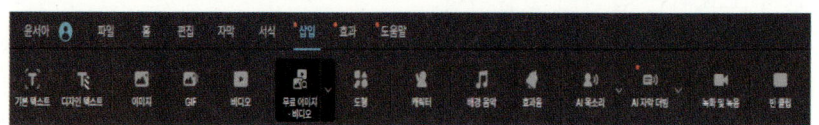

vrew의 상단 메뉴는 파일 / 홈 / 편집 / 자막 / 서식 / 삽입 / 효과 /도
움말 순서입니다. [서식]에서는 자막의 글씨체, 테두리, 배경, 형광펜, 그
림자, 가운데 정렬, 자막의 화면 위치 등을 설정할 수 있습니다.

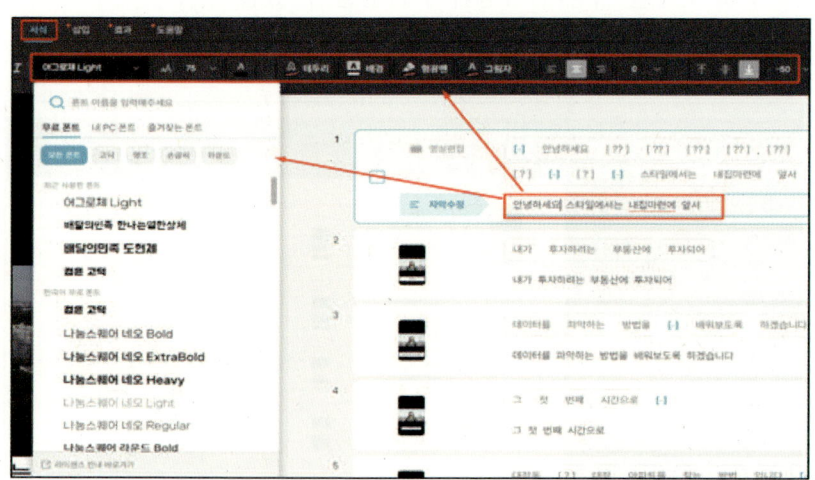

[삽입]에서는 기본텍스트, 디자인텍스트, 이미지, GIF, 비디오, 무료 이미지 비디오, 도형, 캐릭터, 배경음악, 효과음, AI 목소리, AI 자막 더빙, 녹화 및 녹음, 빈 클립을 추가할 수 있습니다.

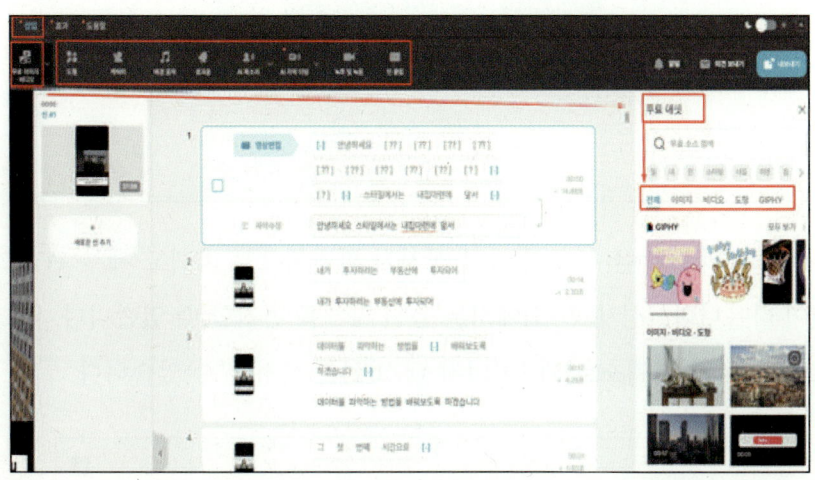

클립 앞의 체크박스를 누르면 클립 편집이 가능합니다. 영상의 단위인 클립을 합치거나 복사하거나 텍스트, 이미지, 비디오, 배경색을 추가, 변경할 수 있습니다.

클립 속의 낱말을 누르면 낱말 상자가 파란색으로 바뀌고 세부 편집 화면이 나옵니다. [상세 편집]에서는 음원 자체를 편집할 수 있습니다. [텍스트]에서는 [기본텍스트]와 [이미지 텍스트]를 설정할 수 있습니다.

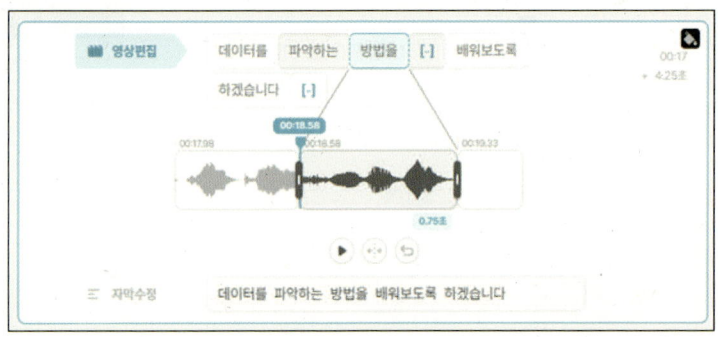

4단계: 저장하기

편집이 완료된 영상은 화면 상단의 [파일], [프로젝트 저장하기]를 클릭할 수 있고, 자막을 따로 추출하실 분들은 화면 상단의 [다른 형식으로 내보내기]를 클릭하여 자막 파일, 텍스트 또는 오디오 파일, 이미지 등의 다양한 형식으로 추출이 가능합니다.

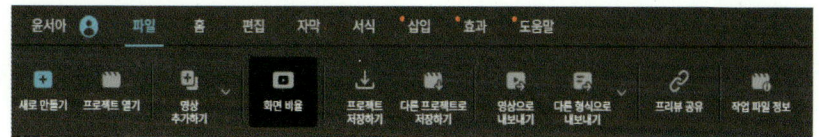

    [파일]에서는 새로 만들기, 프로젝트 열기, 영상 추가하기, 화면비율, 프로젝트 저장하기, 다른 프로젝트로 저장하기, 다른 형식으로 내보내기, 프리뷰 공유, 작업 파일 정보 메뉴가 포함되어 있습니다. [화면 비율]에서는 원본비율, 쇼츠(9대16), 정방향(1대1), 인스타그램(4대5), 클래식(4대3), 유튜브(16대9) 총 6가지의 유형을 선택하여 적용할 수 있습니다.

    온라인강의 플랫폼 ZOOM에서 촬영한 원본 가로 영상을 유튜브(16대9)로 화면 비율을 설정할 경우, [맞춤]과 [채움]의 선택 옵션에 따라 노출화면이 달라집니다. 화면 비율에서 노출 화면을 미리 확인할 필요가 있습니다.

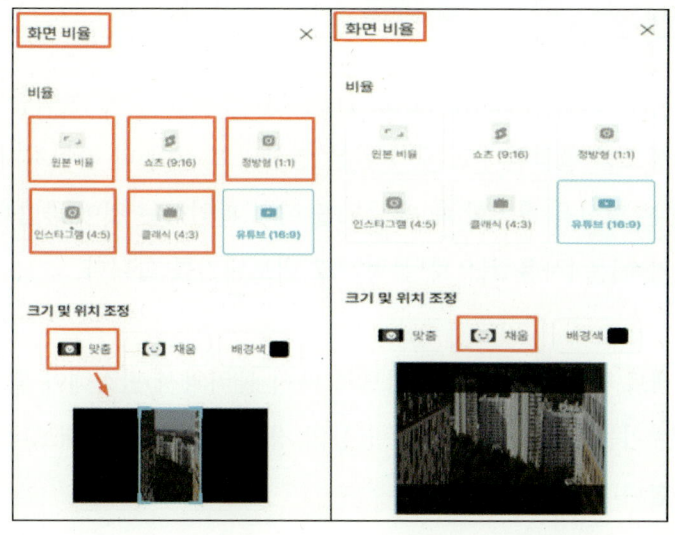

[동영상 내보내기] 기능에서는 [대상 클립]을 선택할 수 있습니다. [현재 썬(Scene)의 선택된 클립]만 내보내기가 가능합니다. 이 기능은 전체 영상 중 일부만 하이라이트 영상으로 제작하거나 일부만 새롭게 영상편집을 하고 싶을 때 유용합니다. 물론 [전체 클립]을 내보내기도 가능합니다.

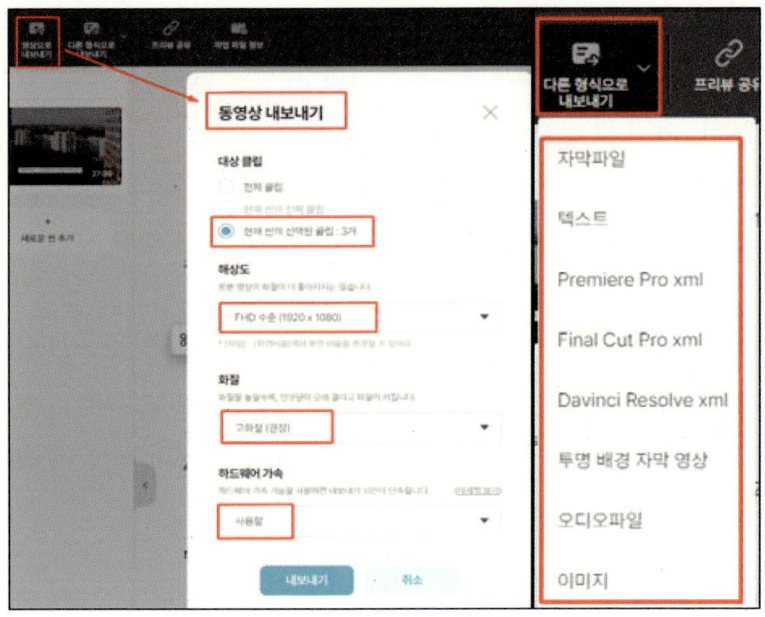

[해상도]는 FHD(1920X1080), HD(720X1280) 중에 선택합니다. 여기서 해상도를 설정한다고 해서 원본 영상의 화질이 더 좋아지지는 않습니다. 원본 영상을 촬영할 때 해상도를 미리 확인하는 것이 좋습니다. [하드웨어 가속]은 [사용함]으로 설정하고 내보내기를 합니다.

[프로젝트 저장하기]는 미완성으로 다시 불러와서 편집해야 할 때 주로 사용하는 기능입니다. 완성된 동영상의 경우에는 [동영상 내보내기] 기능을 사용합니다.

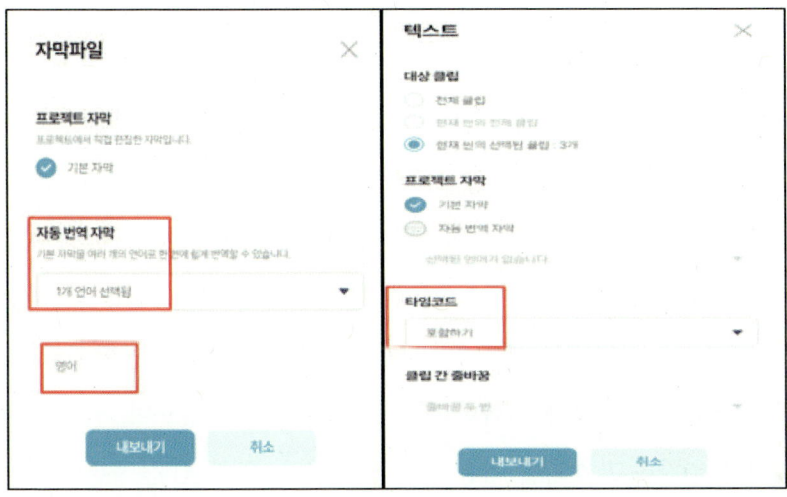

　[다른 형식으로 내보내기]에서 [자막 파일], [텍스트], [프리미어 프로 xml], [파이널 컷 프로 xml], [다빈치 리졸브 xml], [투명 배경 자막 영상], [오디오파일], [이미지]로 설정이 가능합니다. [자막 파일]에서는 자동 번역 자막을 설정할 수 있습니다. [텍스트]에서는 기본자막, 자동 번역 자막을 선택할 수 있고, [타임코드]를 포함하여 자막에 시간을 설정할 수 있습니다.

프로그램 설치가 필요없는 비디오스튜(Videostew)

비디오스튜의 큰 장점 중 하나는 실시간으로 온라인 웹기반으로 비디오를 만들 수 있다는 점입니다. 사용자들은 프로그램을 다운로드하거나 설치할 필요 없이 웹사이트에 접속하여 바로 영상을 만들 수 있습니다.

비디오스튜는 사용자들에게 다양한 기능과 편의성을 제공합니다. 사용자들은 편집할 비디오에 적합한 템플릿을 선택할 수 있으며, 원하는 배경 이미지를 추가하고 효과를 적용할 수 있습니다. 또한 AI 음성뿐만 아니라 자신의 음성을 녹음하여 비디오에 추가할 수도 있습니다. 비디오스튜를 사용하면 비디오 편집에 대한 전문 지식이 없는 사람들도 손쉽게 비디오를 만들 수 있습니다.

온라인 클래스를 신청하면 비디오스튜에서 제공하는 무료교육을 기초 클래스, 심화 클래스로 나누어 시청가능합니다. 한국어 기반으로 우리나라 개발자가 운영하는 사이트라 한국 사용자들에게 최적화된 사이트입니다.

비디오스튜를 사용하는 이유

① 텍스트를 복사 붙여넣기하면 슬라이드에 바로 자막으로 입력됩니다.

② 각 슬라이드에 원하는 동영상을 바로 찾아서 넣을 수 있습니다.

③ 붙여넣기한 대본이 장면에 맞춰서 순서대로 자동자막이 적용됩니다.

④ 자막을 인공지능 음성으로 읽어주는 것까지 바로 구현이 가능합니다.

⑤ 전체 영상에 알맞는 저작권 없는 배경 음악을 입력해줍니다.

비디오스튜는 14일에서 30일간 무료 이용 혜택을 제공합니다. 가장 저렴한 플랜의 경우 월 2~3만 원이고, 기업 버전은 15만 원 이상입니다. 영상 재판매를 위한 라이센스가 필요한 경우는 가격이 높습니다. 각자 상황에 맞춰서 숏폼 영상 편집 프로그램 비디오 스튜 플랜을 선택하시면 됩니다.

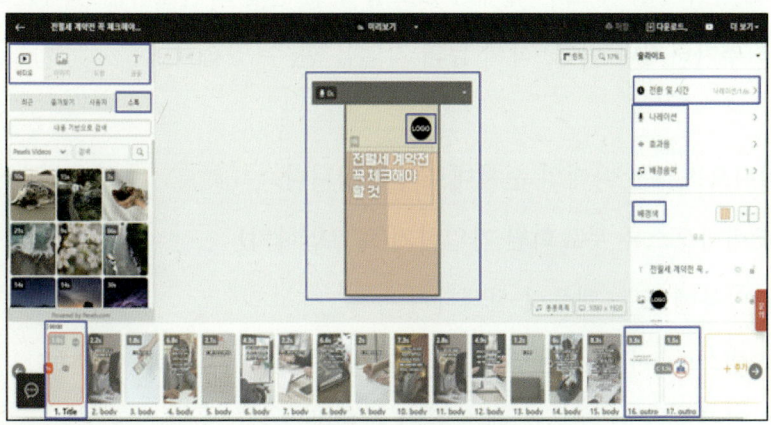

비디오스튜 작업 화면

프로젝트(project)

하나의 프로젝트를 편집하는 화면으로 프로젝트가 가장 상위의 개념입니다. 홈 화면이 다수의 프로젝트 관리와 추가을 위한 것이라면, 편집 화면은 하나의 프로젝트를 입맛대로 만들고 수정하기 위한 공간입니다.

슬라이드(slide)

프로젝트는 여러 개의 슬라이드를 담고 있습니다. 이러한 슬라이드가 연속적으로 재생이 되면서 하나의 동영상이 됩니다. 편집 화면에서는 이 슬라이드의 순서를 변경하거나 속성을 변경할 수 있는 기능들이 배치되어 있습니다.

요소(element)

슬라이드는 여러 개의 요소를 담고 있습니다. 화면에 보이는 텍스트, 비디오, 이미지 등이 모두 하나의 요소입니다. 편집 화면에서는 이러한 요소들을 추가하거나 변경, 삭제 등의 작업을 할 수 있습니다.

비디오스튜는 아래의 순서대로 진행합니다.

① 비디오스튜 무료회원 가입하기(로그인하기)

② 마음에 드는 템플릿 선택하기

③ 텍스트, 이미지, 동영상 선택해서 적용하기

④ 인공지능 AI 성우와 배경 음악 선택하기

⑤ 슬라이드 확인하고 세세한 부분 수작업하기

⑥ 영상 추출하기

비디오스튜(https://videostew.com/)에 접속하면 위자드 모드가 뜹니다. 텍스트, 웹페이지, 바로 편집이 있습니다. 급할 때는 위자드 모드를 이용하면 편리합니다. 위자드 모드 중 웹페이지에 URL을 입력하면 그 URL의 사진과 텍스트를 다 긁어옵니다.

URL은 블로그 포스팅이나 신문 기사 개별 URL이어야 거기에 담긴 사진과 텍스트를 가져옵니다. 위자드 모드가 좋은 점은 동영상 제작에 필요한 사진과 텍스트를 소스로 활용하기 위해서 긁어 올 수 있다는 점입니다.

비디오스튜 초기 화면

비디오스튜에서 제공하는 유형별 템플릿

① SNS ; 유튜브, 페이스북, 인스타그램, 링크드인, 트위터
② 비율별 ; 1대1, 16대9, 9대16, 4대5

③ 프로모션별 ; 유튜브 광고, 유튜브 범퍼광고, 페이스북 광고, 인스타 광고, 프로모션, 쿼트

④ 형식별 ; 프로모션, 초대, 추억, 스토리, 유튜브, 회사홍보, 책소개, 뉴스

⑤ 유튜브 ; 광고, 쇼츠, 인트로, 아웃트로

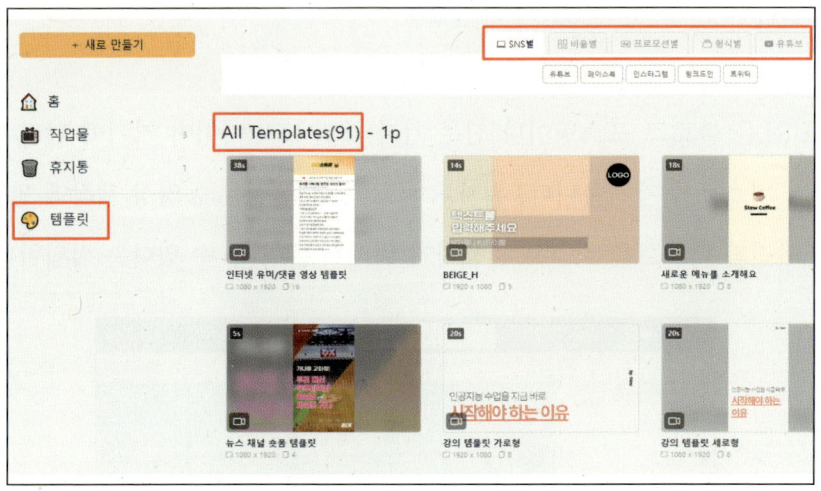

비디오스튜는 텍스트만 입력하면 바로 TTS로 전환되어서 음성 파일을 생성해서 자동으로 넣습니다. 텍스트를 입력하면 그걸 음성으로 읽는 TTS 서비스가 AI와 융합되면서 TTS 기능이 놀라울 정도로 향상되고 있습니다. 또한 다양한 목소리를 이용할 수 있습니다. 비디오스튜는 TTS AI 음성서비스를 제공합니다. 텍스트를 입력하면 그걸 음성으로 읽어줍니다.

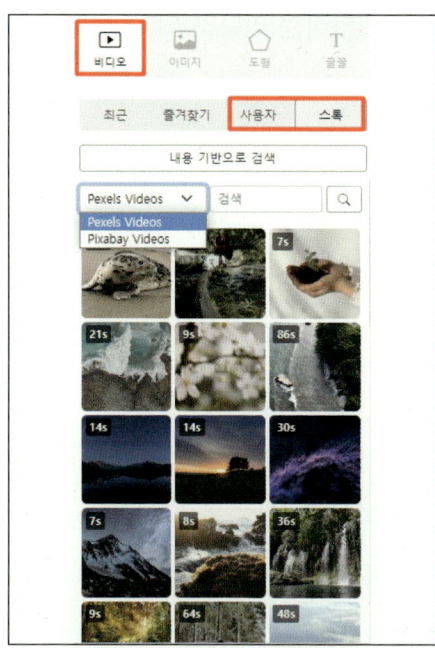

비디오스튜 비디오소스, 이미지소스

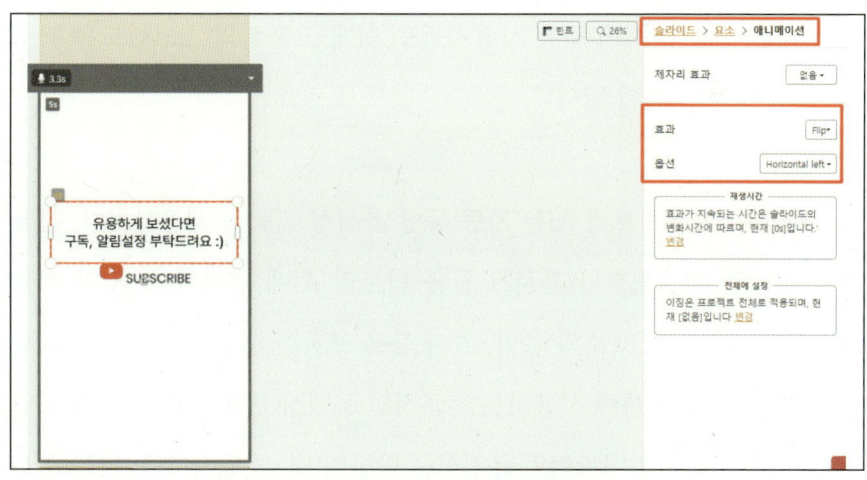

비디오스튜 애니메이션 효과

ChatGPT로 생성된 Text를 동영상으로 변환하는 픽토리 AI

픽토리(Pictory AI)는 2020년 7월에 첫 버전이 출시된 프로그램으로, 사용자가 작성한 스크립트와 블로그 글을 활용하여 자동으로 동영상을 생성합니다. 이러한 특징으로 많은 사용자가 픽토리 AI에 관심이 있으며, ChatGPT로 생성된 자동 문서를 즉시 동영상으로 변환할 수 있는 장점을 갖고 있습니다.

픽토리 AI를 사용하면 ChatGPT와 대화를 통해 자동으로 스크립트를 생성할 수 있는 기능이 제공됩니다. 사용자가 ChatGPT와 대화를 나누며 스크립트를 작성하면, 픽토리 AI가 이를 자동으로 동영상에 맞게 변환해 줍니다. 이를 통해 사용자는 동영상 제작을 위해 많은 시간과 노력을 들일 필요 없이 효과적인 스크립트를 생성할 수 있습니다. 또한, 동영상 제작에 대한 전문 지식이 없는 사용자들도 쉽게 고품질의 스크립트를 작성할 수 있어 큰 도움이 됩니다.

그뿐만 아니라 픽토리 AI는 자동 동영상 생성 기능을 제공합니다. 사용자가 작성한 스크립트나 블로그 글을 픽토리 AI에 입력하면, AI가 이를 분석하여 시각적인 요소와 음악, 효과 등을 포함한 동영상을 자동으로 생성해 줍니다. 이를 통해 사용자는 전문적인 동영상 편집 기술을 가지고 있지 않아도 독특하고 매력적인 동영상을 만들어 낼 수 있습니다. 더불어 사용자는 생성된 동영상을 더욱 다양한 플랫폼에서 활용할 수 있으며, 콘텐츠의 홍보 및 공유에 큰 도움이 됩니다.

그뿐만 아니라 픽토리 AI는 다양한 출력 형식을 지원합니다. 사용자는 생성된 동영상을 원하는 형식으로 저장하거나 다양한 플랫폼에 바로 업로드할 수 있습니다. YouTube, 인스타그램, 페이스북 등의 소셜 미디어 플랫폼에서 동영상을 공유하거나, 웹사이트나 프레젠테이션에 삽입하여 활용할 수 있습니다. 이를 통해 사용자는 콘텐츠의 홍보와 공유를 간편하게 할 수 있으며, 더 많은 사람에게 동영상을 전달할 수 있습니다.

픽토리 AI 사용법

① 홈페이지 접속하기 (구글에서 Pictory 검색) https://pictory.ai/
크롬(chrome)에서 최적화된 Pictory AI는 구글에서 검색하여 홈페이지에 접속합니다. [Get Started For Free]를 클릭하여 합니다. 필자처럼 유료회원인 경우에는 바로 Log In을 합니다.

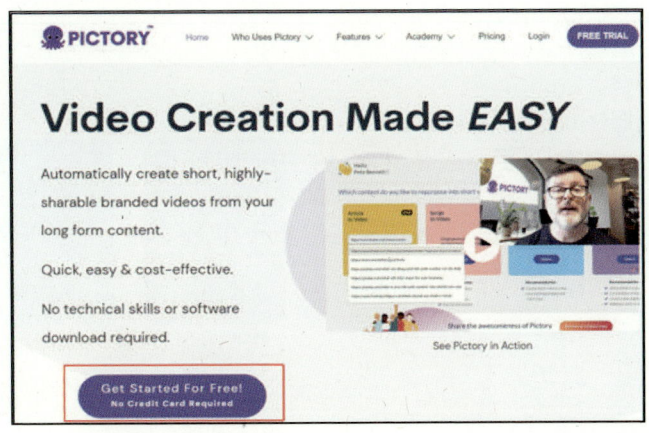

최근 업그레이드된 픽토리 기능들입니다.

▪ 보이스오버 볼륨 조절!

이제 보이스 오버 볼륨도 제어할 수 있습니다. AI 음성과 업로드된 음성 모두 가능합니다.

▪ 프로젝트에서 MP3 파일 다운로드

다운로드를 클릭하면 오디오, 비디오, 텍스트 파일 등 모든 자산이 추출됩니다.

▪ 스토리보드의 장면 스트립 아래 스크롤 막대

왼쪽 및 오른쪽 화살표를 클릭하여 장면을 찾는 번거로움에 작별을 고하십시오.

▪ 기록 단계의 화면 비율 비디오

기록과 동일한 페이지에서 비디오 형식을 변경합니다.

픽토리에서는 [스크립트를 비디오로], [기사를 동영상으로], [텍스트를 사용하여 비디오편집], [영상을 비디오로] 크게 4가지 유형의 동영상을 제작할 수 있습니다. [기사를 동영상으로] 기능을 이용한다면 텍스트 기사를 영상 기사로 전환하여 제작할 수 있습니다.

② Chatgpt에게 영상 대본을 영어로 요청하기

픽토리에서 영상 제작을 하기 위해 Chatgpt에게 다음과 같이 질문을 남겼습니다. 픽토리는 영어로 명령어를 입력해야하는 관계로 영어 영상 대본을 요청하였습니다.

Pictory AI를 소개하는 3분짜리 영상을 만들고 싶어, 영어로 영상 대본을 작성해 줘.

[Video Script – 3-minute Introduction to Pictory AI]

[Opening scene: Captivating visuals of dynamic videos]

Narrator: Welcome to the world of Pictory AI, the revolutionary video creation tool that will transform your ideas into captivating videos. In this 3-minute introduction, we'll explore the key features and benefits of Pictory AI.

[Scene transition: Show Pictory AI interface]

Narrator: Pictory AI is an advanced AI-powered software that enables you to create stunning videos with ease. Whether you're a content creator, marketer, or business owner, Pictory AI empowers you to bring your vision to life.

[Scene transition: Showcase automatic script creation]

Narrator: One of the standout features of Pictory AI is its ability to automatically generate scripts. With the help of cutting-edge AI technology, Pictory AI can transform your text into engaging video scripts. Simply input your content, and Pictory AI will do the rest, saving you valuable time and effort.

[Scene transition: Highlight automatic video creation]

Narrator: Once you have your script ready, Pictory AI takes it to the next level by automatically generating videos. It intelligently analyzes your script, selects relevant visuals, and applies stunning effects, resulting in professional-grade videos. Pictory AI's seamless integration of text and visuals creates a visually appealing and impactful storytelling experience.

[Scene transition: Showcase template customization]

Narrator: Pictory AI offers a wide range of customizable templates and styles to suit your unique needs. From corporate presentations to social media ads, you can easily tailor the visuals and aesthetics of your video to match your brand or desired message. With Pictory AI, you have the creative freedom to make your videos truly stand out.

[Scene transition: Highlight multi-format output]

Narrator: Not only does Pictory AI provide powerful video creation capabilities, but it also supports multiple output formats. Whether you need your video for YouTube, Instagram, or your website, Pictory AI ensures compatibility and flexibility. You can effortlessly export and share your videos in the format that best suits your platform and target audience.

[Scene transition: Showcase user testimonials]

Narrator: But don't just take our word for it. Here's what some of our users have to say about Pictory AI:

User 1: "Pictory AI has revolutionized my video creation process. It's incredibly intuitive, and the results are always impressive."

User 2: "As a marketer, Pictory AI has become my go-to tool for creating eye-catching promotional videos. It's a game-changer!"

[Scene transition: Call-to-action]

Narrator: Join the growing community of creators who have discovered the power of Pictory AI. Start creating stunning videos effortlessly and make your ideas come to life. Visit our website and unlock the endless possibilities of Pictory AI today!

[Closing scene: Exciting visuals and logo of Pictory AI]

Narrator: Pictory AI, the future of video creation is here.

[End of video]

③ Chatgpt에 받은 답변을 픽토리 영상 제작 화면에 적용합니다. 이때 대본에서 자막으로 들어가지 않아야 하는 부분은 삭제하고 영상을 제작하면 수정작업이 줄어들어 영상완성 시간이 단축됩니다.

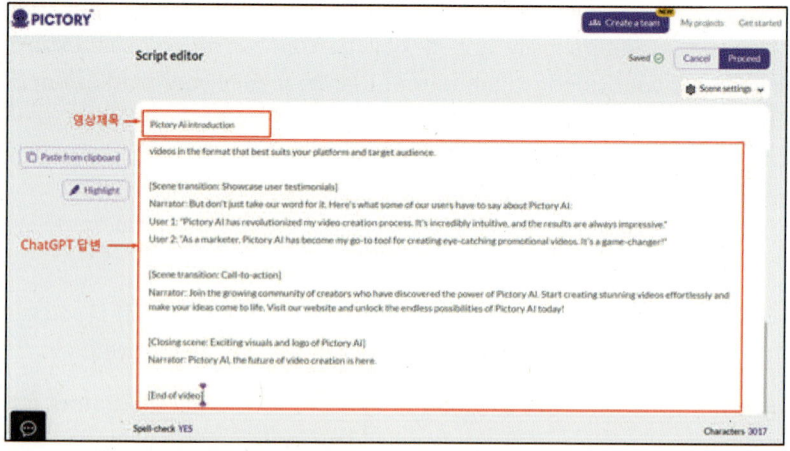

Script Editor 화면에서 영상 제목을 입력하고, 본문에는 Chatgpt에게 받은 답변을 입력하고 우측 상단의 [Proceed]를 클릭하면 템플릿들이 나옵니다. 그 중에 마음에 드는 템플릿을 선택하고, 영상 화면 비율을 설정합니다.

④ 자동 동영상 장면 완성

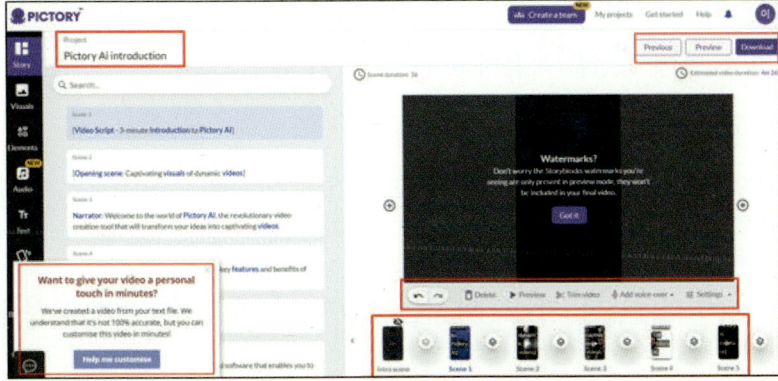

인공지능이 자동으로 스크립트에 맞는 동영상을 불러와 자막까지 생성합니다. 왼쪽 아래에 사용자 지정에 관한 설명서가 뜹니다. [Help me customise]를 클릭하면 아래와 같은 화면이 나옵니다.

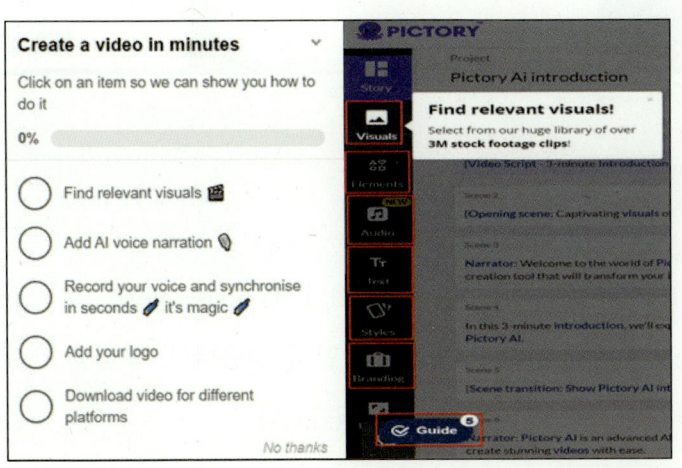

[몇 분 안에 비디오 생성하기 / 항목을 클릭하면 방법을 보여줍니다.]

▪ 관련 시각 자료 찾기 : 대규모 라이브러리에서 선택하세요

▪ AI 음성 내레이션 추가하기

▪ 몇 초 안에 음성을 녹음하고 동기화하기

▪ 로고 추가하기

▪ 다양한 플랫폼용 비디오 다운로드하기

픽토리 좌측메뉴바 [Styles]에서는 템플릿스타일을 선택할 수 있습니다.

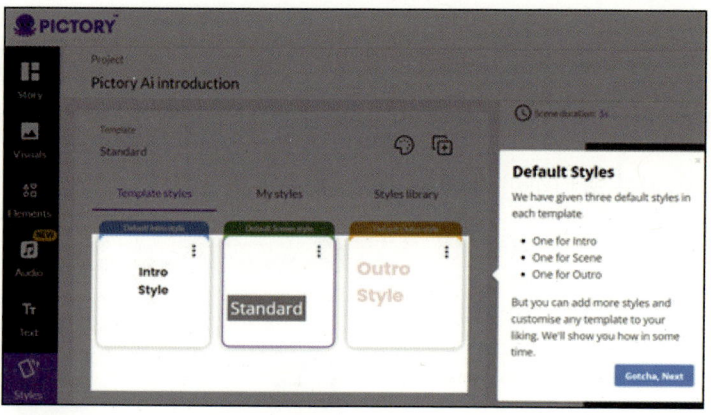

⑤ 동영상 더빙 입히기

[Audio]에서 [Background music], [Voice-over], [My uploads], [Recent], [Volume]의 기능을 선택할 수 있습니다. 동영상 AI 보이스 더빙을 위해서는 [Voice-over]를 선택합니다.

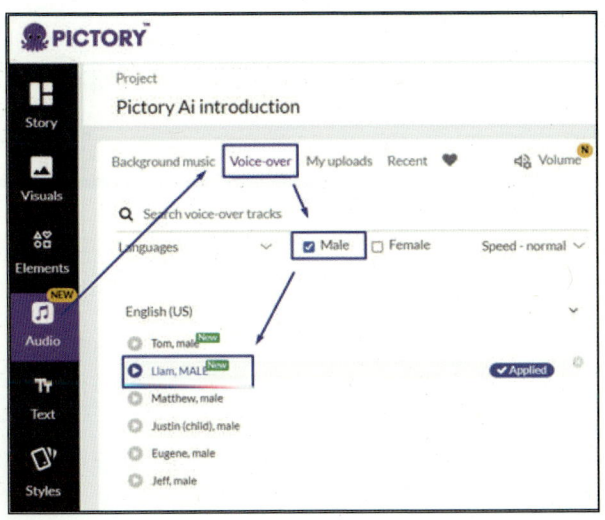

⑥ 옵션을 이용하여 수정하기

동영상 클립을 변경하거나 글자크기를 변경하거나 이모티콘을 삽입하는 등 옵션을 이용하여 수정할 수 있습니다. 수정하고 싶지 않다면 그냥 픽토리가 제공한 것을 그대로 사용해도 됩니다. 씬(Scene) 3을 클릭하고 자막의 일부를 수정할 수 있습니다.

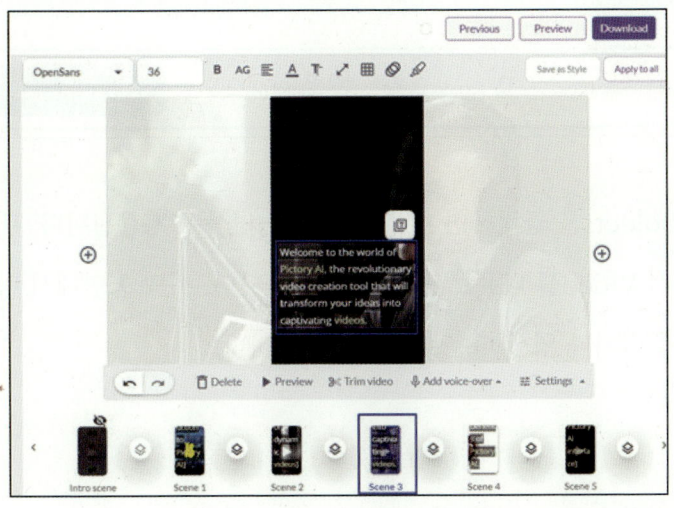

⑦ 동영상 만들기

오른쪽 상단 [download]를 클릭하면 동영상이 생성됩니다.

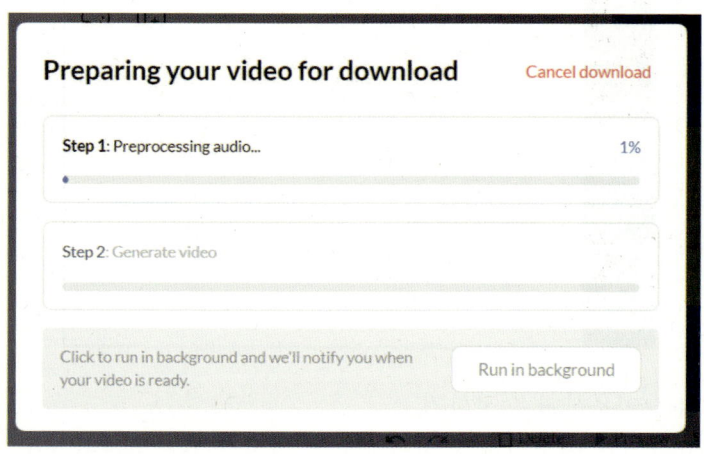

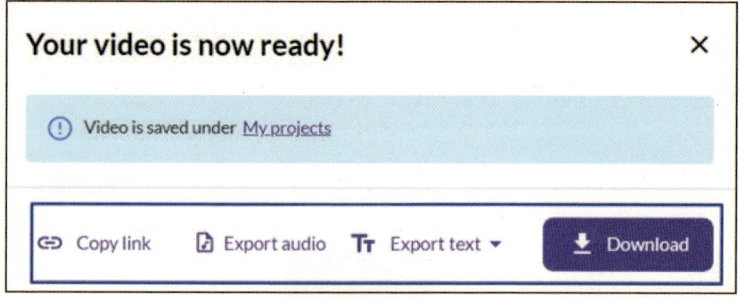

My Projects를 클릭하면 내 프로젝트에 영상이 저장됩니다. 내 프로젝트로 가서 Video를 다운로드 받을 수 있습니다. 위의 화면에서 바로 오디오를 추출하거나 영상 다운로드도 가능합니다.

숏폼 전성시대, 인공지능을 활용한 영상 수익화 사례들

1) 유튜브 쇼츠(YouTube Shorts)

유튜브 쇼츠는 YouTube 플랫폼에서 제공되는 단편 형식의 비디오 콘텐츠입니다. 이러한 Shorts 비디오는 보통 60초 이하의 짧은 시간으로 제작되며, 사용자들은 모바일 기기를 통해 손쉽게 소비할 수 있습니다.

필자는 유튜브에서 구글 계정 한 개에 여러 채널을 운영하면서 숏폼 영상과 롱폼 영상의 시청 시간, 조회수, 키워드 등을 분석하는 작업을 하고 있습니다.

유튜브 쇼츠의 수익 창출 방법의 하나는 광고 수익입니다. YouTube는 Shorts에 광고를 삽입하여 비디오 제작자들이 광고 수익을 얻을 수 있도록 지원하고 있습니다. 유튜브로 광고 수익을 얻기 위해서는 구독자 1천 명에 동영상 시청 시간이 4천 분을 달성하거나, 구독자 1천 명 쇼츠 1천 만 조회 수를 달성하면 가능합니다. 구글 애드센스 승인 절차와 파트너쉽 체결이 완료되어야 합니다. 비디오 제작자는 YouTube의 광고 제휴 프로그램인 YouTube Partner Program (YPP)에 가입하여 광고 수익을 창출할 수 있습니다. YPP 가입 조건을 충족하고 광고 정책을 준수하면, Shorts 비디오에 광고가 표시되어 수익을 얻을 수 있습니다.

또한, YouTube는 Super Chat 및 채널 멤버십 등의 기능을 통해 팬들이 비디오 제작자들을 지원하고 후원할 수 있도록 도와줍니다. 팬들은 짧은 비디오에 대한 참여를 표시하거나 특정 채널의 멤버십에 가입함으로써 비디오 제작자에게 직접적인 지원을 할 수 있습니다. 이러한 후원은 비디오 제작자에게 추가적인 수익의 원천이 될 수 있습니다.

유튜브 쇼츠의 단편 형식 비디오 콘텐츠는 인기가 높아지고 있으며, 이를 통해 비디오 제작자들은 다양한 방법으로 수익을 창출할 수 있습니다. 광고 수익, 팬 후원, 브랜드 제휴 및 협찬 등의 수익 모델을 통해 유튜브 쇼츠를 통해 창출되는 수익은 계속해서 증가할 것으로 예상됩니다.

2) 틱톡(TikTok)

필자의 틱톡에서 가장 많이 조회된 영상은 한강 의대생 사망 사건에 대한 숏폼 영상입니다. 손정민 씨 유족에게 CCTV가 2년여 만에 공개되었다는 내용입니다. 영상 업로딩 일주일 만에 51.5K와 152.5K의 반응을 얻었습니다.

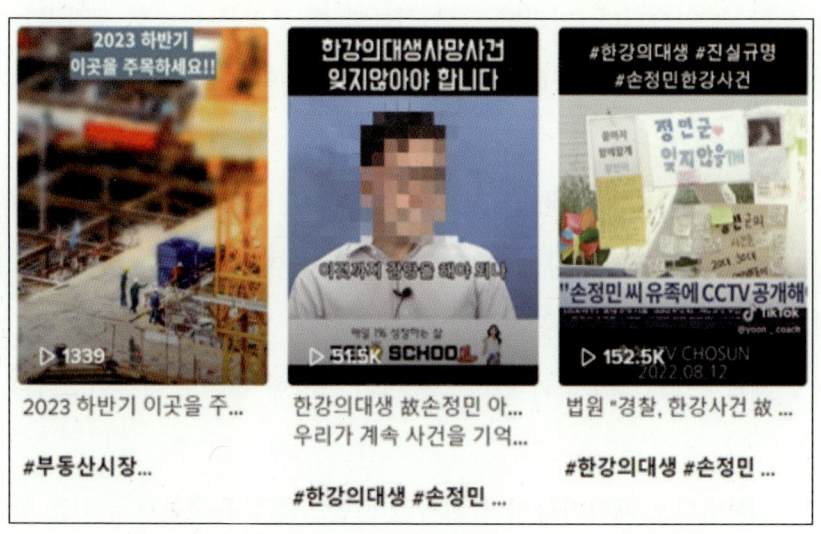

틱톡은 짧은 시간의 동영상 콘텐츠를 제작하고 공유할 수 있는 소셜 미디어 플랫폼으로, 많은 사람이 창의적인 콘텐츠를 제작하고 다양한 사용자들과 공유합니다. 틱톡에서 수익을 창출하는 방법은 다양한 형태로 이루어집니다.

첫 번째로, 틱톡은 광고 수익을 제공합니다. 비디오 제작자들은 틱톡의 광고 파트너 프로그램에 가입하여 광고를 게시하고 이를 통해 수익을 얻을 수 있습니다. 광고 파트너 프로그램에 가입하기 위해서는 일정한 팔로워와 비디오 조회수 등의 조건을 충족해야 합니다. 광고 수익은 광고 게시 수, 광고 조회 수, 관련 데이터 등을 기반으로 결정됩니다.

두 번째로, 틱톡은 가상 선물과 팬 후원을 통한 수익 모델을 제공합니다. 사용자들은 실시간으로 비디오 제작자들에게 가상 선물을 보내거나 팬 후원을 할 수 있습니다. 이러한 가상 선물과 팬 후원은 비디오 제작자들에게 직접적인 지원을 제공하며, 일정한 금액을 수익으로 받을 수 있습니다.

세 번째로, 틱톡은 브랜드 제휴와 협찬을 통한 수익 창출을 지원합니다. 인기 있는 비디오 제작자들은 브랜드와 협력하여 제품 또는 서비스를 홍보하고, 이를 통해 수익을 창출할 수 있습니다. 브랜드 제휴와 협찬은 비디오 제작자들의 영향력과 인지도에 따라 다양한 형태로 이루어집니다.

틱톡은 비디오 제작자들이 창의적인 콘텐츠를 공유하면서 수익을 창출할 다양한 기회를 제공합니다. 광고 수익, 가상 선물 및 팬 후원, 브랜드 제휴와 협찬 등을 통해 틱톡에서 제공되는 수익 모델은 계속해서 확장될 것으로 예상됩니다.

3) 인스타그램의 릴스(Reels)

인스타그램의 릴스는 짧은 동영상 콘텐츠를 제작하고 공유하는 기능입니다. 릴스를 통해 수익을 창출하는 방법은 다양한 형태로 이루어집니다. 아래는 필자의 인스타그램 릴스에 올라온 영상 커버 이미지입니다. 유튜브 쇼츠와 틱톡에 동시에 똑같은 영상을 올리기도 합니다. 그런데 세 가지 채널마다 반응이 천차만별입니다. 각 채널의 알고리즘에 따라 영상 반응 결과를 분석 비교하는 것도 큰 공부가 됩니다.

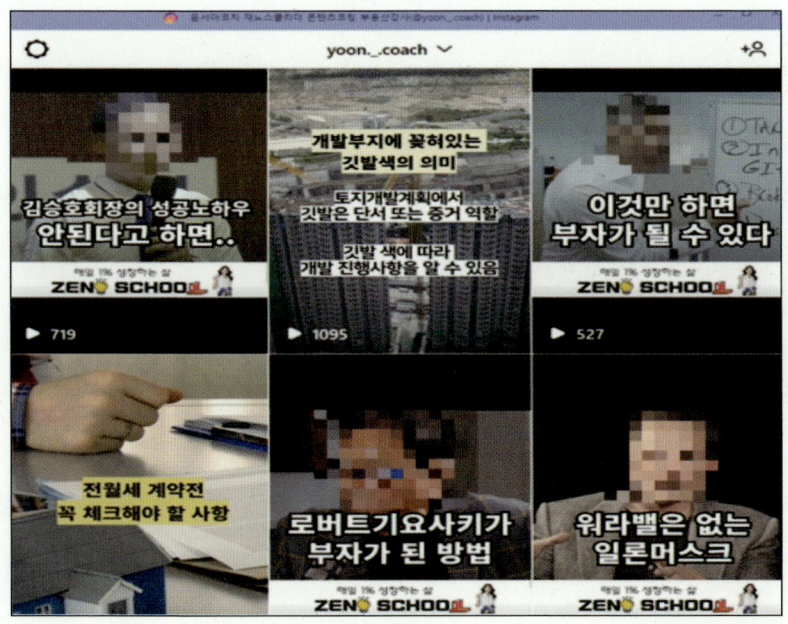

첫 번째로, 인스타그램은 광고 수익을 제공합니다. 인스타그램 크리에이터들은 광고 파트너 프로그램에 가입하여 Reels에서 광고를 게시하고 이를 통해 수익을 얻을 수 있습니다. 광고 파트너 프로그램에 가입하기 위해서는 일정한 팔로워와 콘텐츠 조회수 등의 조건을 충족해야 합니다. 광고 수익은 광고 게시 수, 광고 조회 수, 관련 데이터 등을 기반으로 결정됩니다.

두 번째로, 인스타그램은 브랜드 제휴와 협찬을 통한 수익 창출을 지원합니다. 인기 있는 Reels 크리에이터들은 브랜드와 협력하여 제품 또는 서비스를 홍보하고, 이를 통해 수익을 창출할 수 있습니다. 브랜드 제휴와 협찬은 크리에이터들의 영향력과 인지도에 따라 다양한 형태로 이루어집니다.

인스타그램 릴스(Reels)는 비디오 제작자들이 창의적인 콘텐츠를 공유하면서 수익을 창출할 기회를 제공합니다. 광고 수익과 브랜드 제휴와 협찬을 통해 인스타그램 릴스에서 제공되는 수익 모델은 계속해서 발전하고 확대될 것으로 예상됩니다.

4) 테마별 영상 제작으로 수익화 도전하기

최근 유튜브 쇼츠, 틱톡, 릴스와 같은 숏폼 영상 플랫폼을 통해 다양한 영상들이 소비되고 있습니다. 얼굴이 노출되는 게 싫다면 이모지(emoji)

나 AI 캐릭터를 만들어 나 대신 영상에 노출할 수 있습니다.

북튜버 영상이나 동기 부여, 자기 계발 영상에서도 얼굴을 드러내지 않고 채널을 운영할 수 있습니다. 팔로어 또는 구독자가 늘어나면 출판사를 통해 출간 제의도 받을 수 있고, 관련 내용으로 강의할 수도 있습니다. 쿠팡 파트너스 제휴 수익과 관련하여 제품 소개 영상을 올릴 수도 있습니다. 가전제품과 같은 고가의 상품들은 제휴 수익이 꽤 큰 장점이 있습니다

강의 영상 제작으로 교육 콘텐츠를 생성할 수 있습니다. 관심 있는 강의 내용을 Chatgpt에 질문하여 답변을 얻습니다. 그 스크립트를 바탕으로 영상을 제작하면 영상을 완성하는 데 도움을 받을 수 있습니다. 이렇게 만들어진 영상을 클래스101, 클래스유, 유데미, 라이브클래스 등과 같은 영상 판매 사이트에 올려서 판매 수익을 얻을 수 있습니다.

인공지능 기술은 비디오 수익화에 새로운 기회를 제공하고 있습니다. 기존의 광고 수익에 의존하는 방식뿐만 아니라, 인공지능을 활용한 새로운 모델들이 등장하고 있습니다. 인공지능은 비디오 콘텐츠를 분석하여 광고 타겟팅에 활용할 수 있습니다. 사용자의 관심사와 행동 패턴을 파악하여 광고를 개인 맞춤화하고, 더욱 효과적인 마케팅을 구현할 수 있습니다.

인공지능은 비디오 콘텐츠의 자동 태깅과 메타데이터 생성에 활용될 수

있습니다. 이를 통해 검색 엔진 최적화(SEO)를 강화하고, 많은 사용자가 비디오를 시청할 수 있게 됩니다. 인공지능은 스마트한 광고 배치와 비디오 편집을 가능하게 합니다. 비디오의 콘텐츠와 흐름을 분석하여 광고가 자연스럽게 삽입되고, 시청자의 관심을 끌 수 있습니다.

인공지능은 비디오의 성과를 분석하고 평가할 수 있습니다. 시청자의 행동과 반응을 측정하여 비디오의 효과를 파악하고, 개선할 수 있는 방향을 제시합니다. 인공지능은 사용자 맞춤형 구독 기능을 제공할 수 있습니다. 시청자의 관심사와 선호도를 파악하여 개별적인 구독 패키지를 제공하고, 구독 수익을 증대시킬 수 있습니다.

인공지능은 비디오 콘텐츠의 라이선스 관리를 자동화할 수 있습니다. 저작권 소유자와의 협의를 통해 비디오의 사용 범위를 자동으로 파악하고, 수익을 공정하게 분배할 수 있습니다. 인공지능은 실시간으로 사용자 피드백을 분석하여 비디오를 개선할 수 있습니다. 시청자의 반응을 실시간으로 모니터링하고, 콘텐츠의 퀄리티와 효과를 개선함으로써 수익화할 수 있습니다.

인공지능은 비디오 마케팅에 대한 효율성을 높일 수 있습니다. 대량의 데이터를 분석하여 트렌드와 시장 동향을 파악하고, 해당 정보를 활용하여 비디오 콘텐츠를 최적화할 수 있습니다. 인공지능은 프리랜서로 활동하는 크리에이터들에게도 수익 창출의 기회를 제공합니다. 플랫폼은 인공지능을 활용하여 비디오 크리에이터들의 콘텐츠를 평가하고, 유저들의 관심에 따라 적절한 광고를 제공하여 수익을 도모할 수 있습니다.

결론적으로, 인공지능을 활용한 비디오 수익화는 비디오 콘텐츠 제작자들과 시청자들 모두에게 혜택을 제공하는 새로운 패러다임을 구축하고 있습니다. 인공지능은 비디오의 품질 향상, 광고의 효과적인 타겟팅, 구독 모델의 유연성, 사용자 피드백에 내한 실시간 반응 등 다양한 측면에서 비디오 수익화를 혁신하고 개선할 수 있습니다.

따라서 비디오 콘텐츠 제작자들은 인공지능 기술을 적극적으로 활용하여 수익 창출을 극대화하고, 시청자들은 더욱 풍부하고 맞춤화된 비디오 콘텐츠를 경험할 수 있게 될 것입니다.

독자 여러분도 인공지능을 활용한 온라인 콘텐츠 제작으로 수익화에 도전하세요. 누구나, 어디서나 가능합니다.